四川工商学院产教融合、协同育人项目成果

城乡基层法治

实 | 务 | 研 | 究

CHENGXIANG

JICENG FAZHI SHIWU YANJIU

高恩胜 ◎ 著

西南财经大学出版社

四川·成都

图书在版编目(CIP)数据

城乡基层法治实务研究/高恩胜著 . —成都:西南财经大学出版社,2018. 12
ISBN 978-7-5504-3788-3

Ⅰ.①城…　Ⅱ.①高…　Ⅲ.①社会主义法制—研究—中国　Ⅳ.D920.0

中国版本图书馆 CIP 数据核字(2018)第 245418 号

城乡基层法治实务研究

高恩胜　著

责任编辑:王正好
封面设计:墨创文化
责任印制:朱曼丽

出版发行	西南财经大学出版社(四川省成都市光华村街 55 号)
网　　址	http://www.bookcj.com
电子邮件	bookcj@ foxmail.com
邮政编码	610074
电　　话	028-87352211　87352368
照　　排	四川胜翔数码印务设计有限公司
印　　刷	四川新财印务有限公司
成品尺寸	170mm×240mm
印　　张	16
字　　数	242 千字
版　　次	2018 年 12 月第 1 版
印　　次	2018 年 12 月第 1 次印刷
书　　号	ISBN 978-7-5504-3788-3
定　　价	88.00 元

前言

当前中国正处于社会转型期，基层法治建设过程中不断出现新问题、新现象，既体现了法治建设的重要性，也体现出现代法治可能存在的局限性。如何细致深入地认识和把握中国转型期的社会特征，在此基础上提炼有重要学术价值和实践价值的问题并进行深入研究，以此来更好地回应中国法治建设过程中的一系列重要问题，就成为一个非常紧迫的时代课题。中国法治建设的根基在基层；难点在基层；持久的生命力也在基层。中国基层社会的复杂性，对中国的法治建设提出了更多、更高、更复杂的要求。近代以来，中国的法治话语多来自西方，法治建设也有模仿西方的倾向。

然而，中国法治需要切实回应中国的问题，需要深入理解、探析中国的现实问题，特别是基层审判实务的问题、基层社会治理中的问题和人民群众的现实所需，这是构建中国自主型法治道路和法治话语的基础。基层法治建设是依法治国、建设社会主义法治国家的前提和基础，是一项立法、执法、司法和守法共同推进的综合性系统工程，需要法治国家、法治政府和法治社会的一体建设。基层法治建设的好坏直接关系到整个国家法治的成败。基层政府处在政府工作的第一线，承担着经济、政治、文化、社会等各方面的管理职责，直接面向广大群众，直接面对各种利益关系和社会矛盾。市、县、乡政府能否切实做到依法行政，很大程度上决定着政府依法行政的整体水平和法治政府建设的好坏。

目录

第一部分 司法实务篇 /1

第一章 司法责任制下法官问责问题研究 /2

第二章 "基本解决执行难"长效机制的构建 /10

第三章 认罪从宽制度研究 /25

第四章 证人出庭作证辅导制度 /57

第五章 以审判为中心的诉讼制度改革
——以刑事审判中释明制度的构建为视角 /72

第六章 家事审判模式的反思与重构
——以R县法院家事审判实践为样本 /83

第七章 网约车侵权赔偿责任主体认定 /95

第八章 未成年人犯罪问题的调查与思考
——以R县未成年人犯罪为视角 /102

第二部分　信访维稳篇　/111

第一章　社会矛盾的预防、预测、预警评估机制	/112
第二章　依法治访对策研究	/118
第三章　维稳跟着项目走	/129
第四章　司法强拆社会稳定风险评估机制研究	/140

第三部分　社会治理篇　/151

第一章　基于村规民约的民主法治村建设 　　　　——以眉山市丹棱县杨场镇狮子村为蓝本	/152
第二章　居民总动员，自治结硕果 　　　　——眉山市东坡区通惠街道新村社区依法自治工作经验	/158
第三章　农村社会治安管理中存在的问题及对策	/164
第四章　食品安全要协同治理	/170
第五章　基层法律服务存在的问题及对策	/182
第六章　和谐劳动关系的构建	/194
第七章　社区矫正存在的问题与对策	/202

第四部分　法制宣传篇　　/211

　第一章　互联网+法制宣传　　/212

　第二章　东坡法治文化建设　　/222

　第三章　县域法制宣传教育研究　　/229

　第四章　法制宣传教育与法治文化建设　　/233

参考文献　　/241

后记　　/245

第一部分
司法实务篇

第一章
司法责任制下法官问责问题研究

《关于完善人民法院司法责任制的若干意见》（以下简称《意见》）作为法院系统司法责任制改革的纲领性文件，首次明确了"办案质量终身负责"的制度。对法官惩戒问责的机制引起了社会的广泛关注。本书对过往法官问责情况进行了分析，并将之与《意见》中关于法官惩戒的规定进行比较，揭示《意见》法官惩戒问责要件回归行为违法审查，法官惩戒委员会这一创新举措明确了业内问责的新思路；司法改革背后的逻辑是保障法官正常依法裁判的权力和法官的合法权利。在此基础之上，本书提出从裁判文书说理阐述入手，将法官惩戒和审判质量提高结合起来，探索责任倒逼司法改革的具体路径。

一、既往法官问责的概述

《意见》虽已实施，但法官惩戒的细则却没有出台，因此司法改革之后的法官惩戒至今并未实际运行。改革所针对的问题，往往对改革的制度设计有巨大的影响，因此，有必要对之前的法官问责情况做必要的分析阐述。司法改革之前的法官问责有违法行为问责模式和错案问责模式之分。

◇◇（一）违法行为问责模式

所谓违法行为问责模式，是指以行为是否违法违纪，作为决定是否追究责任的核心要件。1995 年颁布（2001 年修订）的《中华人民共和国法官法》

（以下简称《法官法》）列举了禁止法官从事的十三种违法违纪行为；1998 年发布的《人民法院审判人员违法审判责任追究办法（试行）》（以下简称《审判责任追究办法》）首次使用了"违法审判责任追究"的提法，针对的是"审判人员在审判、执行工作中，故意违反与审判工作有关的法律、法规，或者因过失违反与审判工作有关的法律、法规造成严重后果的"行为；2009 年《人民法院工作人员处分条例》（以下简称《条例》）进一步规定了法官问责的七类情形，包括违反政治纪律的行为、违反办案纪律的行为、违反廉政纪律的行为、违反组织人事纪律的行为、违反财经纪律的行为、失职行为、违反管理秩序和社会道德的行为。上述法律和司法解释、规定中，只是一以贯之地将审判人员行为的违法作为追究责任的核心要件，至于案件处理结果是否正确，以及处理结果导致的社会不良影响，并非问责的核心要件。

◇◇（二）错案问责模式

所谓错案问责模式，是指以裁判结果是否正确、案件是否被改发，尤其是是否导致冤假错案，作为决定是否追究法官责任的核心要件。错案问责的说法由来已久。2013 年 8 月，中央政法委员会出台的《关于切实防止冤假错案的指导意见》提出将"错案追究终身制"从地方推广至全国，"建立健全合议庭、独任法官、检察官、人民警察权责一致的办案责任制，法官、检察官、人民警察在职责范围内对办案质量终身负责。明确冤假错案标准、纠错启动主体和程序，建立健全冤假错案的责任追究机制"。考虑到这个文件出台的背景是前几年"亡者归来"和"真凶出现"导致命案错判情况集中曝光、引发社会广泛关注和不满，而且其规定针对刑事办案的全过程，并没有明确错案的具体标准，所以，与其说它是权威部门对错案问责模式的肯定，不如说是针对重大冤假错案频发的现象，以规范审判为目的、以审判责任为落脚点进行了一次原则意义上的强调。同年 11 月，最高人民法院出台的《关于建立健全防范刑事冤假错案工作机制的意见》只规定，"审判人员办理案件违反审判工作纪律或者徇私枉法的，依照有关审判工作纪律和法律的规定追究责任"，仍然坚持对审判违法行为问责。

中政委上述文件中含糊的错案问责提法，其核心在于对错案的定义。大致可以分为三类：一是把错案责任限定为案件被发回重审或者改判；二是将几乎所有因案件办理引发的不良影响纳入其中，甚至包括信访维稳因素、案件质量考核等；三是把错案定义为法官违法办案并造成了一定的不良后果。在这些制度性尝试中，创新的要求使得错案追责突破了刑事冤假错案的藩篱，演变为对所有改发案件甚至包括信访案件在内的案件的承办法官和合议庭的追责，目的也不再局限于重大刑事冤假错案，而是以责任倒逼案件裁判结果正确。

虽然错案问责模式一直受到广泛的批评，但是"错案问责"这一提法契合了民众朴素的法院绝对公平正义的希望和我国传统的"青天"文化，在聂树斌案、赵作海案等引发社会广泛关注的案件的发酵下，错案责任追究这种在我国缺乏顶层制度支撑的法官问责形式反而成了国内公众最为熟知的法官问责形式。

二、《意见》对法官问责的制度构建

◇ （一）行为违法问责模式

《意见》采用了行为违法问责模式。仅就法官问责范围和要件规定而言，《意见》相比之前的规定并没有特别之处。《意见》第二十五条至第二十八条对应着《审判责任追究办法》的第五条至第二十二条，是对审判责任构成的界定，两份文件内容基本一致，只是《意见》对责任构成的规定更简洁，而对责任免除的列举更详尽，但并无本质区别。《意见》第二十九条至第三十三条，对应《审判责任追究办法》的第二十三条至二十六条，是对责任承担的规定。《意见》对承办人、合议庭成员、审委会委员、审委会主持人、审判辅助人员责任承担做出了较以往更为详尽的规定，将责任落实到每个具体责任人，避免集体责任就是无人负责的情况发生。

《意见》的这些规定显然说不上是创新，但它们是在对错案问责模式进行了一定规模的实践探索之后被提出的，遵循了法律运行中不确定性这一规律。因为法律规定与现实纠纷之间并无一一对应关系，因此法官群体存在的重要意义在于：当法律实践中法律规则的运用面临两难的选择（通俗的说法是"公说公有理婆说婆有理"）时，在个案中创造性地给出解决方案，对不同法律规则选择适用做出决定并阐述理由，而非评价法律规则本身。对法律运用是否恰当，不能简单以案件裁判的正确或错误来衡量。"错案"和"唯一正确的判决"虽互为反义词，但两者又都具有模糊性。不同的法官、律师、法学教授，对同一个案件的处理意见往往不能做到完全一致，在疑难案件中的分歧尤其明显。另外，从《意见》对责任构成的总定义"在审判工作中，故意违反法律法规的，或者因重大过失导致裁判错误并造成严重后果的"来看，对责任要件的构成还兼顾了案件结果考量。实际上，将处理结果显著不当的案件归为错案其实并没有什么不妥，但是将错案概念延展到法律运行不确定性带来的分歧，甚至以此为基础追究法官的责任，就明显不恰当了。错案问责最大的问题在于无法准确定义错案，这一方面导致问责困难，另一方面又出现了问责泛化。《意见》回归行为违法问责模式基本宣布了错案问责模式的制度性尝试失败。

（二）业内问责原则

在省一级法院新设法官惩戒委员会，统管辖区内法官审判责任追究，是《意见》主要的制度创新。从法官惩戒委员组成人员中包括法学专家、律师代表以及法官、检察官代表，且法官、检察官代表数量不低于全体委员的50%，涵盖不同层级法院法官和检察院检察官来看，法官问责遵循业内问责原则。法官问责业内化是法律运行不确定性在司法审判活动之外的延续。对法官问责的《意见》等文件，与法律一样属于行为规范，其适用同样具有不确定性，而且对法官问责，不仅涉及法官的审判行为，还必然涉及诉讼案件处理是否恰当。可见对法官问责不仅同样面临不确定性，而且还是双重不确定性。面对难以通过立法手段根除的法律运行的不确定性，司法实践实际上将问题交由经过专门训练的专业人士——法官来进行解决。通过从制度上对审判程序、裁判理由阐述等方面进行规范来保证处理结果处于法律可以接受的范围之内。面临法官问责这一双重不确定性的责任评价体系，将这项权力赋予由法官、检察官中水平更高、经验更丰富的同行，以及法学专家为主体的法官惩戒委员会来行使，遵循了相同的逻辑。

法官惩戒委员的成立具有三方面的制度优势：一是更具有公信力。《意见》将《审判责任追究办法》规定原本由涉案法院审判委员会行使的追责决定权赋予法官惩戒委员会，由于法官惩戒委员会组成人员不限于法院系统，组织上也不隶属于涉案法院，因此，由法官惩戒委员会来审查决定法官问责，更能赢得当事人和社会公众的认可。二是有利于保证追责的合理性和一致性。法官惩戒委员会在省级层面设立运作，虽然不能断定高一级法院的法官水平就一定更高，但大致是这样的。相较于审委会繁杂的工作，法官惩戒委员会有专业化的客观优势。原本由各个法院自行追责，难免会在责任认定尺度上出现差异。现在统一由法官惩戒委员会来把控，将有助于从源头上解决这一问题。三是设立于省一级，且有人大、政协委员、法学专家、检察官参与的法官惩戒委员会显然比单纯某一级地方法院审委会的抗干扰性更强，更有利于通过依法问责推动司法公正。

◇◇ （三）审判式的问责程序

《意见》第三十六条第二款规定："高级人民法院监察部门应当派员向法官惩戒委员会通报当事法官的违法审判事实及拟处理建议、依据，并就其违法审判行为和主观过错进行举证。当事法官有权进行陈述、举证、辩解、申请复议和申诉。"这种一方负责控诉、就控诉对象责任构成承担举证责任，另一方有权进行抗辩、举证反驳，而法官惩戒委员会居中审议的制度设计，与诉讼庭审有相似之处。相较于以往的问责流程，法官惩戒具有明显的庭审对抗的特征。当事法官不再仅仅是被动等待处理的一方，而享有更为完整的抗辩权利。

目前尚未出台法官惩戒的实施细则，笔者估计相应细则很可能较为精简，一方面是因为法官惩戒程序并非对法官的司法审判程序，无须在三大诉讼法之外再制定一套"法官惩戒诉讼法"；另一方面，法官惩戒委员会的设立标志着司法责任落实的思路从单纯依靠制度完善迈向了在制度之下因人成事。因此，有理由认为在设计必要的秩序、保障被问责法官申辩权利和委员依法依规决策权力的基础之上，法官惩戒的运行更多地依赖于委员的司法水平和能力，赋予委员会必要的灵活性和自主性。

三、司法责任之下法官问责的应对建议

◇（一）正确理解法官问责的目标、前提和保障

法官问责以权责统一为前提。本轮司法改革在通过法官问责倒逼司法公正的同时，还具有审判权独立和运行去行政化的目标，这与之前错案问责单纯强调法官责任、只加责任不问其他的做法存在本质区别。党的十八届三中全会提出"让审理者裁判，让裁判者负责"，这是构建司法责任的价值目标。前者是保障法官能更独立、公正地依法行使裁判权；后者是让法官对自己的职责行为负责。随着司法改革措施的基本到位，员额法官的确认和审判人员权力清单的出台，原来法院系统的行政化的层级管理和呈报审批制度正在被新的审判权力运行制度所取代，原来院长、庭长、审判委员会对案件处理的决定性权力正在向承办法官、合议庭和审判长转移。"让审理者裁判"不仅是改革的目标和口号，而且正在成为法官工作的现实状况，改变就在我们身边。既然享有了更独立的审判权力，那么承担相应的责任自然也是理所应当的。任何制度、改革，都会遇到问题，但以我们国家四十年的改革开放经验做参照，虽然改革之中问题重重、争议不断，但在稍长一段时间里来回顾，我们发现改革的成果已经出现在了我们身边。每一位改革的参与者，尤其是法官群体，应当对司法改革有足够的信心和善意，无须陷入不必要的职业责任恐慌之中。

◇◇ **（二）理顺法官惩戒和其他责任之间的关系**

法官惩戒只是法官问责形式的一种，法官违法违纪可能承担多种责任，包括刑事责任、行政责任、党纪责任等，现在还包括法官职业责任（即法官惩戒）。多种责任追究可能交叉进行，同时存在。实际上，目前法官多种责任之间关系稍显混乱，从《意见》的规定来看，对法官进行惩戒应根据法官惩戒委员会做出的惩戒建议来进行，但如果要将惩戒委员会的权力置于检察机关侦查权和法院刑事审判权之上，并无法律依据。建议进一步理顺不同法官责任之间的关系，明确法官惩戒位于司法责任之下，但统领行政责任。具体而言，一旦发现法官涉嫌犯罪，惩戒应中止等待司法问责结果，等待并根据司法裁判结果做出惩戒决定，在不涉及司法责任的情况下，对法官行政问责均应经过法官惩戒委员会审议。这既是对法官问责的规范化要求，也是对法官依法行使权力的保障。

◇◇ **（三）适当扩大惩戒审查范围**

《意见》将法官惩戒定位为"违法审判责任"，同时规定"法官有违反职业道德准则和纪律规定，接受案件当事人及相关人员的请客送礼、与律师进行不正当交往等违纪违法行为，依照法律及有关纪律规定另行处理"，将"纪律责任追究"和"违法执行责任追究"排除在法官惩戒委员会审查范围外。但对于法官这个司法审判权的具体载体而言，所谓单纯"请客送礼、与律师进行不正当交"行为并不存在，不仅在事实上不存在，在公众的观念中更不存在，因此这样的违法违纪问责"分流"并不现实，不仅社会效果不会好，而且使得司法责任制中的法官惩戒范围狭窄，同时整个法官问责体系混乱。建议将法官惩戒委员会审查范围扩大到可能影响审判行为的违法违纪行为。

◇◇ **（四）强化文书对裁判理由的阐述**

实现司法改革在司法公正制度层面和法官个人层面的双赢，关键在于在裁判文书中加强对裁判理由的阐述和说明。对于当事人的观点和理由，无论是否支持，尤其是被判决否定的主张，应给予必要的回应，对否定的理由予以必要的阐释。在《意见》对法官惩戒制度责任免除部分的规定中，最难以界定的正是对法律适用和事实认定不一致的"合理说明"标准。法律运行的不确定性客观上使得运用审判权的正常分歧与违法违纪裁判之间存在一定的模糊性。本次司法改革从权力保证和权力监督两个大的方面做出了努力，包括以"员额制"推进法官群体的精英化，力图提高司法权运行水平。这些制度层面的努力并不能当然地、直接地演化为法官自身司法水平的进步和提高。连接司法改革和法官个体的，正是裁判文书中对裁判理由的阐述说明。作为纠纷的裁判者，法官必然将对具体的纠纷给出一个裁判结果，但法官在根本上最应当关注的不是这个结果本身，而是得出这个结果的理由，因为结果是否恰当归根到底取决于裁判理由是否恰当。如果法官为一个具体案件找寻到了合理合法的裁判理由，那么也就找到了合理合法的裁判结果。即使司法权运行不确定性仍然决定了这个结果并不唯一正确，合理理由在文书中的充分叙述展示，也是最好的"合理说明"。试想，在裁判结果存在争议的情况下，是一份裁判理由含混不清、逻辑混乱的判决，还是一份考虑问题周全、论证严谨的判决更容易使法官免除责任呢？此外，法官将裁判理由全面在裁判文书中展示的做法，不仅客观上有助于对审判权的运行监督，而且这一过程本身就将促使法官努力提高司法水平。责任倒逼司法质量提升、责任倒逼业务水平提高，其发力点就在每个案件的判决说理之中，同时这也是司法改革制度和法官个人双赢的支点。

结语

　　司法责任制是确保法官依法独立行使审判权，实现公正司法的必要制度保障，既符合司法规律的内在客观要求，又是根治当前运行中审者不判、判者不审、权责不一的沉疴痼疾的治本之策，因此，司法责任制被誉为司法改革的"牛鼻子"一点不为过。如何实现责任倒逼审判质量的提高，科学合理的问责制度是关键。首先，要正确认识"错案"与违法违纪审判行为之间的区别和联系，明确惩戒对象本质上是违法违纪的审判行为，并非一味追求所谓唯一正确的裁判结果。其次，坚持业内问责，建立法官惩戒委员会并完善相应配套规定，科学地审视审判行为，合理地追究法官责任。第三，法官群体应积极应对，而不是心态上抵触，行动上漠视。从加强文书说理入手，在此过程中既提高业务水平，也能通过裁判说理展示规避职业风险。总而言之，追究法官责任应当切实起到提高审判质量的作用，避免导致法官为规避裁判责任，推却裁判权，或者机械地遵循规则而做出违反常理的判决。

第二章
"基本解决执行难"长效机制的构建

"执行难"是长期困扰人民法院的老大难问题，自最高人民法院周强院长2016 年承诺"用两到三年时间基本解决执行难"以来，全国各级法院推进"基本解决执行难"取得明显成效，但仍存在一些构建"基本解决执行难"长效机制的问题，如自动履行率低、执行到位难度大、执行权利设定不合理、执行惩戒力度不足、执行衔接不畅等问题。本书进一步以法经济学的角度，从执行参与者都是理性的"经济人"出发，探寻申请执行人、被执行人、协助执行义务人、执行人员在执行博弈中的行为选择表现的合理解释，得出"执行难"根源在于执行威慑力不足的结论，并相应提出一些构建"基本解决执行难"长效机制的建议，如强化执行强制性、强化申请执行人权利、强化被执行人法定义务、多样化执行威慑方式、扩大失信被执行人名单适用范围和条件、有效威慑执行协助义务人、赋予执行人员强制权力、落实执行人员权责统一等。通过这些举措使被执行人、协助执行义务人慑于不履行将付出比履行更高的代价来引导他们选择主动履行，从根本上解决"执行难"问题。

执行工作是国家用强制力保证裁判权威、维护社会公平正义的具体形式。如果生效裁判因为出现"执行难"，而使经司法确认、以国家名义背书的生效裁判成为利益无法实现的"法律白条"，那么对司法权威和国家公信力的损害将是巨大的。如果"执行难"长期得不到不解决，会导致民众对法律失去信心，也对法院丧失信任。法院是党领导下的审判机关，法院没有权威，也会导致法律失去权威，进而失去人民对党和国家的信任，容易因此陷入"塔西陀陷阱"。可以说，解决"执行难"不仅是法律问题，也是社会问题，更是政治问题，因此解决"执行难"是推进国家治理体系和治理能力现代化的重要内容。

一、具有中国特色的"执行难"

◇ （一）"执行难"问题由来已久

"执行难"长期以来困扰法院，自 1987 年全国法院工作会议专门讨论"执行难"开始，解决"执行难"始终都是法院的工作重点。最高人民法院向中央作的《关于解决"执行难"问题的报告》中总结了"执行难"的四大难点，即"被执行人难找，被执行财产难寻，协助执行人难求，应执行财产难动"。2014 年，全国法院系统开展了"转变执行作风、规范执行行为"专项活动，对一直未能实际执结的旧案和体外循环案件进行了系统清理和补录，共清理出未实际执结案件近 1 600 万件。法院生效裁判长期以来面临申请执行率高和执行中止、终结率高的尴尬。法院裁判生效后当事人在履行期限内自动履行率仅有 5%。

◇ （二）对"执行难"的分析

"执行难"有三种情形，一是被执行人确实无财产而无法履行，此种情形属于"执行不能"范畴,申请执行人的权利可能确实无法实现。二是被执行人有部分履行能力,但无法将法定义务彻底履行完毕,此种情形下被执行人只能做到部分履行义务,无法履行部分属受客观条件限制而不能,也属"执行不能"范畴。三是被执行人有能力完全履行但不主动履行,此种情形属于人为因素造成的"执行难"。在属于"执行难"的第三种情形中,如果义务人有积极履行义务的诚意,则义务人的义务在权利人申请执行前应当已经自动履行完毕,根本无须启动执行程序。法治发达国家大多没有"执行难"这一概念,因为慑于可能获得更糟糕后果的考虑,有履行能力的义务人早在进入执行阶段以前就已经主动将义务履行完毕了。从这个角度来讲,也可以说,"基本解决执行难"实际也就是如何让有履行能力的义务人自愿主动履行的问题。

◇ (三)"基本解决执行难"

2016年3月13日,最高人民法院周强院长在十二届全国人大四次会议上作最高人民法院工作报告时,向全国人民庄严承诺:"用两到三年时间基本解决执行难问题"。随后,最高人民法院部署实施"基本解决执行难"工作,全国各地方法院全面完成了执行指挥中心建设,统一使用了人民法院执行案件流程信息管理系统、全国执行网络查控系统,国家发改委、最高人民法院等44个部门签署《关于对失信被执行人实施联合惩戒的合作备忘录》,全面压缩失信被执行人的生存空间。各地方党委、政府和法院都积极行动,采取各种有力措施,推进"基本解决执行难"取得明显成效。

◇ (四)"基本解决执行难"的地方实践

以西部M市为例,为强化部门联动协调,该市将协助"基本解决执行难"工作纳入该市综治考核及依法治市工作考核,进一步完善执行工作联席会议机制,明确由政法委书记作为第一召集人定期召开执行工作联席会议。市委、市政府制定印发"基本解决执行难"相关意见文件,对担任人大代表、政协委员候选人进行失信情况核查,落实中央办公厅、国务院办公厅《关于加快推进失信被执行人信用监督、警示和惩戒机制建设的意见》有关失信被执行人任职资格的限制，多次召开"基本解决执行难"工作推进会，市人大、政协等部门多次就"基本解决执行难"工作开展调研，助力解决实际困难。市人大常委会还在全省率先以市人大决定形式出台文件来推动法院执行工作。各区县在"推进基本解决执行难"人、财、物上均给予有力保障支持。

市法院大力强化总对总、点对点执行网络查控系统，对所有金钱给付案件实行每案必查；引导申请执行人积极提供财产线索；试行社区网格员联络机制，建立一支区域全覆盖的执行联络员队伍，网格化服务中心安排网格员协助法院送达法律文书、提供基本信息、财产线索、见证执行、促进执行和解，被执行人难找、财产难寻的问题得到一定程度解决；鼓励社会公众举报被执行人及其财产线索；全面完成执行指挥中心、执行指挥单兵及车载系统等软硬件建设和配备。为提前解除拘留，大多有"重重困难"的"老赖"在被实施拘留后迅速有了履行能力，案件多数得以顺利执行。通过在报纸、网站、公告栏等渠道对失信被执行人进行公开曝光，诸多被执行人因受制裁后无法贷款、无法出境、无法办理工商登记、无法购买机票、高铁动车车票和入住星级酒店而主动前往法院履行义务。推进"基本解决执行难"工作总体上取得显著成效。

二、推进"基本解决执行难"存在的问题

虽然各地在推进"基本解决执行难"这场硬仗中取得初步胜利，但也存在过于依赖提高人、财、物投入以提高执行成效，规范引导义务人主动履行法定义务的长效机制建设不足的问题。

◇ （一）自动履行率低

以西部S省为例，该省法院系统2016年受理各类执行案件262 382件，同比上升31.85%，执行案件占各类案件比重约为27.46%，同比上升5.7个百分点。办结各类执行案件239 134件，同比上升33.3%，执结率91.14%，同比

上升 0.99%。自动履行、执行和解分别为 4 712 件、7 568 件，占结案比例分别由 13.99% 和 24.52% 下降到 1.97% 和 3.16%。终结、其他方式结案数分别为 118 284 件和 86 460 件，占比分别由 2015 年的 20.21% 和 8.03% 大幅提高至 49.46% 和 36.16%。生效案件申请执行率提高，自动履行、执行和解结案率大幅下降，终结执行和其他方式结案率大幅上升，这些现象都表明即使执行力度加大，但执行工作面临的困难还在不断增加，"基本解决执行难"仍面临更多深层次困境。

◇ （二）执行权利设定不合理

现行执行规定参照审判程序设计，没有体现执行规律，不符合执行工作实际。如没有将法院执行作为强制执行法定义务来对待，过于强调被执行人对抗权利，对申请执行人的权利设定少，对法院推进执行过程中设定义务过多，执行工作投入巨大成本，往往事倍功半。如受理案件后，应当向被执行人发出执行通知书，责令被执行人在指定期间内履行义务，如果被执行人在指定期间内没有履行，法院可强制执行。这种强化法院责任、拔高被执行人权利的做法为被执行人积极转移、隐匿财产提供了有利条件，执行实践中往往是法院发出的执行通知书变成了让被执行人赶紧转移、隐匿财产的通知。为了实现执行目的，执行人员既要遵守烦琐的告知程序，又要与被执行人在故意逃避送达等问题上斗智斗勇，因而执行人员常常不得不与被执行人玩"捉迷藏"游戏，被迫专挑节假日或开展"午夜行动"堵截被执行人。靠更多投入来解决"执行难"既不现实，更非"基本解决执行难"的长久之策。

◇ （三）执行惩戒力度不足

将被执行人纳入失信被执行人名单难度较大，责任较重，威慑力不足。国务院《征信管理条例》第十六条规定征信不良信息的保存期限为 5 年。而最高人民法院《关于公布失信被执行人名单信息的若干规定》第二条规定纳入失信被执行人名单的期限为二年，严重的可以延长一至三年。同时第十条还详细规定被执行人履行完毕、达成执行和解、终本执行、终止执行、终结执行应在三个工作日内删除失信信息，极大弱化了对失信被执行人的威慑力度。司法程序对失信人的惩戒力度低于社会征信。这种现象可能导致人们认为司法的权威性不足，经过司法程序确定的失信行为在效力上不如其他部门对失信行为的认定。

最高人民法院对将被执行人纳入失信被执行人名单进行严格限制，纳入范围较窄，同时执行人员承担了较重的符合纳入条件情况证明的责任，使执行人员在适用失信被执行人名单时限制多，负担责任重。执行人员为规避责任风险，适用该规定的积极性较低，使失信被执行人名单制度难以发挥更大作用。

◇◇ （四）执行衔接不畅

执行实践中，法院与地方信用信息共享交换平台对接时存在一定障碍，追究拒不执行法院生效判决、裁定罪也有待公安、检察机关的大力配合支持。金融、不动产登记、车管等部门也常以有内部规定为由拖延协助、拒绝协助，执行中常常遭遇需另辟蹊径协调的情形。如采取司法拘留强制措施过程中，拘留所为规避自身风险，常根据《治安拘留所管理办法》第十条规定对高血压、糖尿病等目前已经较为常见的慢性病人予以拒收，使被执行人逃脱惩戒，司法威信大打折扣，这种现象更加深了人们对司法裁判的心理暗示：司法裁判不执行也没关系，司法机关都是"纸老虎"。

三、原因探寻——基于法经济学的执行博弈分析

◇◇ （一）法经济学及"经济人"假设

经济学研究、解释人类社会的经济交往关系，并提出改善建议，以期增加人的社会满足。经济学对人类行为的剖析，进一步合理解释了人类社会宗教习惯、社会心理、亲属伦理、组织理论、博弈策略、制度变迁等各种人文现象，

以至于其他人文学科称之为"经济学帝国主义",意指经济学研究和解释人类社会一切现象的趋势。法经济学是经济学和法学的融合,以经济学理论来研究法律问题的新兴法理学流派,而法经济学研究的一个重要前提是经济学中的"经济人"假设。"经济人"假设认为,人具有理性而且是最大自我利益的追求者,如果周围环境发生变化,人就会通过相应改变其行为以期实现其利益的最大化。

◇ (二)对"经济人"的制度约束

新制度经济学的代表人物奥利弗·威廉姆森认为,由于不完全信息限制,"经济人"往往只能做到相对理性,"经济人"的理性选择并不总是能确保自身利益最大化,并且"经济人"都是机会主义者,总是期待能够最大化自身利益,一旦有最大化自身利益的机会,他会不惜以损人利己的方式来满足自己。因此,威廉姆森提出要用组织管理制度或者相应的契约来约束这种机会主义行为,这也是社会契约、国家建立的原因和作用。

亚当·斯密在《国富论》中指出,面包商给我们面包,并不是因为他是天使,而是因为面包商有他自己的利益考虑。良好合理的制度促使人们实现正和博弈,"经济人"可以在利己的同时实现利他。在良好的法治环境下,通过制度性约束,"经济人"倾向于做出符合社会整体要求的行为,即适当放弃自身利益而实现社会整体利益的最大化,否则就会因为损害社会公共利益而受到相应制裁。正如戴维·帕特莱斯所说:"法律的经济分析在设计有关法律规则的直率、有效的政策选择和结果方面的能力强烈地吸引了每一个人。"

◇ (三)"经济人"的现实反应

"经济人"在做出行为选择之前,一定会对自身行为进行一番成本和收益分析,而且一定会选择自认为对自身收益最大的方案实施行动。仍以 S 省为例,该省 2016 年婚姻家庭类案件调撤率为 62.81%,远高于同期民商事案件总体 48.18%的调撤率。其合理解释是,该类案件的当事人往往基于维护家庭成员道德声誉、维系人际社会关系等法律外的因素影响而选择调解或撤诉，同时该类案件也容易基于此类法律外的压力而不申请执行或自动履行。此类案件申请执行率相对较低，属于典型的熟人关系案件，当事人更倾向于考虑长远利益。合同类案件则恰恰相反，调撤率为46.44%，低于平均水平。合同类案件当事人大都属于陌生人关系，利益博弈仅有一次的可能性较大，此时当事人的机会主义倾向明显。随着社会发展，市场经济更加活跃，中国传统的"熟人社会"必然要向"陌生人社会"发展，而避免陌生人选择一次性博弈的机会主义倾向，则需要发展信用市场，完善信用体系建设，使市场主体基于长远利益考量而做到诚实守信。

◇◇ （四）对执行参与者"经济人"行为的分析

（1）申请执行人。在当前的制度框架下，法律赋予申请执行人的权利较少，申请执行人基本只能依赖法院。申请执行人提交了执行申请后，对执行具体工作便不再过问，除了知情权等一些泛化的权利外，与被执行人权利受到的保护相比，申请执行人很难说有什么实质上的权利，因此，申请执行人在执行程序推进、结果走向上并没有实质性的主导权。虽然财产调查令能够令申请人获得一定的主动权，但是在当前法院调查财产都困难重重的情形下，申请执行人凭财产调查令去调查被执行人财产一方面自身付出的成本较高，另外一方面其能够获得被执行人财产信息的概率并不大。因此，申请执行人的利益最大化行动方案是尽量消极行动以减少自身损耗，同时紧盯执行人员，强调全部的执行责任由法院负担，要求法院保障其预期利益的实现。

（2）被执行人。当前制度环境下，被执行人对不履行义务的后果有相对稳定的预期，在不履行后果一定、成本较小，而可能带来较大利益的情况下，被执行人的理性选择当然是不履行义务，作为"经济人"的他们没有动力去主动履行义务。被执行人通过转移、隐匿财产，使申请执行人和法院发现其财产的难度加大，执行程序推进受阻，申请执行人和法院只能加大执行投入来查找被执行人的财产，从而使执行成本被抬高。不仅如此，被执行人在逃避送达等手段用完且实在躲不了的时候，还可以提出各种异议来拖延执行。由于执行异议等程序不收费，提出异议几乎没有成本负担，还可以继续通过提出执行异议来拖延履行，而且对法院的每一项执行行为和执行标的都有可能提出执行异议，迫使申请执行人基于成本-收益的压力，为获取被执行人配合而同意予以债务减免。被执行人制造执行障碍，推高执行成本，自身却不会有显著的成本付出，始终掌握着执行主动权，在执行中明显处于有利地位。"低廉的违法成本和虚弱的司法权威为一些诉讼'经济人''巧借'司法力量牟取私利大开方便之门"。

（3）协助义务人。由于缺乏有效制裁，一些金融机构、物业企业、被执行人的债务人等往往本着"顾客至上"的理念，为了一己私利，宁可得罪法院，也不肯得罪被执行人，常常积极协助被执行人给法院执行制造困难，甚至拒绝履行协助执行义务。有的不动产登记、车管、工商、金融等部门和机构，或出于地方利益考虑，或出于本部门利益考虑，在协助执行中要求法院按照其行业内部规定、自身规矩来办，不符合其内部规定则不予协助执行。在他们看来，其与法院同属国家机关、单位，甚至在行政级别上还高于执行法院，是否配合执行要看法院请求是否诚恳、态度是否谦恭，完全不认为协助法院执行是法律义务。即使不配合法院执行会造成影响最后也有上级机关出面协调，并不会有严重的法律后果。如此，执行协助义务人还是更愿意选择按照自己的规矩办事。

（4）执行人员。执行人员也是理性的"经济人"，其首要考虑的也是自身利益的最大化，而非他人利益的最大化，事实上我们也的确无法苛求执行人员做到将申请执行人的利益和社会公共利益放在首位。在严格落实司法责任的背景下，执行人员履职缺乏配套保障，容易造成干得越多、错误越多、风险越大的局面，基于对责任风险的规避，他们自然倾向于实施消极执行或对自身而言危害最小的方案开展执行行动。在法院内部，一系列的考核和制度挤压强化了工作人员的经济理性，办案求稳心理占首位，这也是当前法官办案更偏好调解的深层次原因。也就不难理解部分案件的法官为回避矛盾，降低自身风险，策略性地做出模糊判决结果，使得执行过程缺乏操作性而导致"执行难"的现象产生。当然，执行人员也不会坐以待毙，对难以执行的案件，执行人员会通过进一步的技术处理，强调案件的复杂性和困难程序，以此降低自身风险，策略性地以执行中止、终结或其他方式结案，使"基本解决执行难"更加困难。

◇◇ （五）困境根源——执行威慑不足

（1）关于威慑理论。保罗·胡思（Paul Huth）关于威慑的研究认为：威慑是一方通过发出威胁信号，迫使另一方意识到如果坚持进攻或挑战，将很可能招致该行动预期收益的代价和损失，由此克制自己的行为，避免采取某种行动。根据王曼的研究，在执行程序的成本—收益分析中，随着执行程序的推进，申请执行人成本越来越高，收益越来越低，法院的利益与申请执行人大致相符，而被执行人是执行程序博弈中的最大赢家。要走出执行博弈申请执行人和法院双输的困境，必须通过威慑的合理设定来督促被执行人自动履行，并及时防范被执行人以构建执行不能来逃避义务履行的机会主义行为。基辛格认为，构成可置信威胁必须具备以下几种基本要素：第一，要有足够影响全局的威慑力量，即要有足够的实力，这是形成威慑力量的基本前提条件；第二，要有使用威慑力量的决心和意志，这是威慑力量的主要支撑；第三，通过一定的途径让对方了解并相信以上两点，即信息的有效传递和接收，这是形成有效威慑的必要条件。

（2）当前的执行威慑。最高人民法院院长周强的庄严承诺和当前全国法院正在大力推进的"基本解决执行难"工作传递出这样一个信号，即法院有"基本解决执行难"的信心和决心。而法院在执行过程中对被执行人实现威慑信息的有效传递和接收也不难。因此，当前要在推进"基本解决执行难"过程中形成对被执行人和协助义务人的有效威慑主要取决于申请执行人和法院是否具备较强的执行实力，否则仅凭信心和决心，却缺乏实力的执行博弈参与者仅仅是只虚张声势而已，被执行人依然不会自动履行，执行协助义务人依然不会配合。

四、制度性强化执行威慑
——构建基本解决执行难的长效机制

◇◇ **（一）强化执行强制属性**

法院执行实施不同于审理裁判，在审判阶段，由于当事人的权利义务状态不明，因此有必要对当事人予以平等保护。但在执行实施阶段，当事人的权利义务状态较为明确具体，权利义务也是不对等的，再强调赋予被执行人各种对抗性权利则是多余的，这为被执行人滥用权利推高申请执行人和法院执行成本大开方便之门，只会激励被执行人采取机会主义行动。已被生效裁判所确定的事项，被执行人有法定必须履行的义务，并没有再讲条件的余地，如果法院生效裁判不能给人以稳定预期，甚至还能讨价还价，那么司法裁判的权威将受到严重挑战。当然，法院的生效裁判的确可能出现错误，也可以予以纠正，但是这些错误可以通过提起再审、执行回转来实现实体上的公平正义。另外，执行过程中被执行人和案外人还有执行异议、执行复议、执行监督等救济措施保障，因此执行工作应强化执行的直接强制力，并且这些强制大都应以申请执行人启动为条件，类似于保全措施，如果采取强制措施不当，造成损失则由申请执行人承担相应赔偿责任。

◇◇ **（二）强化申请执行人处分权利**

法律应当赋予申请执行人在执行程序中更大更广泛的利益处分选择权等实质性权利，强化其程序推进主导权和与被执行人利益博弈的能力。如规定申请执行人在被执行人未能履行义务时有权要求对其进行一定的惩罚以抵偿申请执行人的利益损失。惩罚措施可以有如下几种：

（1）执行标的金额在国家上年度职工年平均工资数额以下或履行义务难以用金钱衡量的，可要求法院对被执行人施以三个月以内的司法拘留，被执行人认罚的，对被执行人实施相应期限的司法拘留，申请执行人和被执行人双方权利义务关系消灭；被执行人不愿意受罚的，则应承诺在三个月内履行义务，期满仍未履行完毕的，则对被执行人执行三个月司法拘留，双方权利义务关系消灭。

（2）执行标的金额在国家上年度职工年平均工资数额 1 倍以上 3 倍以下的，申请执行人有权要求选择对被执行人施以六个月以内的司法拘留处罚，被执行人认罚的，对被执行人实施相应期限的司法拘留，双方权利义务关系消灭；被执行人不愿意受罚的，则应承诺在六个月内履行义务，期满仍未履行完毕的，则对被执行人执行六个月司法拘留，双方权利义务关系消灭。

（3）执行标的金额在国家上年度职工年平均工资数额 3 倍以上 10 倍以下的，申请执行人有权要求选择对被执行人施以一年以内的司法拘留处罚，被执行人认罚的，对被执行人实施相应期限的司法拘留，双方权利义务关系消灭；被执行人不愿意受罚的，则应承诺在一年内履行义务，期满仍未履行完毕的，则对被执行人执行一年司法拘留，双方权利义务关系消灭。

（4）执行标的金额在国家上年度职工年平均工资数额 10 倍以上的，申请执行人有权要求选择对被执行人施以三年以内的司法拘留处罚，被执行人认罚的，对被执行人实施相应期限的司法拘留，双方权利义务关系消灭；被执行人不愿意受罚的，则应承诺在一年内履行义务，期满仍未履行完毕的，则对被执行人执行三年司法拘留，双方权利义务关系消灭。

（5）被执行人为法人或非法人机构的，司法拘留对象为其法定代表人或主要负责人；被执行人法定代表人或主要负责人在执行案件立案前 3 年内变更的，申请人可在变更过后的人员中主张实施司法扣留。

通过增强申请执行人对被执行人的有效威慑力，使被执行人在有能力履行义务而选择不履行时面临巨大的风险，能够有效督促有履行能力的被执行人主动履行法定义务。事实上，惩罚不是目的，目的在于通过赋予申请执行人更多选择权，迫使有履行能力的被执行人放弃通过设置执行障碍制造"执行不能"的假象以逃避履行义务的机会主义行为。

◇ （三）强化被执行人法定义务

如被执行人在审判程序中确认的送达地址可直接视为执行案件的送达地址，因为被执行人既然负有履行生效裁判的义务，则其在履行义务前送达地址变更时，应有向申请执行人告知的义务，其不告知送达地址变更情况，视为有逃避履行而"消失"的故意，按理应纳入失信被执行人名单。对被执行人违反报告财产令的制裁，除可以实施罚款、拘留及依法追究刑事责任外，还可将被执行人纳入失信被执行人名单予以惩戒，强化被执行人财产报告义务，促使其如实申报财产，减少转移、隐匿财产的可能性。

◇ （四）多样化执行威慑方式

将被执行人纳入失信被执行人黑名单是加重被执行人不执行风险后果的有效方式。为促进当事人诚实守信，防止履行义务人假意调解牟取不当利益，可以鼓励当事人达成调解协议时设定担保或约定逾期履行的违约责任。当事人没有约定不履行责任，而义务人又逾期履行的，明显属于违背诚实信用原则的行为。可以通过司法解释规定，经人民法院调解或确认的调解协议，以及经公证机关公证具有强制执行效力的债权文书，当事人逾期不履行的，经申请执行人催告，义务人仍不履行的，申请执行人申请人民法院强制执行时可一并提出将被执行人立即纳入失信被执行人名单，人民法院立案后，应当将被执行人纳入失信被执行人名单。

◇ （五）扩大失信被执行人名单适用范围和适用条件

将纳入失信被执行人名单的启动权力授予申请执行人，即申请执行人只要申请将被执行人纳入失信被执行人名单，法院就应当向被执行人发出限期执行令，责令被执行人限期自动履行义务，明确告知限期不履行的法律后果。被执行人在期限内义务履行完毕的，不将其纳入失信被执行人名单；期限内未履行完毕的，执行人员直接将被执行人纳入失信被执行人名单，一经纳入除错误纳入情形外不可撤销，且应在被执行人义务履行完毕满五年后方可删除。

（六）有效威慑执行协助义务人

积极强化司法建议作用，当领导干部以外的党政干部、事业单位和国有企业等工作人员，有拒不履行生效法律文书确定义务或规避、扰乱执行等行为时，或采用不协助、不配合或妨碍法院依法查询被执行人相关信息、办理财产过户登记、依法实施查封、冻结、扣押、扣划、提取等财产控制措施时，可由执行实施合议庭以司法建议形式将相应情况通报地方同级党委、纪检监察机关、组织人事部门，由相应党委、部门组织核查处理。将拒不执行法院生效裁判、拒不配合法院执行等情形作为干部候选、目标考核的"一票否决"事项。这在当前全面依法治国的背景下是符合党的治国理政理念的。

（七）赋予执行人员强制权力

对有协助义务的其他案外人，执行实施人员应讲清法律后果，仍拒不配合执行的，依法由执行实施合议庭决定处以罚款、拘留等强制措施。将司法强制措施决定权交由执行实施合议庭行使，使其权力和责任大小相统一，给予执行实施人员实实在在的执行威慑力，将"纸老虎"激活为会咬人的真老虎，协助执行义务人拖延、拒绝配合的问题将不攻自破。可能出现实施超过必要限度的问题，并不是不能给予执行人员强制措施决定权的充分理由。执行实施人员可能出现采取强制措施不当的问题，可通过执行异议程序和执行监督程序予以规范。

（八）落实执行人员权责统一

落实司法责任的前提条件是，办案人员拥有能够引发其履职不当应承担责任的权力。出于对司法人员的防范和监督，在当前的制度设定下，采取司法强制措施都需经法院院长批准。甚至将被执行人纳入失信被执行人名单，终结本次执行程序结案都需要院长批准，这种办案权力责任不统一的设定使法院的强制执行威慑力大打折扣。一方面，执行人员无法基于办案需要给予违法的被执行人以强制惩戒，却要承担案件执行不力的责任；另一方面，院长被赋予强制措施批准权，如果批准了就需要对强制措施后果负责，如果不批准就要承担来自提请审批人的指责。院长本不参与案件执行却无故承担了相应的风险与责任。将采取司法强制措施决定权统统交由院长行使并不符合司法权运行规律，将司法强制措施决定权交由办案合议庭行使，改事前审批为事后监督，方能更加符合落实司法责任制要求。落实司法责任制还应同时强化司法人员履职保障，建立一定程度的职务瑕疵行为免责制度，以保障司法人员的工作积极性，以免其因始终忧心于问责恐惧，为确保自身安全而消极履职。

结语

通过法经济学的成本-收益分析，我们能更好地理解"执行难"问题存在的根源，并通过优化制度性安排，构建起有效的"基本解决执行难"长效机制。通过利益引导影响执行参与各方的行动决策，使被执行人、协助执行义务人慑于不履行将付出比履行更高的代价预期，进而选择主动履行，从根本上破解"执行难"问题。特别是在当前法律尚无明确规定的前提下，应允许法院在执行机制体制上进行大胆探索创新。期待在不久的将来，以司法处罚抵债、依申请纳入失信被执行人名单、执行合议庭做司法强制措施决定等举措能够逐步实现制度化，让"执行难"成为历史名词。

第三章
认罪从宽制度研究

　　随着当前司法体制改革的深入推进，尤其是十八届四中全会提出推进以审判为中心的诉讼制度改革以来，检察工作发展面临众多新情况新问题，对检察改革提出了更高要求。在这一时代背景下，为进一步贯彻落实中央《关于全面推进依法治国若干重大问题的决定》中明确提出的"完善刑事诉讼中认罪认罚从宽制度"的改革任务以及中央政法工作会关于"完善刑事诉讼中认罪认罚从宽制度"的决策部署，2016年5月，眉山市彭山区人民检察院在充分调研的基础上，创新思路、积极探索、大胆实践检察环节认罪认罚从宽制度试点工作，积极推进适用协商机制办理认罪认罚案件，为进一步贯彻宽严相济刑事政策，推动刑事案件繁简分流，节约司法资源，提高司法办案质量和效率，解决一线办案工作突出问题，提供了有益的实践经验以及程序和机制上的支撑。

一、认罪认罚从宽制度的理解

◇（一）"认罪认罚从宽"概念解读

　　1．"认罪"概念解读

　　《全国人大常委会关于授权最高人民法院、最高人民检察院在部分地区开展刑事案件认罪认罚从宽制度试点工作的决定》规定："对犯罪嫌疑人、刑事被告人自愿如实供述自己的罪行，对指控的犯罪事实没有异议，同意人民检察院量刑意见并签署具结书的案件，可以依法从宽处理。"根据该规定，"认罪"的形式理解是"自愿如实供述自己的罪行，对指控的犯罪事实没有异议"。

因此，"认罪"应当是被追诉人自愿承认被指控的行为构成犯罪，但不包括被追诉人对自己行为性质的认识。两高和司法部《关于适用普通程序审理"被告人认罪案件"的若干意见（试行）》第七条规定："对于被告人自愿认罪并同意适用本意见进行审理的，可以对具体审理方式作如下简化：……（三）控辩双方对无异议的证据，可以仅就证据的名称及所证明的事项做出说明。合议庭经确认公诉人、被告人、辩护人无异议的，可以当庭予以认证。对于合议庭认为有必要调查核实的证据，控辩双方有异议的证据，或者控方、辩方要求出示、宣读的证据，应当出示、宣读，并进行质证。（四）控辩双方主要围绕确定罪名、量刑及其他有争议的问题进行辩论。"这条规定表明，被追诉人不需要在认罪中对罪名、犯罪形态等予以确认。另外，"认罪"的要求是被追诉人自愿承认被指控的行为，且认为已经构成犯罪，至少是被追诉人对行为性质的误判不影响其认罪的意思表示。

2. "认罚"概念解读

上述中提及，"认罚"的形式理解是"同意人民检察院量刑建议并签署具结书"。然而如果根据该规定，"认罚"只是同意人民检察院量刑建议并签署具结书，那么，显然这里的"认罚"比一般意义上的认罚范围更为狭窄。"认罚"应当理解为被追诉人在认罪的基础上自愿接受所认之罪在实体法上带来的刑罚后果；在程序上，"认罚"应当包含对诉讼程序简化的认可。一般意义上"愿意接受处罚"只是一种"认罪悔过"态度，"认罚"是建立在"认罪"的基础上的，是对"认罪悔过"态度的进一步深化。被追诉人的"认罚"体现其悔罪性。

值得注意的是，检察院只具有量刑建议权，并不是最终被追诉人可能接受的刑罚，所以"认罚"是被追诉人对于可能刑罚的概括意思表示。也就是说，被追诉人"认罚"的判断标准应当为接受公安、司法机关提出的抽象刑罚。

由于主观认识随着诉讼程序的运行而深化，对是否不起诉和判处刑罚的预测具有相当的不确定性，最终的刑罚只有经过裁判者的最终处理才能确定，故而，只要被追诉人同意可能的刑罚结果就应认为被追诉人已经"认罚"。被追诉人在侦查阶段的"认罚"是对未来可能刑罚的接受；被追诉人在审查起诉阶段的"认罚"是对检察机关处理结果的接受，如不起诉或者量刑建议等；被追诉人在审判阶段的"认罚"是对裁判结果的认可。

3. "从宽"的含义

"从宽"的一般含义就是对认罪认罚的被追诉人进行从宽处理或处罚。这种从宽处理或处罚包括程序上的从宽处理以及实体上的从宽处罚两个方面。其中，程序上的从宽处理体现在变更、解除强制措施、不予逮捕、酌定不起诉、未成年人附条件不起诉、适用简易程序、适用当事人和解程序以及适用速裁程序等。而实体上的从宽处罚则体现在从轻处罚、减轻处罚、适用缓刑、适用减刑或假释、依法在法定刑以下量刑等内容。

◇ （二）"认罪认罚"与"从宽"的关系

从概念构造上来说，认罪认罚从宽制度由两个概念范畴构成，即"认罪认罚"与"从宽"。要正确理解认罪认罚从宽制度，除了对"认罪""认罚""从宽"这三个概念进行阐明以外，还需要对"认罪认罚"和"从宽"的复杂关系予以厘清。

1. "认罪认罚"与"从宽"在程序上的关系

认罪认罚从宽意旨在被追诉人自愿做出认罪认罚的表示之后，司法机关能够对其在程序上从宽处理或在实体上从宽处罚。由于认罪认罚从宽制度贯穿于刑事诉讼全过程，所以被追诉人可以取决于自己的意愿在侦查阶段、审查起诉阶段或审判阶段做出认罪认罚的表示。从有利于查明案件事实以及减少犯罪危害后果的角度考虑，应当鼓励犯罪嫌疑人、被告人尽早认罪认罚，即被追诉人越早认罪认罚，其应得到的从宽幅度就应越大。比如被追诉人在侦查阶段认罪认罚，那么其所获得从宽的幅度就应当比在审查起诉或审判阶段认罪认罚获得的从宽幅度更大。这就要求"认罪认罚"与"从宽"在诉讼阶段上可以分离，换而言之，就是被追诉人在某一阶段认罪认罚可在另一阶段从宽处理或处罚，因为如何从宽必须依照法律规定。这就决定了对认罪认罚者的从宽可以发生在同一诉讼阶段，也可能体现在不同诉讼阶段。以自首为例，按照《中华人民共和国刑法》（以下简称《刑法》）第六十七条的规定，犯罪人"犯罪以后自动投案，如实供述自己的罪行"，对其"可以从轻或者减轻处罚。其中犯罪较轻的，可以免除处罚"。从实际情况来看，"自动投案、如实供述自己的罪行"往往发生在侦查阶段，而"从轻或者减轻处罚"或者"免予处罚"主要发生在审判阶段。由此观之，认罪认罚与从宽在诉讼阶段上是可以分离的，且不同诉讼阶段，从宽的侧重点有所不同。在审查起诉阶段，从宽可以在程序上与实体上并行，比如将羁押性强制措施变更为非羁押性强制措施或者做出不起诉决定。在审判阶段，则主要是实体从宽，表现为依法从轻、减轻、免除处罚等。

2. "认罪认罚"与"从宽"因果上的关系

正确处理"认罪认罚"与"从宽"的关系，还须进一步明确的是，认罪认罚与从宽并非是一种绝对必然的关系。也就是说，认罪认罚并不当然导致从宽的效果。

时下，理论界和实务界有观点认为认罪认罚与从宽是一种绝对必然的关系，"认罪认罚从宽"被简化为"认罪认罚当然从宽"。虽然认罪认罚就一律从宽可以提高犯罪嫌疑人、被告人对量刑结果的合理预期，吸引其尽早选择认罪认罚，然而，这种刚性要求有违背刑法量刑基本原则之虞。根据刑法的基本原理，法院对被告人量刑时主要考虑犯罪事实、犯罪性质、情节和社会危害程度等因素。虽然认罪认罚可作为量刑中予以考虑的悔罪情节，但是否从宽处罚仍然要结合犯罪事实、犯罪性质和社会危害程度等进行综合考虑。因此，认罪认罚只是"可以"从宽的条件，而非"应当"从宽的条件。

眉山市彭山区人民检察院试行的认罪认罚协商制度中规定了具有以下情形之一的，不适用协商机制办理案件：①犯罪嫌疑人、被告人是未成年人，盲、聋、哑人，或者是尚未完全丧失辨认或者控制自己行为能力的精神病人；②犯罪嫌疑人、被告人具有教唆未成年人犯罪、累犯、毒品再犯等法定从重情节；③犯罪嫌疑人、被告人违反取保候审、监视居住规定，严重影响刑事诉讼活动正常进行；④可能判处三年有期徒刑以上刑罚的案件，犯罪嫌疑人、被告人未委托辩护人；⑤其他应予从严惩治，不宜适用协商机制办理的情形。上诉规定中，不具备完全协商能力的犯罪嫌疑人、被告人，人身危险性、社会危害程度高的犯罪嫌疑人、被害人，恶意利用协商机制妨碍司法的犯罪嫌疑人、被告人，即使认罪认罚也不能适用协商从宽机制。

尽管从总体上来说，对认罪认罚案件应当最大限度地体现从宽精神。也就是说，原则上认罪认罚者均应得到从宽，但是如果对所有认罪认罚的犯罪嫌疑人都采取从宽措施，而不考察其人身危险性和社会危害性，这在实体法上是缺乏从宽的根据的，因此不一定要对其从宽处罚。另外，对极少数犯罪性质恶劣、犯罪手段残忍、犯罪危害结果极其严重的犯罪分子，亦可以不予从宽。

◇◇ **（三）认罪认罚从宽制度与其他制度的关系**

1. 认罪认罚从宽制度与认罪从宽制度

认罪认罚从宽制度与认罪从宽制度的核心区别在于，认罪从宽制度只需要认罪，而不需要认罚。认罪从宽制度是认罪认罚从宽制度的扩大。

认罪认罚从宽制度只能用于轻微刑事案件。因为该类案件可能适用的刑罚本身就已经非常轻缓，被告人对检察院基于宽大处理的考虑所提出的量刑种类和幅度，也容易形成共识，不仅认可了起诉书指控的罪名，而且对量刑建议书所提出的量刑种类和幅度不持异议。法院基本上都会按照检察院的量刑建议做出定罪量刑。但是，假如将认罪认罚从宽制度扩大适用到全部被告人认罪的案件，那么，被告人就可能不能保持"认罪"与"认罚"的同步性。在那些可能判处一年有期徒刑以下刑罚的案件中，被告人很容易同时接受检察机关的"指控罪名"和"量刑建议"。但是，这种"认罪认罚从宽"的改革思路一旦适用到所有被告人认罪的案件，那么，法院要说服被告人"认罚"就不是那么容易了。因为经验表明，很多对指控罪名不持异议的被告人，对于自己可能受到的刑事处罚都是非常在意的，他们之所以选择认罪，这本身就是为了追求最有利于自己的量刑裁决。更何况，那些被告人认罪的案件本身就可能存在着多方面的量刑情节。尤其是在那些重大刑事案件中，被告人可能存在着自首、坦白、立功、主从犯、退赔、认罪悔罪、被害人过错、前科劣迹等多个法定或者酌定量刑情节，控辩双方很可能对是否认定这些情节都存在一定的争议。甚至对于被告人自愿认罪这一事实本身，究竟会对量刑造成多大程度的影响，控辩双方都可能存在一定程度的分歧。在此情况下，改革决策者非要将"认罪"与"认罚"强行联系在一起，在两者保持同步存在的情况下，才给予从宽处理，这种联系将限制认罪认罚从宽制度的适用范围。

认罪认罚从宽制度中，在被告人自愿认罪的情况下，即便被告人不认可检察机关的量刑建议，或者对量刑的种类和幅度提出异议，法院也应当对其适用宽大的刑事处罚。根据我国的司法经验，被告人的认罪态度向来都是一种重要的酌定量刑情节。被告人自愿认罪或者有"悔罪"表现的，法院通常都会酌情予以从轻处罚。我国的坦白、自首、缓刑、刑事和解等制度，甚至直接建立在被告人自愿认罪的基础之上。相反，被告人是否认可检察机关所建议的刑事处罚，这并不影响其认罪态度的性质。被告人即便对公诉方的量刑建议持有异议，这也属于其正常行使辩护权的表现方式。所以，认罪从宽制度只要求被告人对检察机关指控的犯罪事实和罪名予以认可。

2. 认罪认罚从宽制度与辩诉交易制度

虽然认罪认罚从宽制度与英美法系国家的辩诉交易制度有相似之处，而我国法学理论界、实务界长期保持对辩诉交易制度研究的热情，且多有主张引入该制度的声音出现，但我国在推行认罪认罚从宽制度之时，并不意味着推行美国式的辩诉交易制度。辩诉交易制度作为美国处理刑事案件的主要方式，在美国大约有90%以上的案件以此种方式办结，即控辩双方通过交易的方式就定罪量刑讨价还价以被告人的认罪达成某种协议，换取被告人从宽处理的结果。不可否认，我国在推行认罪认罚制度中借鉴了某些合理因素，但二者是不同的。

认罪认罚制度是我们党和国家长期贯彻实施的宽严相济刑事责任的体现，

是该项政策的制度化新发展。认罪认罚从宽制度以契合中国刑事司法实践需要、特点为基本导向，是具有中国特色的刑事司法制度。尽管不同国家的刑事司法及其运行有其普遍共性，但并不意味着我国推行该项制度改革就是辩诉交易制度的翻版。同时我们还需认识到，美国的辩诉交易制度适用案件范围非常广泛，而且所交易的内容既包括罪名也包括罪数。而在我国的制度设计中，控辩双方的协商只能是在检察机关指控犯罪嫌疑人、被告人有罪的前提下，控辩双方就犯罪嫌疑人积极认罪而获得的可能优惠达成协议。在此过程中禁止交易罪名、罪数，应当是我们坚持的基本底线。此外，美国的辩诉交易很多是在案件事实有争议或者证据有疑问的情形下，换取被告人的轻罪轻罚认可。而我们推行的认罪认罚从宽制度必须在案件事实清楚证据确实充分的条件下进行，不允许司法机关借认罪认罚之名，让犯罪嫌疑人、被告人承受事实不清证据不足情形下的罪与罚，依此减轻或降低检察机关的证明责任。

3. 认罪认罚从宽制度与认罪认罚协商制度

"认罪认罚从宽制度是指在刑事诉讼中从实体上和程序上鼓励、引导、保障确实有罪的犯罪嫌疑人、被告人自愿认罪认罚并予以从宽处理、处罚的由一系列具体法律制度、诉讼程序组成的法律制度的总称。"也就是说，认罪认罚从宽制度是集实体与程序多种具体法律制度于一体的综合性法律制度，并不是一个单一或单项法律制度。如《刑法》规定的自首、坦白、缓刑、减刑、假释等，《刑事诉讼法》规定的简易程序、公诉案件的和解程序等都属于认罪认罚从宽制度的范畴。以往只是在法律上和法律文件上没有使用"认罪认罚从宽制度"的提法或表述，但它的实质精神已经体现在上述多种法律制度中。正因为如此，四中全会《决定》提出的是"完善认罪认罚从宽制度"而不是"建立认罪认罚从宽制度"。

与其他实体上和程序上的认罪认罚从宽制度相比，认罪认罚协商从宽制度是一项以往没有的新型制度。这项制度的建立，可以弥补以往认罪认罚从宽制度在整体上偏重实体轻视程序，以致缺乏程序和保障机制，体系化、完整性明显不足的缺陷。从这个意义上讲，它可以是完善认罪认罚从宽制度的组成部分。

我们应当认识到，尽管我们所讨论的认罪认罚从宽制度被冠以"制度"的名号，但针对认罪认罚制度是实体性制度还是程序性制度的争议并未停止。认罪认罚制度同时兼顾实体与程序的双重性质，但同时该制度又并非作为一个相对独立的制度而存在。它既存在于刑法适用定罪量刑过程中，同时也存在于刑事诉讼不同程序以及程序的不同阶段。认罪涉及的是刑法中罪名的认定，认罚涉及的是犯罪刑事责任的承担，必须依据刑法及相关司法解释综合判断。认罪认罚制度的实施既离不开刑事实体法也离不开程序法。

二、认罪认罚从宽制度的渊源

◇ （一）认罪认罚从宽制度在法律上的渊源

1. 认罪认罚从宽制度在刑法上的依据

在我国刑法中，认罪认罚从宽的精神体现在定罪、量刑、行刑等诸多环节。

从定罪来看，《刑法》第十三条规定了情节显著轻微危害不大的，不认为是犯罪。这里的"情节"包括罪前情节、罪中情节和罪后情节，认罪认罚属于罪后情节。行为人犯罪后的表现、被害人的因素等，被相关司法解释视为情节的影响因素，作为判定情节严重与否的依据。如2006年最高人民法院《关于审理未成年人刑事案件具体应用法律若干问题的解释》第九条将未成年人"案发后如实供述盗窃事实并积极退赃"与其他因素一起作为"情节显著轻微危害不大"的情形，作为影响犯罪成立的因素。在刑法学者看来，"立法者从遏制犯罪和安抚被害人等刑事政策目的出发，把构成要件之外的因素考虑进来，作为影响犯罪成立的因素。这些因素不具有构成要件的地位，因而也不属于'整体性规范评价要素'，自然不属于行为人故意认识的内容"。

从量刑来看，犯罪后的态度反映行为人的再犯罪可能性的大小，因而是影响预防刑的情节。犯罪后真诚悔罪、积极退赃、主动赔偿损失，在量刑上理应予以从宽对待。我国刑法规定了自首和坦白制度。关于自首，1979 年《刑法》第六十三条规定，犯罪以后自首的，可以从轻处罚。其中犯罪较轻的，可以减轻或免除处罚；犯罪较重的，如果有立功表现，也可以减轻或者免除处罚。1997 年《刑法》第六十七条第一款规定，犯罪以后自动投案，如实供述自己罪行的，是自首。对于自首的犯罪分子，可以从轻或者减轻处罚。其中，犯罪较轻的，可以免除处罚。第二款规定，被采取强制措施的犯罪嫌疑人、被告人和正在服刑的罪犯，如实供述司法机关还未掌握的本人其他罪行的，以自首论。与 1979 年《刑法》相比，1997 年《刑法》规定了成立一般自首的概念，加大了对自首的从宽幅度，并增加了特别自首的规定。除刑法总则之外，刑法分则还规定了关于贿赂罪的特别自首制度，如《刑法》第一百六十四条第四款规定，行贿人在被追诉前主动交代向非国家工作人员等行贿行为的，可以减轻或者免除处罚。第三百九十条第二款规定，行贿人在被追诉前主动交代向国家工作人员行贿行为的，可以从轻或者减轻处罚；其中，犯罪较轻的，对侦破重大案件起关键作用的，或者有重大立功表现的，可以减轻或者免除处罚。第三百九十二条第二款规定，介绍贿赂人在被追诉前主动交代介绍贿赂行为的，可以减轻或者免除处罚。2013 年最高人民法院《关于常见犯罪的量刑指导意见》（以下简称《量刑指导意见》）指出："对于自首情节，综合考虑自首的动机、时间、方式、罪行轻重、如实供述罪行的程度以及悔罪表现等情况，予以减少基准刑的 40% 以上或者依法免除处罚。恶意利用自首规避法律制裁等不足以从宽处罚的除外。"

关于坦白，1979 年和 1997 年《刑法》均无规定。但在司法实践中长期奉行"坦白从宽、抗拒从严"的刑事政策。该政策在实践中存在以下问题：一是在侦查过程中，"坦白从宽"容易成为一种诱供的手段，造成司法不公，被戏称为"坦白从宽，牢底坐穿；抗拒从严，回家过年"；二是在审判阶段，被告人认罪被作为一种酌定量刑情节，完全依靠法官的经验，造成量刑的不统一。鉴于此，《刑法修正案（八）》将坦白从宽的刑事政策法律化，将坦白规定为法定从轻量刑情节。《刑法修正案（八）》在《刑法》第六十七条中增加第三款，规定，犯罪嫌疑人虽不具有前两款规定的自首情节，但是如实陈述自己罪行的，可以从轻处罚；因其如实陈述自己罪行，避免特别严重后果发生的，可以减轻处罚。之所以规定对坦白的犯罪嫌疑人"可以从轻处罚"，特殊条件下"可以减轻处罚"，主要是考虑到如果坦白一律可以从轻处罚，那就与自首没有区别了。有学者建议将坦白从轻或者减轻处罚的适用对象扩大到被告人，考虑到如果在侦查、审查起诉阶段犯罪嫌疑人都不如实坦白自己的罪行，进入审判阶段在法庭上才如实坦白，实际意义已经不大。《量刑指导意见》指出："对于坦白情节，综合考虑如实供述罪行的阶段、程度、罪行轻重以及悔罪程度等情况，确定从宽的幅度。①如实供述自己罪行的，可以减少基准刑的20%以下；②如实供述司法机关尚未掌握的同种较重罪行的，可以减少基准刑的10%~30%；③因如实供述自己罪行，避免特别严重后果发生的，可以减少基准刑的30%~50%。"

从行刑来看，刑法关于缓刑、减刑、假释的适用条件的规定中，包括了有"悔罪表现""确有悔改表现""确实不致再危害社会""不致再危害社会"等要求。适用缓刑，要求行为人犯罪后有积极退赃、真诚向被害人道歉、在羁押期间遵守监管规定等"悔罪表现"；即使犯罪较轻，但没有"悔罪表现"的，法院不得认为其"确实不致再危害社会"。根据最高人民法院2011年11月21日《关于办理减刑、假释案件具体应用法律若干问题的规定》，"确有悔改表现"是指同时具备以下四个方面情形：一是认罪悔罪；二是认真遵守法律法规及监规，接受教育改造；三是积极参加思想、文化、职业技术教育；四是积极参加劳动，努力完成劳动任务。对罪犯申诉不应不加分析地认为是不认罪悔罪。罪犯积极执行财产刑和履行附带民事赔偿义务的，可视为有认罪悔罪表现，在减刑、假释时可以从宽掌握；确有执行、履行能力而不执行、不履行的，在减刑、假释时应当从严掌握。当存在"悔罪表现"时，"可以"而非"应当"适用缓刑、减刑、假释。

此外，《量刑指导意见》还对当庭自愿认罪、退赃退赔、积极赔偿被告人经济损失、达成刑事和解等量刑情节的适用作了如下规定："①对于当庭自愿认罪的，根据犯罪的性质、罪行的轻重、认罪程度以及悔罪表现等情况，可以减少基准刑的10%以下。②对于退赔、退赃的，综合考虑犯罪性质，退赃、退赔行为对损害结果所能弥补的程度，退赃、退赔的数额及主动程度等情况，可以减少基准刑的30%以下；其中抢劫等严重危害社会治安犯罪的应从严掌握。③对于积极赔偿被害人经济损失并取得谅解的，综合考虑犯罪性质、赔偿数额、赔偿能力以及认罪、悔罪程度等情况，可以减少基准刑的40%以下；积极赔偿但没有取得谅解的，可以减少基准刑的30%以下；尽管没有赔偿，但取得谅解的，可以减少基准刑的20%以下；其中抢劫、强奸等严重危害社会治安犯罪的应从严掌握。④对于当事人根据《中华人民共和国刑事诉讼法》（以下简称《刑事诉讼法》）第二百七十七条达成刑事和解协议的，综合考虑犯罪性质、赔偿数额、赔礼道歉以及真诚悔罪等情况，可以减少基准刑的50%以下；犯罪较轻的，可以减少基准刑的50%以上或者依法免除处罚。"

2. 认罪认罚从宽制度在刑事诉讼法上的依据

在我国刑事诉讼法中，认罪认罚从宽的精神体现在立案、侦查、审查起诉、审判、执行各阶段，贯穿于刑事诉讼的全过程。

从立案程序来看，根据《刑事诉讼法》第一百一十条的规定，公安司法机关对于行为人的自首材料应当按照管辖范围迅速进行审查；认为没有犯罪事实，或者"犯罪事实显著轻微"，不需要追究刑事责任的时候，不予立案。

从侦查程序来看，犯罪嫌疑人认罪认罚是适用非羁押性强制措施和侦查终结时对其作轻缓处理的考量因素之一。《刑事诉讼法》第一百一十八条明确规定："侦查人员在讯问犯罪嫌疑人的时候，应当告知犯罪嫌疑人如实供述自己罪行可以从宽处理的法律规定。"根据《刑事诉讼法》第六十五条的规定，对犯罪嫌疑人（还有被告人）适用取保候审的情形之一是"可能判处有期徒刑以上刑罚，采取取保候审不致发生社会危险性的"。《公安机关办理刑事案件程序规定》第一百八十三条将"情节显著轻微、危害不大，不认为是犯罪的"作为撤销案件的情形之一，而《人民检察院刑事诉讼规则》第二百八十六条规定，人民检察院"对于犯罪情节轻微，依照刑法规定不需要判处刑罚或者免除刑罚的案件，应当写出侦查终结报告，并且制作不起诉意见书"。

从审查起诉程序来看，犯罪嫌疑人认罪认罚可能影响到人民检察院相对不起诉或附条件不起诉决定的做出。《刑事诉讼法》第一百七十三条规定，对于犯罪情节轻微，依照刑法规定不需要判处刑罚或者免除刑罚的案件，人民检察院可以做出不起诉决定。第二百七十一条规定，对于未成年人涉嫌刑法分则第四章、第五章、第六章规定的犯罪，可能判处 1 年有期徒刑以下刑罚，符合起诉条件，但有悔罪表现的，人民检察院可以做出附条件不起诉的决定。

从审判程序来看，被告人认罪认罚关系到审判程序的分流和人民法院的裁判结果。根据《刑事诉讼法》第二百零八条的规定，基层人民法院适用简易程序审判的条件包括：①案件事实清楚、证据充分的；②被告人承认自己所犯罪行，对指控的犯罪事实没有异议的；③被告人对适用简易程序没有异议的。在人民法院宣告判决前，人民检察院发现案件情节显著轻微、危害不大，不认为是犯罪的，可以撤回起诉。2014 年全国人大常委会《关于授权最高人民法院、最高人民检察院在部分地区开展刑事案件速裁程序试点工作的决定》将适用速裁程序的案件范围限定为"事实清楚，证据充分，被告人自愿认罪，当事人对适用法律没有争议的危险驾驶、交通肇事、盗窃、诈骗、抢夺、伤害、寻衅滋事等情节较轻，依法可能判处一年以下有期徒刑、拘役、管制的案件，或者依法单处罚金的案件"。

从执行程序来看，与刑法的规定相呼应，《刑事诉讼法》第二百六十二条规定，被判处管制、拘役、有期徒刑或者无期徒刑的罪犯，在执行期间确有悔改或者立功表现，应当依法予以减刑、假释的时候，由执行机关提出建议书，报请人民法院审核裁定，并将建议书副本抄送人民检察院。

此外，刑事诉讼法还规定了当事人和解的公诉案件诉讼程序，刑事和解程序适用的前提条件之一是"犯罪嫌疑人、被告人真诚悔罪，通过向被害人赔偿损失、赔礼道歉等方式获得被害人谅解"。对于达成和解协议的案件，公安机关可以向人民检察院提出从宽处理的建议；人民检察院可以向人民法院提出从宽处罚的建议；对于犯罪情节轻微，不需要判处刑罚的，可以做出不起诉的决定；人民法院可以依法对被告人从宽处罚。

◇ （二）认罪认罚从宽制度的理论渊源

围绕着刑罚的正当化根据这一焦点问题，刑罚理论经历了从报应论到目的论，再到报应论和预防论相结合的发展历程。《刑法》第五条规定的罪责刑相适应原则即体现了报应论和预防论的思想。

从刑事实体法学即刑法学视角给出的认罪从宽的理由，一般被认为是整合了报应论和预防论的并合主义。并合主义将报应和预防均作为刑罚的根据。在刑罚裁量时，并合主义体现为责任主义。责任主义主张，在报应和预防作为刑罚根据的基础上，以报应刑作为刑罚裁量的基础，用报应刑限制预防刑。换言之，刑罚的正当化根据是报应的正当性与预防犯罪目的的合理性，基于报应所裁量的刑罚是责任刑，基于预防犯罪目的所裁量的刑罚是预防刑。正如学者所言："刑罚理论可以作这样的小结：刑罚是为特殊预防和一般预防服务的。刑罚在其严厉程度上是由罪责的程度限制的，并且，只要根据特殊预防的考虑认为是必要的，同时，根据一般预防的考虑也不反对，那么，就可以不达到罪责的程度。"当然，近年来兴起的恢复性司法理念，在传统的刑罚体系之外为行为人的侵害责任提供了一种新的理论。此外，人道主义相关刑事政策对量刑，包括对某一因素是否构成对量刑的影响，也具有不可忽视的指导作用。

犯罪嫌疑人或被告人认罪认罚的态度在一定程度上反映了其犯罪后人身危险性有所降低，在此情况下对其从宽处罚，有利于教育改造和感化行为人，预防再犯。对犯罪嫌疑人或被告人的量刑首先考虑的是报应刑，其次考虑的是特殊预防。张明楷教授在《论预防刑的裁量》中写道，基于报应所裁量的刑罚是责任刑，基于预防犯罪目的所裁量的刑罚是预防刑，刑罚个别化主要是在量刑阶段实现的，而且基本上是在裁量预防刑时实现的。所以，在裁量了责任刑之后，必须重点考虑犯罪人的再犯罪危险性，故量刑阶段的重点在于实现特殊预防。刑罚积极的特殊预防，是指国家通过制定刑罚和对犯罪人适用和执行刑罚，教育改造犯罪人，唤醒和强化犯罪人的规范意识而预防犯罪。认罪认罚从宽制度就是在责任刑的基础上，通过刑罚积极的特殊预防功能，实现并合主义"因为有犯罪并为了没有犯罪而科处刑罚"的刑罚理念，从而使认罪认罚的犯罪嫌疑人或被告人得到与其罪行和人身危险性相适应的刑罚处罚，使获得从宽处罚的被告人得到教育改造，更好地回归社会。

三、认罪认罚从宽制度的价值与意义

◇◇ （一）认罪认罚从宽制度的政策背景和意义

1. 推进司法改革的必然要求

坦白从宽、宽严相济是我们长期坚持的一项基本刑事政策，认罪认罚从宽制度就是在公正和效率相统一的更高层次上做出的系统性、制度性安排，是依法推动宽严相济刑事政策的具体化的重要措施。根据被告人认罪与否、案件的难易、刑罚的轻重等情况，在程序上繁简分流，提高刑事案件的质量与效率，这是司法实践的必然要求，更是推进以审判为中心的诉讼制度改革的一项重要内容，对探索构建科学刑事诉讼体系有着至关重要的作用和意义。优化司法资源配置，迅速有效惩治犯罪，及时修复社会关系，也是我国刑事诉讼制度的发展趋势。

2. 落实顶层设计的具体途径

十八届四中全会明确提出了"完善刑事诉讼中认罪认罚从宽制度"的改革部署，孟建柱书记于2014年11月7日在《人民日报》发表署名文章指出："在坚守司法公正的前提下，探索在刑事诉讼中对被告人自愿认罪、自愿接受处罚、积极退赃退赔的，及时简化或终止诉讼的程度制度，落实认罪认罚从宽政策，以节约司法资源，提高司法效率。"2016年初的政法工作会议进一步强调，要把认罪认罚从宽制度的完善作为司法改革的重要任务来抓。最高人民检察院随后在2016年的"两会"上对探索检察环节认罪认罚从宽制度做出承诺，并在检察系统内就建立律师参与下的认罪量刑协商机制提出了具体要求。2016 年 9 月 3 日，全国人大常委会表决通过决定，授权最高人民法院、最高人民检察院在北京、上海等 18 个城市开展刑事案件认罪认罚从宽制度试点。随后，两高三部联合发布《关于在部分地区开展刑事案件认罪认罚从宽制度试点工作的办法》，可以看到，将检察环节协商机制的引入作为完善认罪认罚从宽制度的切入点和突破口，业已成为顶层设计的明确思路，是当前检察工作的重要指引。

3. 回应基层需求的关键举措

鉴于当前发展战略机遇期与矛盾凸显期并存的基本形势，进入司法程序的案件数量逐年递增。以眉山市彭山区为例，2013 年刑事诉讼法修改以来，区检察院公诉案件受理、起诉等主要指标连年高位运行，人均办案量约 60 件，较刑诉法修改之前增长约 39.5%，公安、法院办案数量也有相应大幅增长，案多人少矛盾日益突出。特别是以审判为中心的诉讼制度改革推进以来，重大疑难复杂案件的庭审实质化势在必行，肯定会进一步挤压人力物力投入。一线办案人员期待实体从宽、程序简化的改革红利得到尽快释放。通过在检察环节引入协商机制，引导占多数的轻微简单案件得到提前分流和快速办理，是缓解案多人少矛盾，优化司法资源配置，提高办案质量效率的因应之举和必然选择。

◇◇ （二）认罪认罚从宽制度的价值取向

认罪认罚从宽制度在刑事实体法和刑事程序法中的内容存在明显的差别，这也意味着认罪认罚从宽制度在实体法上和程序法上的价值取向存在着偏差。认罪认罚从宽制度的实体法与程序法的差异与其不可替代性也具有一定的关联性。

1. 程序法上的价值取向

《关于适用普通程序审理"被告人认罪案件"的若干意见（试行）》和《关于适用简易程序审理公诉案件的若干意见》中认为提高审理刑事案件的质量和效率，是其发布的宗旨。由此看来，程序法方面的主要价值追求，是通过简化程序、迅速结案、节约司法资源，来及时化解社会矛盾。

认罪认罚从宽制度在程序法上的一个重要价值取向是探索一种新的非对抗式的诉讼格局。传统的刑事诉讼通常是对抗式的，控辩双方往往针锋相对，对罪名、罪数、刑罚等一系列问题开展对抗。虽然这有利于争议的实现以及被告人的全力保障，但这种对抗需要占用较多的司法资源，且容易造成被追诉人与国家、与被害人的对立，不利于社会的稳定，也不利于被害人合法权益的保护。提倡犯罪嫌疑人在审前阶段即认罪认罚与控方达成协议，可以在很大程度上改变过去传统诉讼的对抗局面。在认罪认罚从宽制度中，由于被追诉人认罪、控方与其协商协议，控辩双方形成了刑事诉讼的非对抗格局。一方面，这种格局使得刑事诉讼的部分环节得以简化或者省略，促使国家不再将较多的资源耗费在庭审的控辩过程中，必将有效提升诉讼效率；另一方面，通过此种方式形成的刑事判决能够获得被告人以及家属的认同，减少刑事案件的信访申诉发生概率，从而有效恢复被犯罪所破坏的社会关系，同时有利于服刑人员的教育改造与生活再社会化。

认罪认罚从宽制度需要紧紧围绕刑事司法实践的需求，满足合理优化司法资源的需要，努力推动诉讼程序多元化程序构建。认罪认罚从宽制度在程序法上需依据案件复杂程度设置与之相适应的处理程序，推动案件繁简分流，解决案多人少的矛盾。设置被追诉人认罪认罚从宽处理制度，以此为纲领统筹协调速裁程序、简易程序和普通程序的适用，构建分别适用于审前阶段、审判阶段的不同诉讼机制，以是否认罪、认罚为判断标准，拓宽简单轻微刑事案件、较为重大刑事案件处理形式的多元方式，在尊重被追诉人、被害人等主体的意愿表达与利益需求的基础上，广泛调动特定主体参与到纠纷得以迅速解决、罪行得以充分惩戒、损害得以最大恢复过程中的积极性，从而发挥诉讼程序多样化、制度运行精细化的优势以应对实务案件的烦冗复杂，降低诉讼过程中不必要的效果减损，进而谋求司法资源配置效果最大化。从这一角度来说，认罪认罚从宽制度的广泛适用有着显著的改革新意。

2. 实体法上的价值取向

程序法中的犯罪嫌疑人、被告人承认实施了被指控的犯罪，与实体法层面裁判者基于被告人自愿认罪而考虑从轻处罚，不是等同的概念。程序法中的犯罪嫌疑人、被告人承认实施了被指控的犯罪，尚不能说明被告人是否有悔罪的认识和表现，其只是对自己所实施的行为予以承认或者说不予以否认，据此，法官可以简化程序、缩短办案时间，甚至可以直接做出有罪判决。而实体法层面裁判者基于被告人真心认罪，从而考虑从轻处罚中的"认罪"，是表示被告人悔罪的认识和表现，重点是被告人的悔意，正因为有悔罪的认识，才具备从轻处罚的理由。犯罪嫌疑人、被告人承认实施了被指控的犯罪与就自己没有实施某一行为进行辩解，是犯罪嫌疑人、被告人常态表现，不可以用来作为量刑时从宽的情节予以考虑，当然，也不构成对其从重处罚的理由。换言之，程序法简化程序的前提是"犯罪嫌疑人、被告人承认实施了被指控的犯罪"，或者说"对起诉书所指控的犯罪事实无异议"；而实体法认罪是否从宽，要看被告人犯罪后的态度，判断其人身危险性是否有所降低，特殊预防必要性是否有所减少，从而决定是否从宽及从宽的幅度。

认罪认罚从宽制度在实体法上蕴含的主要价值体现就是司法宽容。司法宽容是人类社会进步的直接体现，也是法治社会司法伦理的基本要求。随着人类文明的发展，残酷复仇的司法理念早已被法治国家摒弃，转而追求在司法中彰显的公正与人道。典例就是死刑在世界范围内受到严格的程序限制甚至是被废除。在刑事司法中，宽容精神已逐步深入到我国各种具体制度的内涵之中。如宽容处置未成年犯罪，逐步轻缓化刑罚，设置简易程序，展开社会行刑化运动，发展恢复性司法，等等，都在极大程度上体现了现代司法的宽容精神。认罪认罚从宽制度通过调动犯罪嫌疑人、被告人主动认罪认罚的积极性，使其获得宽大处理的司法判决后果，既能够体现对犯罪嫌疑人、被告人权益的充分尊重，也有利于彰显刑事追诉的人文关怀。

◇◆ **（三）认罪认罚从宽制度中的公正与效率**

我国刑事司法体系的构建始终以公正作为最终追求，然而，对公正过度追求可能耗费大量司法资源致使诉讼效率下降，却并不能取得预期的公正效果。缺乏效率的公正难以满足社会发展的需求，这种"公正"实际上也是从根本上对程序公正的背离。"一个社会，无论多么公正，如果没有效益，必将导致社会集体的贫困，那也谈不上什么公正，即使有这种公正，也是社会和人们所不取的。"[①] "审判程序的改革不能一味地去追求正义，公正也不是刑事审判的唯一价值目标。其实，能否对效率进行充分的关注以及能否在公正与效益之间保持适当平衡也是衡量程序公正的一项重要标准。"

当下，提高诉讼效率已成为当代各国刑事司法领域的主流导向。有鉴于此，有一个值得思考的问题，即单纯的办案效率的需求，可以作为对刑事案件从宽处罚的理由吗？答案是否定的。其理由在于以下方面：第一，如果由于"认罪"能够使司法机关迅速结案，而对被告人从宽处刑，将动摇刑罚基本正义理念和价值追求；第二，如果仅仅出于提高办案效率的功利化需求就可以对犯罪人从宽处罚，等于一定程度上承认辩诉交易，然而，对辩诉交易，我国法没有承认。

各国的主要做法之一便是结合案件特点创设与之相适应的简易处理程序促进案件繁简分流。通过节省简单案件消耗的资源，将优势资源集中于复杂案件的处理，确保案件审理质量以维护司法权威。这种对司法资源的再分配方式使得对资源的利用趋于最优化，从而在整体上提高诉讼经济。"公正为本，效率优先"应当是认罪认罚制度改革的核心价值取向。在这一制度下，大约80%以上的被告人认罪案件，有望通过被告人的认罪认罚，实现审查起诉与法庭审理的简易化，缩减办案期限。刑事司法之目的在于通过恢复社会正义来修复被犯罪所破坏的社会秩序，所有关乎刑事诉讼的具体制度都必须以此为本，一旦偏离了刑罚及时性基础，整个制度就将变得毫无意义。然而，与前述犯罪轻型化与犯罪数量的增长状况相结合，只有在系统性改造刑事诉讼运行机制的基础上合理配置司法资源，才能实现案件处理的高效、迅速。

---

① 陈正云. 刑法的经济分析 [M]. 北京：中国法制出版社，1997：337.

具体到我国，认罪认罚从宽制度能够从刑法、刑诉法中找到法律依据，从报应刑、预防刑中找到法理依据。被追诉人的认罪和认罚可以影响量刑，这在我国争议不大。在实现司法正义的同时带来简化诉讼程序、提高办案效率的诉讼价值，实体法价值与程序法价值在此刻实现了统一。

问题在于，仅仅为了迅速结案、提升办案效率，给予被告从宽的待遇，是否具有正当性。对于不真心认罪、敷衍司法机关和对方当事人的认罪，不予从宽，是最能体现正义理念的做法。但刑事案件的解决，是成本高昂的一项司法活动，国家综合方方面面的考量，在政策上做出选择，分出一部分案件，当然是比较轻的刑事案件，在程序上让被告人和国家都受益，在实体上牺牲一定的正义，似乎也未尝不可。然而，毕竟实体法的正义追求和程序上的效率追求，存在不兼容的情况，所以，实体法上的正义底线不能轻易放弃，实务中"认罪当然从宽"的做法，是缺乏实体法上的根据的。

四、认罪认罚从宽制度的实践把握

◇（一）如何判断"认罪""认罚"

1. "认罪"的自愿性

认罪认罚从宽制度是建立在犯罪嫌疑人、被告人自愿认罪认罚的基础之上的。在认罪认罚从宽制度实践中，绝大多数的被告人都被判处较为轻缓的刑罚，并认罪服判，因此认罪认罚的自愿性似乎并不重要。但是当认罪认罚从宽制度推广到更宽的被追诉人认罪案件的范围，特别是重大刑事案件可能判处无期徒刑以上刑罚的案件时，被追诉人的认罪认罚自愿性就尤为重要。假若犯罪嫌疑人、被告人的认罪认罚是在非自愿，甚至是受到胁迫的情况下做出的，那么越是适用认罪认罚从宽制度，就越是容易造成冤假错案。这不仅严重侵犯犯罪嫌疑人、被告人的诉讼权利，而且玷污司法公正，也使司法权威受到严重冲击。因为被追诉人一旦认罪认罚，就意味着基本上放弃了辩护权，失去了无罪辩护的机会，也失去了法律所提供正当程序保护。因此，在适用认罪认罚从宽制度中必须要保证、审查犯罪嫌疑人认罪认罚的自愿性。

认罪认罚从宽制度可适用于刑事诉讼全过程，但不同诉讼阶段确保犯罪嫌疑人、被告人认罪认罚自愿性的方式策略有所不同。

在侦查阶段，由于主要任务是收集证据和查获犯罪嫌疑人，侦查活动具有比刑事诉讼中其他专门机关的诉讼活动更为突出的强制力，因而犯罪嫌疑人在此阶段容易受到胁迫而做出非自愿的认罪表示。司法实践也表明，刑讯逼供、暴力取证等导致犯罪嫌疑人非自愿认罪的行为往往发生在侦查阶段。所以，要在侦查阶段确保犯罪嫌疑人认罪认罚的自愿性，应当采取有效措施遏制刑讯逼供、暴力取证。《刑事诉讼法》在遏制刑讯逼供、暴力取证的应对措施上规定了多个内容，包括保证犯罪嫌疑人被送交看守所以后，讯问犯罪嫌疑人应当在看守所进行；对严重刑事案件和职务犯罪案件的讯问采取全程同步录音录像制度，确立了非法证据排除规则等。这些措施在遏制刑讯逼供，确保犯罪嫌疑人自愿认罪方面确实发挥了重要作用。《试点决定》中亦要求检察机关加强对侦查过程中是否自愿认罪，取证过程是否合法，有没有刑讯逼供这类违法行为进行法律监督。

案件进入审查起诉阶段后，检察机关及检察人员主导案件进程，并且检察机关肩负着指控犯罪，实现国家刑罚权的责任。从工作角度讲，检察机关更愿意、更希望犯罪嫌疑人能够认罪认罚。但是，检察机关不仅是公诉机关，还是法律监督机关，因此，不能离开案件事实、证据和法律，片面追求起诉率、定罪率，而应当严格履行客观义务，全面、深入审查案件事实和证据，依法把好起诉关，决不把依法不应当起诉的案件起诉到法院。

为保障犯罪嫌疑人、被告人认罪认罚的自愿性，很多基层法院在认罪认罚从宽制度试点工作中，采取了在犯罪嫌疑人、被告人认罪认罚时告知其权利义务的方式。基层人民检察院制作了《认罪认罚从宽制度告知书》，在审查起诉阶段，犯罪嫌疑人、被告人表示认罪认罚后，将告知书交给他们，并告知其认罪认罚后相关权利及义务。如此，犯罪嫌疑人便能够对认罪认罚之后的后果有清楚的认知，能够自愿做出选择。

2. "认罪"的真实性

认罪与否的判断，除了保证被告人认罪认罚的自愿性之外，还要对认罪认罚的真实性进行判断。认罪必须是真实的，同时，认罪不必然从宽，即认罪不必然会带来实体法上从宽的效果。认罪可以简化诉讼程序，尽快结案，但程序法意义上的"认罪"与实体意义上的"认罪"，由于对案件处理影响的着眼点不同，因此判断的标准也是不同的。实体法上作为从宽理由的"认罪"是实质上的认罪，否则不具备从宽处罚的理由。

当犯罪嫌疑人的"认罪认罚"是真实的，其人身危险性降低，可以作为从宽的理由，这与鼓励犯罪悔改、节约司法成本的效率价值追求是一致的。犯罪嫌疑人真实的认罪认罚，不仅在实体法上具备从宽处罚的依据，并且，在客观上会带来节约司法成本、提高诉讼效率的法律效果。因此，建立在真诚认罪基础上的从宽是有合理根据的。

实体法中的"从宽"是基于行为人人身危险性的降低、特殊预防必要性的减少。因此，对"认罪"的真实性判断是对犯罪嫌疑人、被告人心理的判断。一方面，需要通过犯罪嫌疑人、被告人犯罪后的行为表现，观察和判断犯罪嫌疑人、被告人的心理和真实想法。另一方面，需要通过与嫌疑人、被告人的面对面接触，通过直觉对其心理作出判断。如果行为人能够如实供述犯罪事实及作案过程，主动交代作案工具去向或物证，主动交代与本案有牵连的人和事，积极退赔赃款赃物，积极赔偿被害方的损失的，一般可以作为行为人系真实"认罪"的判断，可以考虑予以从宽处罚。相反，如果行为人仅仅是口头表示认罪，但并不是发自内心的真实意思表示，对主要事实、重点环节避重就轻、敷衍塞责，那么，对其适用"认罪从宽"规则，就显得不合理。

我们希望确实有罪的被告人自愿认罪认罚。同时，也要防止并没有实施犯罪或者依法不应当追究刑事责任的人由于某种原因或出于某种考虑而虚假认罪的情况发生。

3. 认罪程度的判断

就广义的"认罪"而言，我国现行《刑法》已经按层级进行了规定，即关于自首、坦白及其不同处罚原则的规定。自首通常表明行为人认罪的程度更强，所以从宽处罚的程度比坦白也要大。除了自首中的认罪、坦白中的认罪表现之外，还有不构成自首或坦白的认罪，其不仅与自首中的认罪、坦白中的认罪存在层级上的不同，且其中仍然存在不同的层级和认罪的程度上的差异。对此，需要法官根据个案进行个别的把握和裁判，使正义在个案中得到恰当的体现。

对认罪程度进行层级或阶梯式分析和分类，目的是在量刑时掌握好从宽的度。有的认罪较为彻底，有的不够彻底，这说明行为人人身危险性降低的程度是不一样的，要进行不同的刑法评价。认罪时间的不同，反映出行为人认罪、醒悟的迟早。被刑法类型化的认罪从宽情节中的自首和坦白，即是根据认罪的时间前后所做的划分。对于没有被刑法类型化的从宽情节，也应考虑行为人认罪、悔罪的时间。认罪有主动与被动之分。行为人是由于自己的真心悔悟，而真心实意地承认自己的错误行为，还是在经过他人的教育、感化后认罪，乃至是在面临压力、不得已情况的认罪，在量刑时应予以不同的斟酌和裁量。

◇ （二）"从宽"的把握

要适用好认罪认罚从宽制度的一个重要问题是如何对认罪认罚案件实现从宽处理，以及如何确定从宽的范围与幅度。

1. 程序从宽

程序从简即指根据案件的不同情况，对认罪认罚的犯罪嫌疑人、被告人分别适用不同的诉讼程序。首先认罪认罚从宽制度的适用范围存在争论，从《认罪认罚从宽试点办法》的具体规定来看，认罪认罚从宽制度没有具体案件适用范围的限制，无论任何案件都可以适用认罪认罚从宽制度。因为不管什么性质、什么类型的案件，犯罪嫌疑人、被告人都有认罪认罚的权利，没有人有权力阻止他们认罪认罚。至于犯罪嫌疑人和被告人认罪认罚后是否对其从宽处理，则是另外一个问题。出于对认罪认罚自愿性的保障，《认罪认罚从宽试点办法》还明确三类案件不得适用认罪认罚从宽制度，即犯罪嫌疑人、被告人是尚未完全丧失辨认或者控制自己行为能力的精神病人；未成年犯罪嫌疑人、被告人的法定代理人、辩护人对未成年人认罪认罚有异议；犯罪嫌疑人、被告人行为不构成犯罪。这三类案件，或者由于难以保证犯罪嫌疑人、被告人认罪认罚自愿性，或者由于案件根本不需要进入刑事诉讼程序，因此被排除于认罪认罚从宽制度适用范围之外。总体上而言，司法解释对适用认罪认罚从宽制度的案件持较为开放的态度。在明确这一问题的基础上，需要进一步讨论的是，对认罪认罚案件，如何实现程序从简。

基于认罪认罚从宽制度适用开放的态度，可以以犯罪嫌疑人、被告人被控犯罪依法应判处的刑期为标准来决定适用何种程序。具体而言，应以被告人是否会被判处 3 年有期徒刑为标准具体判断。因为从我国刑事案件的构成看，判处 3 年有期徒刑以下刑罚的案件占相当大的比例。在大案、要案、重罪案件数量持续下降，轻罪案件数量大幅上升的犯罪形势下，以 3 年有期徒刑为标准决定是否采用认罪认罚协商从宽制度，较为合理。

第一，对于案件事实清楚、证据充分，依法应判处 3 年以下有期徒刑或者单处拘役、管制的案件，应适用速裁程序加以解决。

基层法院可考虑结合认罪认罚从宽制度改革，结合司法实践需求，适度扩大速裁程序的适用范围，进一步提高司法效率。规定了对本辖区内交通肇事，故意伤害，强奸，非法拘禁，抢劫，盗窃，诈骗，抢夺，职务侵占，敲诈勒索，妨碍公务，聚众斗殴，寻衅滋事，掩饰、隐瞒犯罪所得，走私、贩卖、运输、制造毒品，行贿等案件可以使用认罪认罚协商从宽制度。可以对已经适用简易程序审理的认罪认罚案件进一步适用庭审简化的速裁程序，如公诉人可摘要宣读起诉书，概括出示证据，简略发表公诉意见。

第二，对案件事实清楚、证据充分，依法可能判处 3 年有期徒刑以上刑罚的被告人认罪认罚案件，需要委托辩护人，方可适用简易程序。

2. 实体从宽

犯罪嫌疑人、被告人认罪认罚的最直接目的就是获得实体上的从宽处理。但是，如何在具体案件中，对犯罪嫌疑人、被告人从宽处理是一个非常复杂的问题。《认罪认罚从宽试点办法》对此也没有做出明确规定。解决这一问题，需要重点考虑以下两个关键问题。

从宽处理的幅度标准问题。在之前国家所推行的量刑规范化改革过程中，无论是对自首、坦白，还是对其他的法定或者酌定从轻处罚情节，都设定了相应的较为明确的从轻或者减轻处罚的标准，比如在基准刑以下优惠20%或者30%。下一步，必须认真研究认罪认罚后从宽处理的幅度标准，但有两点需要坚持：一是凡是认罪认罚的，对犯罪嫌疑人和被告人应尽量做到从宽处理；二是从宽必须在法律规定的幅度、框架内进行，不允许突破现行刑法规定的量刑幅度，否则就是违反了罪刑法定原则。

3. 实体从宽的内容及幅度

首先对于认罪认罚案件的从宽幅度设置，可以考虑以下因素：第一，与认罪不认罚的案件相比，应当拉开距离，从宽的幅度更大。第二，对于自首且认罪认罚的案件，一般情况下应当从轻或减轻处罚（其中犯罪较轻的可以免除处罚），少数特殊情况下（犯罪性质特别严重，主观恶性大，人身危险性极高）可不从轻或减轻处罚；对于坦白且认罪认罚的案件，一般情况下依法从轻处罚，特殊情况下可以依法减轻处罚（引起如实供述自己罪行，避免特别严重后果发生的，可以减轻处罚），少数特殊情况可不从轻处罚。第三，根据犯罪嫌疑人或被告人认罪认罚的时间早晚、认罪认罚的程度、认罪认罚的主动性、是否主动赔偿被害人损失等情况，形成有层次的从宽量刑幅度，使检察官在提出量刑建议时有更为精细化和准确的参考标准，同时也为法官的最终量刑提供更为充分的依据。

在依法认定被追诉人符合认罪认罚条件的同时，保障被追诉人获得与之相符的从宽处理结果，是这一制度得以正确实施的关键。最高人民法院《关于贯彻宽严相济形势政策的若干意见》第十四条至第二十四条专门就"准确把握和正确使用依法从宽的政策要求"提出要求，无论如何对犯罪嫌疑人、被告人予以从宽处理，均应当遵循"罪刑法定原则"，以刑法的既有量刑条款为限度，控辩双方不得突破法律而任意协商。罪责刑相适应原则作为我国《刑法》第五条所确立的一项基本原则，主张法院裁判所做出的刑罚轻重应当与被追诉人所犯罪行和应当承担的刑事责任相适应，尽量避免畸重畸轻裁判带来的消极效果。从宽处理规范的制定和适用，应当以满足罪责刑相适应原则为基本前提，防止实务中可能出现的"花钱买刑""雇人顶包"等损害司法权威的情形发生，避免从宽处理反而导致降低司法公信力、难以有效惩罚犯罪的负面效应。

这里存在一个重要的问题，即"从宽"能否包括罪名与罪数的协商、交换？考虑到我国刑法规定犯罪与英美法的刑法罪刑等级差异较大，因此，一般而言，不得通过罪名变化来作为办理案件的交换条件。即使犯罪嫌疑人、被告人选择认罪认罚，也不得在协议过程中降格指控，将重罪协商改成轻罪，或协商减少质控改变罪数，否则便是违背了刑罚的罪刑法定原则、罪责刑相适应原则。这是我国探索认罪认罚制度的一个基本底线，也是与外国辩诉交易制度的明显区别。

五、认罪认罚从宽制度其他问题探讨

◇（一）认罪认罚从宽制度的启动

认罪认罚从宽制度的真正完善，有赖于建立一整套制度体系，以保证其具有可操作性，其中有认罪认罚从宽制度的启动问题，并且主要包括认罪认罚从宽制度的适用阶段问题。

我国认罪认罚从宽制度是一种综合性的多元法律制度，其中除认罪认罚协商从宽制度以外，还包括实体上的自首、坦白，程序上的当事人和解、简易程序、速裁程序等一系列具体法律制度和诉讼程序。虽然该制度贯穿于整个刑事司法活动，但在认罪认罚从宽制度的启动程序上，侦查阶段不能适用认罪认罚制度，认罪认罚的起点应当在审查起诉阶段。

第一，认罪认罚的前提是事实清楚，证据确实充分，侦查机关只有全面侦查取证，才能够达到此目的，因此侦查阶段的主要任务是调查取证而不是认罪协商。第二，若许可侦查机关促成犯罪嫌疑人认罪协商，则可能导致侦查人员放弃法定查证职责，不去收集能够证明犯罪嫌疑人无罪的各种证据，过分依赖获取犯罪嫌疑人的口供定罪，冤枉无辜。第三，由于侦查机关权力的天然优势、侦查活动的秘密性等，一旦侦查机关在办案过程中承担此项职能，可能会出于减轻办案压力或者其他目的，而采取威胁、利诱等方式迫使犯罪嫌疑人选择认罪认罚，进而成为造成冤假错案的诱因。

因此在侦查阶段，办案机关的主要任务是适用法定的各种侦查措施，依法全面收集证据材料、查明案件事实、抓捕犯罪嫌疑人归案等。尽管侦查阶段侦查机关可以根据犯罪嫌疑人的表现，对其采取较为轻缓的刑事强制措施，但不能在此阶段要求犯罪嫌疑人认罪认罚。只有在案件经由公安机关侦查终结，满足犯罪事实清楚、证据确实充分的法定条件，公安机关将案卷材料、证据一并移送检察院审查决定，检察院在审查起诉阶段通过审查案件后才能确定是否采用认罪认罚从宽制度处理此案。但是，这并不意味着认罪认罚从宽制度并不会对侦查机关的侦查活动产生影响，相反，认罪认罚从宽制度的推行，可以使处于侦查阶段的犯罪嫌疑人积极配合侦查机关的侦查，主动交代自己的犯罪事实，以利于侦查机关顺利收集有关证据，通过后续起诉程序、审判程序实现认罪认罚的从宽处理。

◇ （二）认罪认罚从宽案件中的证明标准

1. 犯罪事实的证明标准

在公诉方指控的犯罪事实的证明问题上，证明标准是不能降低的，只能继续维持在现有的事实清楚，证据确实、充分，排除合理怀疑这一证明程度上。因为确立最高证明标准的三个根据并没有因为被告人的认罪认罚而消失，罪刑法定原则、无罪推定原则和实质真实原则继续发挥作用，避免冤假错案仍然将是一项不容回避的诉讼目标。"无罪推定"是现代刑事诉讼中被追诉人权利的基础性保障。我国《刑事诉讼法》第十二条体现了无罪推定原则的核心精神，即"未经人民法院依法判决，对任何人都不得确定有罪"。无罪推定原则要求由控诉方承担证明责任，而且必须达到证明标准的要求。这对于防范冤错案件具有重要意义，而这一点同样适用于认罪认罚从宽制度。

即便法院对被告人可能判处较轻的刑罚，但是在定罪问题上是不容降低证明标准的。并且如前所述，无论是罪刑法定原则还是罪责刑相适应原则，都决定了控辩双方不可能围绕着指控的罪名数量和罪名本身进行协商和交易。因此，认罪认罚从宽制度的证明标准应与我国《刑事诉讼法》规定相一致，坚持"案件事实清楚，证据确实、充分"。

2. 量刑事实的证明标准

量刑事实的证明问题上，情况确实有所不同。认罪认罚从宽制度坚持"案件事实清楚，证据确实、充分"的有罪证明标准，并不意味着一些次要的事实、情节都要达到此种程度。

一方面，认罪认罚从宽制度的推行，使得检察官与被告方可以就量刑幅度进行必要的协商和交易，检察官可以降低量刑的幅度，这一幅度甚至可以达到30%左右。另一方面，在特定量刑情节的认定和解释上，检察官确实享有一定程度的自由裁量权，而不必严格遵循法律所设定的标准和幅度。因此，为吸引更多的被告人选择认罪认罚，同意适用简易审判程序，检察官对量刑事实的证明不需要达到法定的最高证明标准。即便是对那些不利于被告人的量刑情节，如主犯、累犯、重犯、教唆犯等，检察官也不需要证明到排除合理怀疑的程度。这种对量刑事实证明标准的降低，既不会破坏无罪推定和实质真实原则，也不会造成冤假错案，而只会带来更多的案件得到快速审理，诉讼效率得到提高，司法资源得到合理配置的结果。

◇ （三）认罪认罚从宽案件中律师参与问题

认罪认罚从宽制度中辩护律师的参与同样不可或缺。一方面，辩护律师需向犯罪嫌疑人、被告人提供有关认罪认罚从宽制度的法律咨询，向其解释说明选择该制度对其利益的得与失；另一方面，则突出体现在控辩双方在是否达成认罪认罚协议以及为犯罪嫌疑人争取最大限度的从宽处理方面提供专业意见。辩护律师也可向犯罪嫌疑人、被告人提出不选择认罪认罚的建议，供犯罪嫌疑人、被告人参考。

被追诉人较之于追诉机关本身处于弱势地位，尤其是在促使被追诉人选择认罪认罚以争取从宽处理的过程中，为彰显控辩双方平等对抗的诉讼精神，设置专门的强制辩护制度有其合理性。

十八届四中全会提出"完善法律援助制度的要求"，最高人民法院、最高人民检察院、公安部、司法部《关于在部分地区开展刑事案件速裁程序试点工作的办法》（法〔2014〕220号）规定"建立法律援助值班律师制度，法律援助机构在人民法院、看守所派驻法律援助值班律师。犯罪嫌疑人、被告人申请提供法律援助的，应当为其指派法律援助值班律师。"

刑事辩护律师对完善刑事诉讼中认罪认罚从宽制度的不可或缺的重要意义，还应分析完善认罪认罚从宽制度需要怎样的刑事辩护。

第一，辩护律师全程参与刑事诉讼中的认罪认罚从宽的协商过程，全方位地发挥维护被刑事追诉之人合法权益的作用。所谓全程参与认罪认罚从宽的协商过程，是指从侦查开始，一直到起诉阶段、审判阶段，辩护律师应当全程参与，以确保被刑事追诉之人认罪认罚的真实性、自愿性，得到的从宽处理不仅合法而且妥当。如果等到办案部门已经与被刑事追诉之人就认罪认罚从宽"达成协议"，此时辩护律师再参与进来，就太晚了，对程序公正与实体公正还能够发挥多少实际作用，十分存疑。所谓全方位地发挥维护被刑事追诉之人合法权益的作用，是指辩护律师在参与认罪认罚从宽的过程中，能够在各个相关方面（诸如充分阅卷、保障会见、与控方的平等"协商"等方面），充分发挥其对维护被刑事追诉之人合法权益的作用。保障会见是了解其认罪认罚真实性、自愿性的基础，而只有充分阅卷，才能知道侦查机关是否真的破了案，了解控方是否确实掌握了证据，而并不是在虚张声势。显然，全方位地发挥作用特别重要，这是为被刑事追诉之人争取合法且适当的从宽处理的基础。

第二，刑事辩护在刑事诉讼中的作用能够得到真正发挥、被告人权利得到有效保障。为此，我们需要关注的并不仅限于辩护律师在认罪认罚从宽制度中的作用，而应是其在整个刑事诉讼中的作用。很容易设想，正是因为以审判为中心的诉讼制度改革对庭审实质化的要求，法庭审判中的控辩平等，控方因此在庭审中面临辩护的前所未有的压力；正是由于对审判提出的应重视辩护意见的要求，以及要求真正的贯彻落实疑罪从无，刑事诉讼中的公检法各部门才会以前所未有的态度重视完善认罪认罚从宽制度的问题。换句话说，如果刑事诉讼还是原来的模式，例如，侦查难以得到司法的有效制约，法庭审理未能实质化，辩护意见不能得到应有的尊重，疑罪从无原则难以得到有效贯彻落实，那么，被刑事追诉之人将只有认罪认罚这唯一的"选择"，是否能求获得从宽，全无自主权。这样的认罪认罚，难以是自愿的，也难以保障其是真实的。由此可以说，正是刑事辩护在刑事普通程序中的作用，才奠定了其在认罪认罚从宽制度中发挥作用的基础。

很多基层法院在试行认罪认罚协商从宽制度时允许律师参与协商，但是考虑到我国刑事司法领域辩护制度现状，在刑事辩护律师严重不足的情况下，不能苛求每一位认罪认罚的犯罪嫌疑人、被告人都必须在律师的帮助下参与讨论。只有可能判处三年有期徒刑以上的案件，犯罪嫌疑人、被告人才必须委托律师参与协商，但是律师参与的比例较低，有效辩护与精准指控的良性互动关系没有完全确立。究其原因，首先是律师介入第一审刑事案件的数量本身不多，其次是与纳入试点范围的罪名和案件类型也有关系。特别是对可能判处一年有期徒刑以下刑罚案件的犯罪嫌疑人，其自费委托的积极性不高，同时也不符合申请法律援助的条件。缺少律师作为法律专业人士和外部监督力量的介入，检察环节适用协商机制的程序公正性基础就相对薄弱。当然与此同时，也从中发现一些积极因素。例如，交通肇事案件中委托律师的比例较高，加上此类案件本身具有初犯偶犯、主观恶性小、赔偿相对较好等特点，已有律师对类似案件适用协商机制办理予以关注，客观上有利于借助典型个案引导和推广相关工作。

同时，解决刑事诉讼中认罪认罚从宽制度所需的辩护律师的数量是不够的，还应当着力解决辩护律师在认罪认罚从宽制度中的作用尚未得到有效发挥的问题。目前，法庭审判中的控辩平等武装尚未建立，审前程序中辩护权的微薄且弱小，使其参与认罪认罚从宽的"协商"难有相应的地位，难以使辩护律师的作用得到充分发挥。需要引起关注的是，我国刑事诉讼体制的一个显著特点是刑事辩护很薄弱，与强大的公检法三机关，尤其是与侦查起诉机关相比，完全处于不能抗衡的弱势地位。因此，被刑事追诉之人真实而自愿的认罪认罚以获取从宽的处理，缺乏足够强有力的律师作为权利保障的基础。这本是一个需要长期努力才能逐步解决的难题，现在，必须刻不容缓地予以解决。

◇◇ **（四）认罪认罚从宽案件的上诉问题**

有观点认为，控辩协商的内容包括犯罪嫌疑人或被告人在程序上放弃或克减某些诉讼权利，包括在协商范围内所量刑罚的上诉权，也有观点认为，被告人可以上诉，但如果没有在认罪问题上反悔，二审法院的审判对象主要为被告人认罪的自愿性、控辩双方认罪协议的合法性以及一审量刑判决的公正性等问题。

限制上诉权的观点认为，速裁程序的主要价值就在于提高诉讼效率，节约司法资源。保障当事人向高一级法院提出上诉的权利，本是刑事司法制度正当性的重要内容。但是，如果适用速裁程序而又轻易发生第二审程序，则刑事速裁程序的效率价值将大打折扣。尤其是如果因上诉引起的第二审程序中将案件发回重审，则可能变成欲速则不达的情形。因而，限制上诉可能成为必要的选择。在美国的辩诉交易中，检控方在认罪答辩协议中会明确要求被告人放弃上诉权，并将该内容作为接受认罪答辩的一个条件。但是，当出现无效辩护、认罪非自愿等情况以及量刑严重偏离法律规定的情形时，被告人仍然可以行使程序上的上诉权。

在西方的辩诉交易制度中，检察官为提升指控的成功率，通常要求被告人必须放弃提出上诉的权利，而法官的形式审查并不调查案件的事实真相，这就意味着辩诉交易直接决定了被告人的最终裁判结果。但是在我国审判程序中，法院把实现司法公正作为最高职责，尤其是要严防冤错案件的发生，不宜取消被告人提出上诉的权利。当前简易程序和刑事速裁程序的上诉率较低，量刑协商程序的建立虽然也有助于进一步降低上诉率，但也不能排除个别案件的被告人获得从宽处理后滥用上诉权。如果上诉后按常规开庭审理，则会损害司法权威和诉讼效率，也有违认罪认罚从宽制度的初衷。

认罪认罚案件的上诉审查程序可参照现有法律制度设立。《刑事诉讼法》第二百二十三条第二款规定："第二审人民法院决定不开庭审理的，应当讯问被告人，听取其他当事人、辩护人、诉讼代理人的意见。"《刑事诉讼法》为认罪认罚案件的上诉审查确立了基本法律框架，可以参照法定程序处理被告人上诉案件。具体而言，被告人提出上诉后，二审开庭前以阅卷的形式审查认罪认罚的事实、证据基础。如果有证据证明一审案件事实确有重大错误的，应当正式开庭审理。否则，可直接驳回被告人的上诉。

六、关于进一步完善认罪认罚从宽制度的建议

一是证据标准的明确化。从防控办案风险的原则出发，基层法院当前对认罪认罚案件的证据标准问题采取了相对慎重的处理。根据规定，对犯罪嫌疑人认罪认罚承诺的审查，要区分有罪供述本身的合法性及证明力，以及犯罪嫌疑人对指控罪名、量刑建议的合意等不同内容。其中，对有罪供述的采信，仍然强调要达到刑事诉讼法规定的印证和排除合理怀疑标准。但是，结合办案实践，特别是提高诉讼效率的需求，是否考虑对认罪认罚案件的证据证明采取与其他案件有别的所谓差异化标准，还需进一步调查研究。

二是量刑建议的精准化。很多基层法院前期试点基于积极与稳妥兼顾的立场，确定量刑指导意见所规定的 15 个常见罪名为基本范围，主要原因就是协商本身具有量刑内容。从运行情况看，法院对量刑建议的支持整体较好，但实

践操作中很多案件是通过个案协调沟通的方式来处理的。目前看，现有量刑指导意见仍然具有适用范围较小、裁量余地较大等问题。仅以个别区县的案件为素材，实证基础比较薄弱，不足以完成量刑建议精细化的标准制定任务，建议是考虑经济社会发展相近地区和区县间的相对均衡，有所统筹。

三是庭审程序适度简化。根据现有规定，公诉人宣读起诉书、被告人陈述仍为规定动作，在保留调查和辩论的前提下，简化示证质证。对法庭辩论，也主要集中到公诉意见特别是从宽处理建议的发表。同时，引入法庭对被告人认罪认罚意愿的确认程序，由法庭结合案件情况向被告人发问，确认其认罪认罚的自愿性、真实性。从实际情况看，仅就庭审而言，对事实清楚、证据确实充分的简单案件，相比原有简易程序压缩时间仍然有限。建议对可能判处一年有期徒刑以下刑罚的案件，借鉴吸收现有速裁程序经验，大幅简化庭审程序，进一步推进以审判为中心的诉讼制度改革，提高办案效率。

认罪认罚案件必须要确保宽严有据、罚当其罪，避免片面地从严和一味地从宽这两种错误倾向。认罪认罚从宽并不是无边的从宽，前提是必须适用刑法对于各个具体罪名的规定，是在法律规定的幅度内进行从宽，不能有严重突破法律的情况发生。我们将认真总结刑事案件认罪认罚从宽制度试点工作经验，查找分析试点工作存在的问题，研究进一步推进认罪认罚从宽制度的措施，提高适用认罪认罚从宽制度的积极性，提高破解试点工作面临困难和问题的能力，推进认罪认罚从宽制度的适用，推动构建具有中国特色的多层次诉讼体系。

第四章
证人出庭作证辅导制度

证人出庭作证辅导是庭审实质化的内在要求和重点之一。对证人特别是控方证人出庭作证进行辅导，有利于准确查明案件事实，解决事实证据争议，正确适用法律，提高证人出庭率和出庭作证质量。在庭审前，应根据控方证人的文化程度、性格、表达能力和认知状况等因素，采取个别辅导等方法，从心理、知识和技能等方面对其进行辅导，以保障出庭作证的效果。应坚持法律底线，要求证人不作虚假陈述或伪证、虚假鉴定，不隐藏罪证，也不作前后矛盾或不合常理的陈述。对司法实践中存在的辅导不规范等问题，应注重构建证人出庭作证辅导制度，强化辅导与庭前会议相衔接，与庭审中询问证人、质证相结合。应提高公诉人的沟通协调能力，完善证人出庭辅导的配套制度，加强对证人出庭作证辅导制度的宣传，以推进庭审实质化的展开。

2013年1月1日以来，随着修改后的刑事诉讼法的实施，证人出庭作证进入一个新的阶段，引起法律人和社会公众的关注。从笔者接触的材料看，证人出庭作证的人数较之过去，总体上有所增加，对于准确查明案件事实，解决事实证据争议，正确适用法律，避免冤假错案，具有重要的意义。

不过，应当看到，虽然修改后的刑事诉讼法规定了证人、鉴定人出庭作证的义务，强制证人出庭和证人保护措施，经济保障等制度，在规制上有明显进步，弥补了长期以来在这方面的不足，但是，由于各种原因，证人、鉴定人出庭率低的问题依然存在。这一问题可能会影响庭审实质化改革的顺利推进。对此，2017年4月17日，最高人民法院在《关于全面推进以审判为中心的刑事诉讼制度改革的实施意见》（以下简称《实施意见》）中，提出了三项具体举措，进一步明确应当出庭作证的证人、鉴定人范围，建立健全证人、鉴定人出庭作证保障机制和传闻证据排除规则，完善证人、鉴定人出庭作证制度，以充分体现直接言词原则，推进以审判为中心的诉讼制度改革。

在此背景下，研究与此相关的证人出庭作证辅导制度，既可以提高证人出庭作证的效率和质量，维护司法公正，提高司法公信力，也可以指导司法实践。因为这次刑事诉讼法的修改以及最高人民法院《关于执行〈中华人民共和国刑事诉讼法〉的司法解释》《人民检察院刑事诉讼规则》等司法解释中，几乎没有证人出庭作证辅导的内容。在学界，对此也少有专门研究。这既是一个理论问题，也是而且主要是一个实践问题。因此，研究这一课题，既有理论上的创新价值，也有实践上的指导意义。

一、证人出庭作证辅导中的辅导

证人，根据申请方的不同，可以分为控方证人和辩方证人。基于控方的立场，这里的证人主要是指控方证人，包括"四类证人"，即证人、鉴定人、侦查人员和有专门知识的人。

辅导，语出《汉书·王商史丹等传赞》："丹之辅道副主，掩恶扬美，傅会善意，虽宿儒达士无以加焉。"在我国语境中，对辅导有不同的理解，主要有三种：第一种认为辅导是指帮助和指导，这是按照《现代汉语词典》而作的解释。第二种认为辅导指辅佐引导、帮助指导和教育。这与前者相比，增加了教育的内容，和辅佐引导的解释。第三种认为辅导还指辅导之官、辅臣在学业、工作上进行帮助和指导，既包括辅导的官职，也指具体的的帮助和指导，如课程辅导、辅导员和辅导老师。辅导的含义主要是帮助和指导，这是基本解释。本书在此意义上使用"辅导"一词。

不过，这里省略了辅导主体，即行为人。证人出庭作证辅导的行为人，可能是辩护人，也可能是公诉人，或者其他。从控方的角度讲，这里指公诉人或检察官。辅导多指单向活动，由行为主体（辅导者）对受众主体（被辅导者）单方面实施辅导的活动。对于证人出庭作证，也是如此。这并不否定辅导存有双向活动的情形，如出庭作证的证人（被辅导者）也可能主动向辅导者（如公诉人）询问如何回答辩护人发问的方法。在公诉人解答后，还会提出一些相关的问题，进一步沟通。这种互动性，体现了刑事诉讼的特点："刑事诉讼是多方主体参与、多元利益交织、多维价值共融的司法活动。"但这并未从根本上改变辅导的单向性特征。

而且，对出庭作证的证人进行辅导是一个复杂的过程，有时要耗费较长的时间和较多的精力。这种辅导从性质上讲是一种无偿辅导，是公诉人或检察官的义务。这与日常生活中的帮忙有着质的区别。

二、证人出庭作证辅导制度的价值

证人出庭作证是庭审实质化的内在要求和重点之一。从控方的角度讲，对证人出庭作证辅导的价值，主要体现在以下三个方面：

◇◇（一）证人出庭作证辅导有利于指控和证明犯罪

按照修改后的《刑事诉讼法》第四十九条规定，公诉案件中被告人有罪的举证责任由人民检察院承担。这是原则规定。并不是所有的公诉案件，都由人民检察院承担举证责任，比如，巨额财产来源不明案件的举证责任，则由被告人承担。不过，我国实行的是国家起诉主义，大多数刑事案件由人民检察院起诉，并依法承担举证责任。

这里的举证责任是指在刑事诉讼中，人民检察院所负有的向法院提供证据以说明其诉讼主张成立的责任。如果不能提供证据，或者提供的证据不能证明其诉讼主张，将面临败诉。

在法定的由人民检察院承担举证责任的公诉案件中，人民检察院还承担证明责任，即其所负有的收集并运用证据查清、阐明和确认案件事实的责任。举证责任与证明责任既有联系，又有区别，不能画等号。

而在我国刑事诉讼中，证人证言是一种法定的证据，是指除当事人以外了解有关案件情况的人，就其所了解的案件情况向公安司法机关所做的陈述。它包括事实证人和"专家证人"。我国刑事诉讼法所规定的证人指事实证人。修改后的《刑事诉讼法》第五十九条规定，证人证言必须在法庭上经过公诉人、被害人和被告人、辩护人双方讯问、质证，听取各方证人的证言并经过查实以后，才能作为定案的根据。第一百八十九条规定，证人作证，审判人员应当告知他要如实提供证言和有意作伪证或者隐匿罪证要负的法律责任。公诉人、当事人和辩护人、诉讼代理人经审判长许可，可以对证人、鉴定人发问。据此，证人证言只有在法庭上经过询问、质证等查证属实后，才能作为定案的依据。从法理上讲，"基于证据裁判主义，证据是证明犯罪事实的唯一手段"。因此，公诉人对控方证人出庭作证进行辅导，有利于证明定性事实，指控犯罪和证明犯罪。据统计，在 S 省 2016 年至 2017 年 2 月，1 540 件证人出庭作证的刑事案件中，控方申请出庭的证人有 1 922 人，占出庭作证总人数的 88.4%，辩方提出申请出庭的证人有 183 人（含控辩双方共同申请）、法院决定证人出庭的有 69 人，占出庭作证总人数的 11.6%，可见，基本由控方提出证人出庭申请。而在这 1 922 人中，证明定性事实的有 1 152 人。这说明出庭的目的首先在于指控和证明犯罪。

◇（二）证人出庭作证辅导有利于提出和调整量刑建议

量刑建议是指人民检察院对提起公诉的被告人，依法就其适用的刑罚种类、幅度及执行方式等向人民法院提出的司法建议。它是公诉权的一项重要内容。刑罚分为主刑和附加刑，据此，可以分为主刑的量刑建议和附加刑的量刑建议。根据量刑建议的内容是否具体明确，量刑建议还可以分为概括式的量刑建议，相对确定的量刑建议和确定的量刑建议。相对确定的量刑建议即幅度刑的量刑建议。

对出庭证人进行辅导，有利于查明被告人是否具有坦白、自首和立功情节，是否有前科、累犯等情形，是否赔偿了被害人的经济损失，取得对方的谅解，以及是否具有其他酌定从轻处罚的情节，进而有利于公诉人提出量刑建议。根据法庭中变化的情况，可依法及时调整量刑建议，使人民法院对被告人的行为做出适当量刑。

由于侦查人员在庭审中作为证人，可以分别作为目击证人，程序证人和量刑证人，因此，当侦查人员根据犯罪嫌疑人甲提供的线索，抓获另一犯罪嫌疑乙时，出庭作证的侦查人员的身份就是量刑证人，其证言事关犯罪嫌疑人甲是否具有立功情节。在开庭前，公诉人对侦查人员进行辅导，有利于查明犯罪嫌疑人甲是否具有立功情节，提出准确的量刑建议。实际上，在眉山市检察机关提起公诉的刑事案件中，已有多起案件的多名侦查人员出庭作证，起到了积极作用。

◇（三）证人出庭作证辅导有利于证明程序合法性

我国学者在谈到证据的概念及意义时，认为证据的合法性是指证据必须依法加以收集和运用。它是证据客观性和相关性的重要保证，也是证据具有法律效力的重要条件，主要包括四个方面的内容：收集、运用证据的主体要合法；证据的提供、收集和审查，必须符合法定的程序要求；证据的形式应当合法，即作为证明案件事实的证据材料形式上必须符合法律要求；证据必须经法定程序出示和查证。根据《刑事诉讼法》的规定，证人证言必须在法庭上经过公诉人、被害人和被告人、辩护人双方询问、质证。这揭示了证据的合法性的含义和内容并强调证人证言作为定案依据的条件。

《实施意见》提出"要以庭审实质化改革为核心，以强化证人、鉴定人、侦查人员出庭作证和律师辩护为重点，着力推进庭审制度改革。"这里把证人、鉴定人、侦查人员出庭作证作为庭审实质化的重点，并把证人、鉴定人和侦查人员并列，似乎有强调之意。其实，在特定的场所，如庭审，鉴定人和侦查人员也是证人。在笔者看来，证人可以分为狭义的证人和广义的证人。狭义的证人仅指刑事诉讼法、司法解释中明确载明的证人，证人证言中的证人；广义的证人包括证人、侦查人员、鉴定人和有专门知识的人，即专家证人。也就是我们通常所说的"四类证人"。其中，修订后的《刑事诉讼法》第一百九十二条第二款规定，公诉人、当事人和辩护人、诉讼代理人可以申请法庭通知有专门知识的人出庭，就鉴定人做出的鉴定意见提出意见。这是在一审程序中新增加的内容。这里的"有专门知识的人"，就是我们通常所说的"专家证人"，如文物专家、环境专家、生理学专家，如此款规定的有专门知识的人出庭，适用鉴定人的有关规定。按照这一规定，公诉人可以申请通知有专门知识的人作为他的证人出庭。

如在王某故意伤害一案中，鉴定人周某跃、云某兵出庭作证，青神县人民法院认为，青神县公安局物证鉴定室对被害人余某华的伤情做出了重伤二级的鉴定结论后，青神县公安局重新委托四川华西法医学鉴定中心对余某华的伤情做出了轻伤二级的鉴定结论。经庭审查证，青神县公安局物证鉴定室的鉴定方法错误，故对其做出的余某华伤情为重伤二级的鉴定结论，本院不予采信；四川华西法医学鉴定中心的鉴定程序合法、鉴定方法科学，其做出的余某华伤情为轻伤二级的鉴定结论，本院予以采信。从而结合其他情节，在 2016 年 10 月 31 日，对被告人王某做出了判处有期徒刑八个月的判决和相应的赔偿费。这显现出鉴定人出庭作证的作用。

在刑事案件中，证人出庭作证有利于法庭正确认定案件事实等实体性价值的实现，也有利于保障控辩双方当事人的质证权等程序性价值的实现。对出庭作证的控方证人进行辅导，有利于诉讼程序的合法性，尤其是取证程序合法性的证明，从而有利于将证人证言作为定案的依据。

三、证人出庭作证辅导的内容

按照修改后的刑事诉讼法和《实施意见》的规定，并不是所有案件中的所有证人、鉴定人都要出庭作证。这既不可能，也无必要。换言之，只有关键证人才有必要出庭。所谓关键证人就是指其证言对案件事实的认定和定罪量刑起着关键作用的人。有论者认为，关键证人应当是自己亲身经历感知了案件事实，并且在诉讼过程中，对案件事实起关键作用的被害人、侦查人员、鉴定人等。这种看法把被害人也明确作为关键证人之一，不无道理，在故意伤害案中，被害人无疑是一个关键证人，直接关系到定罪量刑。当然，这涉及关键证人的范围和确定的标准问题。而现实问题是证人出庭作证辅导的内容，即应当从哪些方面对出庭作证的证人进行辅导。这个问题需要解决。

　　笔者认为，从控方的角度出发，应考虑控方证人的文化程度、性格特点、认知状况和表达能力，以及与被告人的关系等因素，从以下三个方面进行辅导。

◇ （一）心理辅导

　　运用心理学的知识，消除出庭作证的证人的紧张情绪和惧证心理，让其以平和的心态出庭作证。在这方面，即使是侦查人员，在第一次出庭作证时，也难免紧张。因为在一个开放的环境里，要面对法官、检察官、被告人、辩护人、诉讼代理人以及广大的听众，要经过不同的询问和质证，以判断其证言的真实性和合法性，从而决定是否采信。这与侦查人员在一个封闭的环境里讯问犯罪嫌疑人迥然不同，此时侦查人员是办案人员，是强势人物。在一个人情社会里，侦查人员也面临一些情感因素的困扰，且在侦查人员出庭作证后，经过庭审和法院的判决，才意味着侦查人员承办的案件的终结，并不是过去那种破案就算结案那么简单，这也是一种压力。所以，对包括侦查人员等在内的控方证人进行心理辅导是必要的。

　　如唐某彬涉嫌故意杀人案。2015年9月22日，眉山市中级人民法院开庭审理被告人唐某彬涉嫌故意杀人一案，两名侦查人员依法出庭作证。庭审前，公诉人对出庭作证的两名侦查人员进行了心理辅导等。庭审中，两名侦查人员就案件发案、立案和破案以及审讯唐某彬的整个过程，向法庭进行了详细说明，就侦查阶段讯问唐某彬的时间、地点、过程，保障嫌疑人权利等方面分别接受了公诉人、被告人、辩护人和审判人员的发问，证实对唐某彬整个讯问过程规范、合法，形成的供述材料真实、客观，不存在使用刑讯逼供、指供、诱供的违法行为。通过侦查人员出庭作证，再现了审讯的整个过程，让法庭更加了解案件的侦办取证情况，为合议庭对案件的正确把握和准确判决奠定了良好的基础。

有的地方检察院根据证人身份的不同，合理判断证人出庭前的心理动态，采取针对性措施开展庭前疏导，提高证言质量，保证证人出庭作证效果。特别是针对未成年证人，由具有心理咨询师资格的人员组成的心理疏导小组实施心理辅导，必要时邀请高校心理咨询团队作为顾问，联合开展心理辅导，避免"二次伤害"。这也是司法实践中的做法，值得关注。

◇ （二）知识辅导

应向出庭作证的控方证人介绍、讲解和阐释证人出庭作证的知识、规则和程序，包括证人出庭作证的义务，出庭作证的重要性，对证人的安全保障和合理的经济补偿，应当出庭作证而没有正当理由不出庭作证的法律后果，特别是庭审的相关程序、组成人员、质证或询问规则，让出庭作证的控方证人知晓，心中有数，做好应对准备。

如修改后的《刑事诉讼法》第一百八十九条规定，证人作证，审判人员应当告知他要如实地提供证言和有意作伪证或者隐匿罪证要负的法律责任。公诉人、当事人和辩护人、诉讼代理人经审判长许可，可以对证人、鉴定人发问。审判长认为发问的内容与案件无关的时候，应当制止。这是关于证人出庭作证的义务规定，包括接受公诉人、当事人和辩护人、诉讼代理人的发问。应对证人、鉴定人进行辅导，让其有所了解。同时，要介绍作证程序和如实作证的意义，可制作发问提纲，模拟发问，并与模拟答问和辩护人可能提出的问题与模拟答问相结合，避免威胁、暗示、诱导等情形的出现。还要介绍宣读证人保证书的内容和程序，其中内容包括标题、字号和证人的基本情况，与本案当事人的关系。正文是"我作为本案的证人（或者鉴定人），保证向法庭如实提供证言（或者说明鉴定结论），如有意作伪证或者隐匿罪证（或者作虚假鉴定），愿负法律责任"，并签名，填写时间，此件由证人或者鉴定人签名后入卷。这实际上是在庭审中引进了宣誓制度，以保证证人证言的真实性。

如许某平诈骗案。2017 年 5 月，丹棱县人民法院开庭审理被告人许某平涉嫌诈骗案，证人敬某建在法庭上宣读保证书："我作为本案的证人，保证向法庭如实提供证言，如有意作伪证或者隐匿罪证，愿负法律责任"，并签名，填写时间为 2017 年 5 月 16 日。然后，就许某平诈骗的犯罪事实作证，证实他没有控制许某平的人身自由，也没有控制她的身份证和银行卡，对于认定许某平的诈骗犯罪起到了重要作用。敬某建是人民检察院申请出庭作证的证人，在庭审前，公诉人在法院与证人就出庭的内容和方式等进行了简单而必要的辅导，这对其依法出庭作证，起到了帮助作用。

◇◇ **（三）技能辅导**

如何作证，特别是如何应对询问和质证，是证人面临的技术问题。在心理、知识、规则和程序方面辅导的基础上，检方应对出庭作证的证人进行技能辅导。

如证人证言的陈述和应答不能前后矛盾，否则将难以被采信。有的案件发案已多年，由于时间长了，记不清楚，证人应如实陈述或回答。不能说"忘记了"就了事。可告诉出庭作证的证人，公诉人要问被告哪些问题。对辩护人可能询问的问题，要做出预测，并准备如何如实应答问题。必要时，可以就相关内容进行演示。

如游某吉、王某涉嫌诬告陷害案。2015 年 9 月 11 日，彭山区人民法院开庭审理被告人游某吉、王某涉嫌诬告陷害一案，两名侦查人员陈某、王某翔依法出庭作证。他们是控方申请出庭作证的证人。在出庭前，公诉人对其进行了知识和技能辅导。庭审中，两名侦查人员作为证人如实讲述了游某吉和王某合伙对包某雷的诬告陷害过程，以及侦查人员调查发现的情况，并且翔实回答了公诉方、辩护人及审判人员的提问，对一些争议点进行详细的阐述。此次庭审，通过侦查人员的出庭作证，使得案件事实更加清楚，证据更加充分，法院经过合议当庭做出口头宣判。

再如在钟某容留吸毒案中，在开庭前，公诉人和其他检察官对出庭作证的证人——侦查人员进行了技能辅导，对辩方可能提出什么问题及如何应答等进行了详细辅导，考虑到案件的特殊性，还就相关内容进行了演示。之后，着重解释了侦查人员事前得知了情报，了解了哪些人在房间里吸毒，检查后出来碰见的被告人，而且审讯时吸毒人员供述在房间里面吸毒，有同案犯的供述。经技能辅导，增强了侦查人员出庭作证的信心，后一审法院对被告人钟某做出了有罪判决。

四、证人出庭作证辅导的方法

从理论上讲，证人出庭作证辅导的方法有两种：相对集中辅导和个别辅导。从司法实践来看，主要采取的是个别辅导的方法，即"一对一"地辅导，由一名公诉人或检察官每次只对一名出庭作证的证人进行辅导，在完成对第一位证人的辅导后，依次对下一位证人进行辅导。这样才符合修改后的刑事诉讼法规定的精神（个别询问证人），具有针对性，可以取得较好的法律效果。

如果证人不止一人，是否可以集中就某些共同性的问题（如消除紧张情绪和惧证心理）和法律的规定（交叉询问或盘问规则）进行辅导，现行的法律法规没有明确规定。由于现行法律只明确规定个别询问的原则，在司法实践中询问也是个别进行的，所以，在对出庭作证的证人进行辅导时，应注意不能使其在案情上相互通气或知晓，否则，可能造成证词失真，导致误判。

与此相关的是辅导的时间和地点。应在庭审前，对出庭作证的证人进行辅导，这符合刑事法治的精神，又便于证人知道和掌握，效果也会更好。这也是通常的做法。司法实践中，有在开庭前辅导的，也有在庭前会议前对出庭作证的证人，包括侦查人员进行辅导的，虽然时间先后有所不同，但无质的区别。可以说，在开庭前，应与证人见面，对证人有直观的认识和进一步的了解，这是进行辅导和成功公诉的前提条件。

关于辅导的地点，可以在人民法院，也可以在人民检察院对出庭作证的证人进行辅导。如何选择应视具体情况而定。

无论哪种辅导，须坚持法律的底线。对控方证人出庭作证，公诉人或检察官应当告知他们，要如实提供证言，有意作伪证或者隐匿罪证要负的法律责任。换言之，应坚持要求控方证人不做虚假陈述或伪证，或坚持让证人如实作证，回答公诉人、辩护人、审判人员、当事人和诉讼代理人的发问，而不仅仅是让出庭作证的证人不作前后矛盾或不合常理的陈述。

此外，要做好对出庭作证的证人的说服、劝导、争取、善后等工作。对于关键证人，特别是重大复杂或疑难案件的证人，要争取其出庭作证。对于一时不愿出庭作证的，公诉人或检察官应该全面了解证人的性格、心理、工作、家庭情况等个人因素，分析其拒绝出庭作证的具体原因，然后采取不同方法"对症下药"，劝说其出庭作证，对其担心事项一一解释，以消除其顾虑。对每位出庭作证的证人，庭审后要及时回访，听取其对出庭作证的意见，重点了解证人补偿落实情况，对补偿不到位的，进行监督，力求及时解决问题。要以信息化平台为基础，收集整理出庭证人的个人信息，录入保存，建立长效联系，及时解决证人出庭后合理的个人诉求和法律疑问，并将诉求解决情况及时反馈给证人。

五、证人出庭作证辅导可能遇到的问题

2016 年以来，眉山市人民检察院先后在彭山、仁寿、丹棱、青神四个区、县，组织全市公诉干警观摩"四类人员"出庭作证，并开展听庭评议活动，初见成效。这已经涉及对证人出庭作证的辅导。这是在朝着正确的方向前行，为进一步的辅导奠定了良好基础。

不过，在司法实践中，在证人出庭作证辅导方面，也存在一些亟待解决的问题，归纳起来，主要有以下三个：

◇ **（一）对出庭作证的控方证人辅导意识不强**

对出庭作证的证人是否辅导、如何辅导，要注意哪些问题，在一些公诉人或检察官眼里，并未引起应有的重视。有的不情愿证人出庭作证，甚至存在抵触情绪。主要原因是怕麻烦，因为证人出庭作证存在变数。与其他证据相比，言辞证据具有易受干扰、易变化等特点。司法实践中，一些公诉人因担心证人出庭作证会改变其在侦查机关所作的证言，造成难以及时应变的被动局面。而当庭宣读证言笔录则较为稳妥，可以避免出现上述问题。这与在以侦查为中心的情形下形成的公诉模式有关。如果证人出庭作证，受多方面因素的影响，会为指控犯罪和证明犯罪增加难度，甚至出现非法证据排除等情形。所以，在修订后的《刑事诉讼法》实施后，一些公诉人并不情愿申请证人出庭作证，更谈不上对其进行辅导。如前所述，在 S 省 2016 年至 2017 年 2 月 1 540 件证人出庭作证的刑事案件中，控方申请出庭的证人有 1 922 人，但是否对其进行过辅导或沟通协调，则不详。换言之，检察机关并没有就此进行专项的统计分析。

◇ **（二）对出庭作证的控方证人辅导内容不规范**

笔者在调研中发现，检方在对出庭作证的证人进行辅导时，存在随意性，既没有制定相关的制度，也没有内部的操作规程，往往是公诉人或检察官根据各自对证人出庭作证重要性的理解来进行必要的、有限的辅导。对辅导活动及内容没有记载、签名、存档。不像在辅导教学中，有一个相对完整的体系，有一个明确的目标和长期指导他人学习的过程。辅导实际效果也参差不齐。

◇ **（三）对出庭作证的控方证人辅导方法不科学**

在司法实践中，有的公诉人或检察官不知如何对出庭作证的控方证人进行辅导，遇到能力荒。对如何科学地对出庭作证的控方证人进行个别辅导，以实现预期目的，更是少有研究和总结，没有上升到理论的高度。

六、证人出庭作证辅导制度的完善

◇◇ **（一）构建证人出庭作证辅导制度**

证人出庭作证率较低的问题早已存在，出庭作证质量也有待提高，这在一定程度上影响了庭审实质化改革的顺利推进。其原因是多方面的，是多种因素相互作用的结果。其中一个重要原因是证人出法庭作证辅导制度的缺失。为此，检察机关要积极适应庭审实质化的要求，根据修改后的刑事诉讼法、相关司法解释和《人民检察院刑事诉讼规则》的规定，重视证人出庭作证，树立对出庭作证的证人进行辅导的理念，明确辅导的重大意义，构建人出庭作证辅导制度，积极说服、劝导和争取相关证人出庭作证。在庭审前，与将要出庭作证的证人见面，进行沟通，并进行有针对性的心理辅导、知识辅导和技能辅导，特别是让其熟悉证据规则，以提高证言质量，保证证人出庭作证效果。在庭前准备程序中，要按照申请、决定和通知的程序，申请控方证人出庭作证，使辅导工作制度化、常态化。

◇◇ **（二）对出庭作证的证人进行辅导，应与庭前会议相衔接、与庭审中询问证人、质证相结合**

对出庭作证的证人的辅导，不是孤立存在的，它与整个案件的审理是一个整体。要有效地发挥证人辅导工作的作用，将其向前延伸到庭前会议，向后延伸到庭审中的询问证人和质证，以形成一个相对完整的系统。修改后的《刑事诉讼法》规定了庭前会议的程序，《实施意见》在此基础上，做了进一步的规定，以规范庭前准备程序，确保法庭集中审理。如第七条规定：控辩双方对管辖、回避、出庭证人名单等事项提出申请或者异议，可能导致庭审中断的，人民法院可以在庭前会议中对有关事项依法做出处理，确保法庭集中、持续审理。对案件中被告人及其辩护人申请排除非法证据的情形，人民法院可以在庭前会议中核实情况、听取意见。人民检察院可以决定撤回有关证据；撤回的证据，没有新的理由，不得在庭审中出示。被告人及其辩护人可以撤回排除非法证据的申请；撤回申请后，没有新的线索或者材料，不得再次对有关证据提出排除申请。第十条更是强调庭前会议与庭审的衔接。对召开庭前会议的案件，在法庭调查开始前，法庭应当宣布庭前会议报告的主要内容，实现庭前会议与庭审的衔接。这为优化证人出庭作证的辅导提供了契机，特别是为其与两者的衔接、结合提供了可能性。如攀枝花市人民检察院，于 2016 年出台了《刑事案件"四类人员"庭审询问规则（试行）》，对"四类人员"出庭作证的庭前准备、当庭询问原则与流程、特别询问要求、询问后质证方式等内容进行了规范，形成了规则。从开展"四类人员"出庭案 44 件，70 人的情况看，有效地改变了此前庭审询问中发问随意、程序松散、效率不高等问题。庭审中控辩对抗更加有效，有效地发挥了"四类人员"的作用，这值得借鉴。相信在强化对出庭作证的证人的辅导与庭前会议、询问证人、质证相结合后，将产生更好的效果。

◇ （三）提高公诉人与出庭作证的证人沟通协调的能力

沟通协调能力是公诉人应具备的众多能力之一，这与证人出庭作证辅导及其效果密切相关。应看到，辅导与沟通协调既有联系又有区别。"沟通"一词早在我国春秋时期就已出现，意为凿沟连通，后引申为人与人的联通和关系的疏通，且被广泛使用。有的学者认为，沟通是指人类通过符号的相互作用，对意思的同步分享和创造。即人们通过语言、文字和行为、情感等信息符号，相互传递并反馈，以求达成一致并在此过程中产生新的信息。沟通是一个过程，是一个系统，是相互作用的，可以是有意的，也可以是无意的。在辅导过程中，沟通显现出来，并贯彻始终。所以，在辅导时，辅导人员要加强与出庭作证证人的沟通协调，争取其对检察机关的信任。同时，加强培训，通过多种形式，提高公诉人的沟通协调能力，以更好地对出庭作证的证人进行心理、知识和技能的辅导。

◇◇ （四）完善证人出庭辅导的配套制度

比如，切实解决申请专家证人出庭作证的费用问题，改变在我国的诉讼制度中，证人事实上仅仅是义务的主体，只有作证的义务而没有相应的权利的现象。对实践中存在的证人出庭补贴未落实，证人出庭补贴发放主体扯皮时有发生和证人出庭补贴标准过低，影响证人出庭积极性的问题，要通过财政保障等渠道解决。要强化对"四类人员"出庭作证的安全保障，明确由公安机关加强证人保护，明确应当出庭的人员不出庭的后果，进一步完善证人出庭的保障措施，促进证人出庭工作的有效开展，为出庭作证的证人辅导协同性提供帮助。

◇◇ （五）加大社会宣传力度，为证人出庭作证辅导创造良好的社会环境

张耀武在《证人拒不作证的原因及对策》一文中写道："如果我们像宣传计划生育那样，使证人出庭作证的义务达到妇孺皆知；如果我们像宣传税法那样，使人民群众都知道，证人出庭作证像纳税一样不可回避；如果我们像宣传《保险法》那样，使人民群众都知道证人出庭作证是一项公益活动，证人出庭作证在保护他人合法权益的同时，也是在保护证人自己。假如自上而下真的掀起宣传的高潮，那么我们相信，在三五年内就可以促使证人自觉履行出庭作证的义务。"这里通过三个比喻，像宣传计划生育、税法和保险法一样，强调了证人作证宣传的必要性和重要性，尽管他可能高估或夸大了宣传的效果，且今天计划生育政策有所调整，但是，证人出庭作证确实需要一个良好的社会环境。相关的辅导也是如此。这是对证人出庭作证辅导制度的基础。通过加大社会宣传力度，为证人出庭作证辅导创造一个良好的社会环境，可以使证人出庭作证辅导上升到一个更高的层次。

第五章
以审判为中心的诉讼制度改革
——以刑事审判中释明制度的构建为视角

一、释明制度导入刑事诉讼的背景

◇◇（一）庭审实质化的特别期待

党的十八届四中全会审议通过了《中共中央关于全面推进依法治国若干重大问题的决定》。该决定首次从中央层面确立了刑事司法改革的具体目标，即推进以审判为中心的诉讼制度改革，确保侦查、审查起诉的案件事实证据经得起法律的检验，保证庭审在查明事实、认定证据、保护诉权、公正裁判中发挥决定性作用。作为"以审判为中心"的诉讼制度改革的重要内容，庭审实质化的主要目标就是防止庭审走过场，实现诉讼证据质证在法庭、案件事实查明在法庭、诉辩意见发表在法庭、裁判理由形成在法庭。然而，这"四个在法庭"又对控、辩双方提出了更严格的要求。一是观点意见明确。庭审具有直接言词性，"四个在法庭"排除了庭后向法庭提交新的控辩意见的途径，控辩双方必须在庭审中完全、直接地表达己方观点，接受质询并与对方辩论。这就要求控辩双方具有明白、正确表达观点意见的能力。二是举证质证及时。庭审具有时空有限性，"四个在法庭"要求所有的定案证据必须经过法庭的举证质证，如果有价值的证据在一次庭审中不能反映出来，那么就需要再次开庭或多次开庭，严重影响审理效率，降低法官对庭审实质化的积极性，法官不得不从案卷中找寻其他信息来实现内心确信。这就要求控辩双方具有在有限时空内集中所有定案信息，并向法庭熟练、完整地提供信息的能力。三是法律认识准确。庭审具有对抗依赖性，法庭对案件事实的查明有赖于控辩双方在庭审中的有效对抗，若控辩双方"鸡同鸭讲"，辩方无法理解控方指控的事实内容、法律依据，并对此进行举证辩论，则法官无法从庭审中得到有用信息，裁判理由难以直接从庭审中形成。这就要求控辩双方准确认识法律，熟悉诉讼程序，提高开展有效诉讼对抗的能力。

◇◇（二）辩方能力先天不足

庭审实质化强调了控、辩双方的对抗色彩，但是事与愿违，现阶段辩方的诉讼对抗能力先天不足。控方代表国家，均由有资质的检察官出庭且依法行使监督权。被告人代表个人，也没有律师强制代理制，被告人中多数不但已被实际羁押且没有委托辩护人。控辩双方就如同强大的军队与戴着镣铐的囚徒之间的对抗。据统计数据显示，2016 年 6 月—2017 年 6 月，M 市 D 区人民法院刑事审判庭结案 634 件，判处被告人 808 人次，辩护人参与诉讼 213 人，平均每 3.79 位被告人才有 1 位辩护人，且该数据是通过辩护人人数来统计，若是按照辩护人参与案件数计算，情况更加不容乐观。没有经过辩护人引导和协助的被告人常常会出现以下三种典型情况：①观点不明确。法官询问被告人对公诉机关指控的犯罪事实及罪名有无异议，是否自愿认罪时，被告人回答认罪。控方按要求简要出示证据，但被告人在质证环节又对公诉机关提供的定案关键证据提出异议，否认主要的指控事实。法官再次询问被告人是否认罪时，其仍然称自己认罪。②举证不充分。被告人以为自己提交的证据足以证明自己无罪。如被告人王某某涉嫌犯绑架罪一案，被告人王某某因多次向龙蟒公司索要赔偿未果，遂持刀挟持龙蟒公司员工，要求龙蟒公司向其转账人民币 50 万元。庭审中，被告人王某某对指控的犯罪事实经过没有异议，但认为龙蟒公司的药品对其造成损失在先，其提交了药品鉴定意见书，被告人王某某认为该证据就完全可以证实其无罪。③法律认识不清。对诉讼法认识不清表现在对诉讼权利的不清楚和诉讼程序的不了解上，不知道该在哪个阶段做什么事。对实体法认识不清表现在对罪名的认知不全上，特别是在转化型犯罪中。如莫某某涉嫌犯抢劫罪一案，被告人坚持认为自己只是偷东西没有抢东西，在举证质证和法庭辩论中不断重复，却对公诉人指控其在逃跑过程中拿刀抗拒抓捕的事实和证据不予回应。

◇❯（三）控辩审关系异化

除了辩方的诉讼能力不足外，控、辩、审三角关系异化也是影响控、辩双方对抗性的重要因素。我国目前的控审关系是"线性结构"，即警察承担刑事案件的侦查或案发后的先期调查，然后由检察官介入，承担起诉或者进行侦查后起诉的职能，最后将案件移交法院予以审判。公、检、法三机关之间存在这样一种"工序关系"。这种关系让法官对控方高度信任包容，加上长期以来形成的"重打击轻保护"的刑事司法理念，法官将强大的职权压力都施加在了辩方身上，造成了审辩对立，使辩方将注意力用在了"对付"法官上，消耗了原本就有限的精力，庭审中控辩有效对抗难以展开。

二、释明制度导入刑事诉讼的分析

面对庭审实质化期待与现实之间的矛盾，笔者认为，如果不加入配套的制度和技术，简单地推进庭审实质化，很容易造成审理不尽，被告人因诉讼能力或者认识偏差，未能充分利用可利用的诉讼资源和手段而败诉，法官裁判突袭等不良后果。因此，不仅要保障犯罪嫌疑人、被告人及其辩护人的权利，还应当在控辩审之间建立恰当的渠道，利用法官职权弥补辩方诉讼能力不足的问题，平衡控辩双方的诉讼能力，推进庭审有效对抗的展开。而释明权就是担当这一职能的制度设计。

◇ （一）释明制度概述

释明（Aufklarungsrecht）最早出现在 1877 年德国民事诉讼法草案中，其原意是指"使本来不明了的事项明了化"。张卫平教授认为除此之外，释明的含义还包括在当事人的申明和陈述不适当、不充分时，促使当事人做出声明和陈述，使其声明和陈述变充分，以及促使当事人提出证据。总之，释明是法院享有的具有上述内容的职权，在外国民事诉讼理论中被认为是法院诉讼指挥权的一种。随着法律的演进，释明逐渐扩展为双重含义。第一层是法官有针对性地对当事人进行发问、晓谕，提醒当事人做出完整的陈述、主张并提供足够的证据支持。通过引导当事人充分利用攻防手段去接近事实，解决纠纷。第二层是法官对临时心证以及相关法律见解进行开示，给予当事人充分的防御机会，避免突袭裁判。通过对释明制度的含义进行分析，笔者认为，释明制度存在于民事诉讼中的目的，一是弥补职权主义及辩论主义的不足，在弱化法官职权色彩的同时强化法官引导，促进当事人在法官认定的范围内将其诉讼主张和证据完整陈述；二是给予当事人预测、洞悉法院所持法律观点的机会，防止法官突袭裁判。

◇ （二）释明制度导入刑事诉讼的可行性分析

1. 诉讼模式具有共通性

从职权主义模式到当事人主义模式，再到协同主义诉讼模式的兴起，释明制度的产生和发展都伴随着民事诉讼模式的不断演进。而我国的刑事诉讼模式也经历着这样一个过程，主流观点认为，我国处于超职权主义诉讼模式向当事人主义诉讼模式的演进的过程。从我国刑事诉讼法的历程可见，我国相关刑事诉讼制度的建立、更新、发展更多地体现了当事人主义的色彩，弱化了法官职权，强化了控辩双方的有效对抗。这个演进过程与民事诉讼的演进过程有着共通之处。总之，现在的刑事诉讼模式能够为释明制度提供健康的生态环境。

2. 诉讼架构及程序具有共通性

从我国刑事和民事的诉讼架构来看，两者都建立了"三角关系"。刑事诉讼中的控、辩、审三方与民事中的原、被、审三方十分相似。审判者居中审理，控方相当于原告，辩方相当于被告。从诉讼程序来看，民事诉讼发起于原告向法院递交起诉状，承担着向法庭表达诉求、依据，提供证据的责任。刑事诉讼发起于公诉机关向法院递交起诉书，承担着向法庭指控事实、陈述依据，提供证据证明被告人有罪的责任。开庭审理程序都包括了法庭调查（宣读诉状、答辩、举证、质证）、法庭辩论（原告）、征询最后意见等。这种诉讼架构以及程序的共通性，为释明制度的导入提供了可能性。

◇◇ （三）释明制度导入刑事诉讼的必要性分析

1. 查明事实的需要

对刑事案件来说，因为其判决内容涉及公民的财产、自由甚至生命，故查明事实的标准需要比民事案件更加严格。"兼听则明，偏信则暗"，法庭对案件事实的查明需要充分听取控辩双方的意见，"实践表明，当富有探索进取精神的诉讼双方面对面直接交锋时，真理就越有可能被发现"，若控辩双方的诉讼能力差异过大，法官难以从辩方听取有效信息，则会妨碍法官查明事实。因此，为了查明事实，审判人员有必要对辩方进行有针对性的发问、晓谕，引导辩方做出完整、明确、一致的陈述和主张并提交充分的证据支撑。有效的释明能够平衡控辩双方实质平等的交往。通过影响当事人的诉讼能力来间接达到协调双方当事人实质平等交往的目的。

2. 提高庭审效能的需要

庭审实质化要求证据调查的充实和细化，而辩方往往诉讼能力较弱，其不清楚法官对案件事实和证据是如何判断的，自己应当提出哪些证据以及证明到何种程度，如果在辩论时任由辩方发挥，其只能多多益善，不可避免地拖慢庭审的进度，甚至会由一次开庭变为多次开庭。然而，"迟来的正义非正义"，在满足庭审实质化要求的前提下，庭审效能也是我们要考虑的方面。作为庭审节奏的把控者，法官在证据调查中的能动作用严重影响着庭审效率。为了既保证审理的效果，又能提高审理的效率，应当发挥审判人员在证据调查中的能动作用。因此，虽然法官是居中裁判，要恪守中立被动原则，但是当法官发现存在支持某待证事实或诉讼主张的证据确实不充分时，要实时提醒承担证明责任的一方补交关键证据，并提示该方注意补证不能的法律后果。同时，在必要时，法官还应对与证据调查、事实认定相关的法律规范进行释明，对指控的罪名所需要具备的法律要件进行释明。

3. 服判息诉的需要

从司法实践来看，突袭性裁判超出了当事人对法官用法的认知，是引发上诉、涉诉信访的主要因素。这不仅耗费了法官大量的精力去判后答疑和信访回复，还影响了司法裁判的公信力。然而，要让当事人从内心服从判决结果，必须对突袭性裁判进行预防。姜世明教授认为，突袭性裁判是指以两造（指当事人双方）未获得适当的程序保障下所发现的事实或法律见解作为其裁判的基础与依据，以至其所作之裁判乃非当事人以通常情状所得预期裁判结果之意外效果。也就是说，若法官没有给予当事人了解法官心证后表明自己意见以及充分提供证据的权利，剥夺了当事人影响法官的机会，该判决就会超出当事人对判决的合理预期，造成当事人不服。故笔者认为，加强法官对事实和法律的释明，调节控辩双方在诉讼能力上的实力不均，救济弱者在庭审中的不足，保障控辩双方能够充分攻防，陈述必要意见，是非常有必要的，也是服判息诉的需要。

三、释明制度导入刑事诉讼的路径分析

释明制度十分重要，在案件审理中释明可能会使一方反败为胜，扭转案件的结果。虽然法官在实际操作中，也会视情况对辩方进行释明，但普遍会有"担心丧失中立地位，容易和一方或双方形成对立情绪，'出力不讨好'"的担心。因此，笔者认为，与其遮遮掩掩，让人诟病，不如直接对刑事释明的对

象、范围、标准、方法等问题做出规范，使释明有逻辑可循，采取公平、公开的方式，在程序的制约下进行释明，体现司法实体和程序正义。

◇◇ （一）刑事诉讼法官释明权的行使

刑事诉讼法官释明权是指在刑事诉讼中，法官依据法律，用发问和晓谕的方式，提示控辩双方完整陈述、提供充分证据、正确认识法律，以查明案件事实，提高庭审效能的一种职权。为了平衡控辩双方的诉讼能力，促使控辩双方有效对抗，笔者认为，应当将法官对控方的释明与辩方的释明做一定区分，分开讨论，在严格限制对控方的释明范围的同时，适当扩大对辩方的释明范围，构建促使司法和谐的平衡器。

1. 法官对控方的释明

从我国的现状来看，法官对控方的释明主要体现在变更起诉的释明上。根据《最高人民法院关于适用〈中华人民共和国刑事诉讼法〉的解释》第二百四十三条的规定，审判期间，人民法院发现新的事实，可能影响定罪的，可以建议人民检察院补充或者变更起诉；人民检察院不同意或者在七日内未回复意见的，人民法院应当就起诉指控的犯罪事实，依照本解释第二百四十一条的规定做出判决、裁定。可见，法官对控方释明的范围应当是在审理发现案件事实与其指控的事实有出入，且会影响定罪的，应当及时向控方释明，使其补充或变更起诉。其效力和后果是，若法官向控方释明后，其依然保持原来的起诉，不追加或变更起诉，法官只能按照控方原来指控的事实进行判决，不能依照庭审中发现的新事实进行裁判。为了平衡控辩双方力量，严格限制对控方的释明，笔者认为，法官对控方的释明不能超出该司法解释的规定。

2. 法官对辩方的释明

一般情况下，基于辩方的弱势地位，笔者认为，法官对辩方的释明从刑事诉讼阶段进行划分，可以分为三类：

（1）审查阶段的释明。

法院在依法受理了刑事案件后，决定开庭审理，就需要向被告人进行释明，此时，释明的主要内容为诉讼程序和诉讼权利。如告知被告人开庭的时间、地点、承办法官姓名，可以不同意适用简易程序审理，可以委托辩护人，可以向法庭提交证据以及怠于行使相关诉讼权利的不利后果。

（2）庭审阶段的释明。

庭审阶段的释明涵盖了由开庭阶段、法庭调查、法庭辩论及最后陈述组成的整个过程。

其一，开庭阶段，这是正式进行法庭审判前的准备阶段，法官向被告人释明其享有的诉讼权利。即告知辩方可以申请合议庭成员、书记员、公诉人、鉴定人、翻译等人员的回避。其可以委托辩护人也可以自行辩护，可以提出证据，申请新的证人出庭，调取新的物证，申请重新鉴定或勘验，可以就证据和案件情况发表意见、相互辩论，在法庭辩论终结后还有最后陈述的机会。在辩方对上述诉讼权利表示不理解时，还应当用通俗易懂的语言向其进行解读。若仅仅以概括的语言询问辩方是否行使权利，造成辩方因无法理解而怠于行使权利时，不能称之为已经进行释明。当辩方主张的权利申请不符合法律规定或没有正当理由时，法官应避免直接拒绝申请，而应当向其释明修正申请理由，并给予必要的准备时间。

其二，法庭调查，这是当庭对案件事实和证据进行审查、核实的活动。其任务是查明案件事实、核实证据，是法庭审判的中心环节，法庭调查的成效直接关系到案件处理的质量。从步骤上来说，在公诉人宣读起诉书后，辩方对起诉书指控的犯罪事实和罪名进行陈述时，法官应当就起诉书指控的事实是什么，涉及的罪名是什么，量刑的可能性是什么，向辩方做出释明。如公诉机关指控盗窃罪，数额巨大，可能判处三年以上十年以下有期徒刑，并处罚金。如提醒辩方注意公诉机关指控的是其多次贩卖毒品，情节严重，可能判处三年以上七年以下有期徒刑，并处罚金。在询问被告人是否自愿认罪时，要向被告人释明自愿认罪的法律后果。在举证质证环节，若辩方由于能力限制所举内容及欲证明的内容偏离了控方指控的事实时，法官应当及时引导辩方回到举证中心。法官还应当向辩方及时公开心证，对认证进行说明，告知法庭对证据、事实的认定情况，以及指出辩方承担的证明责任，其举证尚未满足证明责任的要求，并预示可能的后果。当辩方对控方所出示的证据、鉴定结论、证人证言存在异议时，应当释明其享有申请重新鉴定或勘验，申请证人出庭作证等权利。对于辩方在向法庭表明其观点意见时存在模糊、矛盾或者不完整的地方，法官应当予以提醒，引起辩方注意并提示其清楚、完整地陈述事实。

其三，法庭辩论是在审判长的主持下，控辩双方对案件事实，证据及法律的适用问题进行辩论。法官应及时总结案件焦点，提醒辩方注意，引导辩方在焦点上进行论证与反驳。当法庭发现新的可能影响定罪的事实时，在建议人民检察院补充或者变更起诉后，要及时向辩方释明，必要时，可以重新开庭，组织控辩双方围绕被告人的行为构成何罪进行辩论。当发现存在辩方忽视的法律观点或法官不同于双方的观点即将作为判决的基础时，法官应当主要采取诠释法律，间接表明法律立场的方式，向辩方释明法律观点，使辩方能够在知悉法官法律观点的基础上有机会权衡实体利益与程序利益，更加有的放矢地进行诉讼活动，促使辩方抓住辩论的机会。对于辩方在庭审中一些妨碍庭审进度的行为，例如抓住不相干的证据或程序的瑕疵不放，故意拖延时间时，法官应向其释明后果，给予纠正行为的机会。

其四，最后陈述是保障被告人权利的重要环节。法官应当向被告人释明这是其最后表达观点的机会，希望其抓住机会陈述观点，而不是陈述无关紧要的事实。当被告人陈述藐视法庭、公诉人，损害他人利益或与本案无关的事实时，或在公开开庭的案件陈述中涉及国家秘密、个人隐私时，法官应在制止其陈述前释明制止的原因。

（3）判决阶段的释明。

判决阶段的法官释明包括了对事实的认定以及法律适用两个方面。法官通过判决的宣告向控辩双方开示其认定的案件事实和据以判决的法律基础。其一，事实认定的释明。即开示法官如何依据控辩双方的举证质证情况对案件事实进行认定，哪些证据被采信和采信的原因，哪些证据没有被采信和不予采信的原因，以及法官是如何通过证据评判、确定待证事实存在与否，以便辩方理解认定的程序，认可裁判结果。其二，法律观点的释明。即开示法官据以判决的法律见解，如法律要件、法律后果等，说明适用该法条的原因和构成该罪的原因，避免辩方产生疑惑。其三，上诉权的释明。在判决宣告后，还应向辩方释明其对判决不服应当享有的相关权利，以及如何行使该权利。

◇（二）刑事诉讼法官释明权的规制

释明权对平衡控辩势力，促进有效对抗有着积极的作用，但释明权同样是一把双刃剑，法官若没有清楚掌握释明的界限，超过预定范围进行释明，就可能丧失中立地位，继而损害程序正义。对刑事诉讼来说，面对强大的控方，辩方力量处于弱势地位，为了构建势均力敌的控辩结构，特别要注意对辩方达不到释明的标准，却对控方超过限度行使释明。为了保证释明制度的有效运行，应当从以下两个方面进行规制：

1. 转变法官固有的观念

有些法官怠于行使释明权，一是因为很多法官认为释明会使其丧失中立性而受到控方的指责。故笔者认为，法官要转变固有观念，正确认识释明与法官中立的关系，虽然控辩对立，但并不是对辩方提供任何帮助都对控方不利。法官释明可以推动诉讼顺利开展，及时查明事实，并不会使法官丧失中立性。正如同美国学者认为的，"尽管大陆法系（德国）的法官会告诉当事人如果想使其权利主张获得支持则必须提出哪些事实，他们仍然和美国同行一样是完全中立的"。二是有些法官没有正确认识控辩审关系，始终认为自己和公安机关、公诉机关一样是打击犯罪的利益共同体，对辩方释明就是对犯罪分子的宽容。这种认识是缺乏正当性基础的，与庭审实质化的目标也是背道而驰的。故笔者认为，法官要摒弃固有的控审不分、审辩对立观念，从"重打击，轻保护"的司法理念中脱离出来，真正做到居中审判。建立从"配合"到"协同"的控审理念，各自扮演自己的角色，各自承担自己的义务，构建从"对立"到"和谐"的审辩关系。

2. 赋予辩方释明的异议权

一是禁止违背辩方意志的释明。法官进行释明是通过发问和晓谕的方式，提醒辩方注意，而不是将自己的意见强加给对方。法官释明的内容，没有法律上的约束力，更不能成为裁判的依据。辩方可以根据法官的释明决定行使还是放弃权力，其有权决定是否回应法官的释明，法官应当尊重辩方意志，不得依职权补充，只能依照辩方的意愿作出裁判。二是对过度释明提出异议。若法官超出了释明的界限，对控方不应当释明的事项进行了释明，那么辩方可以当即向法官提出异议。法官应当及时对该异议进行审查，做出异议是否有效的答复，若异议有效，则要立即停止对超出释明界限的事项进行释明。三是对不当释明的补救。若不当释明造成的程序缺陷，能通过后面的诉讼程序进行补救的，应当通过后来的程序进行补正。若不能通过后面的诉讼程序进行补救，辩方可以将不当释明作为上诉的理由，提起上诉。继而，二审法院是否认定程序违法，裁定撤销判决，发回重审，还要看该不当释明是否存在足以影响公正审判的情况。具体来说，首先，应当审查审理过程是否存在明显的漏洞，法官对此是否存在重大疏忽。其次，应当查明该不当释明是否对辩方存在明显的不公平。再者，还应当考虑若法官正当释明后辩方转败为胜的概率有多大，即不当释明与辩方败诉是否有直接的因果关系。不能因为一些释明的"微小问题"就发回重审，这会在无形中妨碍诉讼效率。

结语

在刑事诉讼中引进释明制度是庭审实质化的现实需要，也是查明事实、提高庭审效能、服判息诉的客观需求。法官释明制度应当在辩论主义、职权主义中寻求协同发展，在法官中立与平衡控辩能力之间找寻运行空间。然而，法官释明权的范围、运行与法官素质、司法文化、控辩审三角关系息息相关。司法是人的行为，受到人的思维的局限性影响，无法对所有的问题提前做出预测，不能囊括未来将要发生的所有问题和情形，这也是有学者认为难以划定释明权范围的原因。但是笔者认为，在不能完全涵盖释明权范围的情形下，我们仍然可以就现阶段能够认识到的范围做出统一，同时不排除未来新情况的及时加入。故笔者认为，除了在本书上述的范围外，释明权的范围还可以通过不断加入司法实践的新情况来逐步加以积累和完善。

第六章
家事审判模式的反思与重构
——以 R 县法院家事审判实践为样本

鉴于家事案件的特殊性，一般的民事纠纷审判机制已不适应当前婚姻家庭纠纷的解决，家事审判改革已成为必然的趋势。本书以 R 县法院家事案件审判的相关情况以及家事审判改革工作的开展情况为现状进行分析，发现当前家事审判改革工作存在的最大问题就是没有专门的家事审判模式。当前，传统的家事审判模式已不能满足家事审判的需求，因此，笔者分析了家事审判模式存在的主要问题和困难，并提出了构建新的家事审判模式的设想。

歌德说："无论是国王还是农夫，家庭和睦是最幸福的。"家庭是社会的细胞，美满的婚姻、孩子的健康成长，都需要家庭提供一个温馨和睦的环境。家庭是社会和谐稳定的基础，也是人民群众的切身利益所在。家事案件，就是有关婚姻家庭的案件，包括离婚、同居期间子女抚养、财产分割、赡养、继承等。家事纠纷尽管是家事，但也一直是党和国家关注的大事，我国在 1950 年就出台了《中华人民共和国婚姻法》（以下简称《婚姻法》）。婚姻家庭等家事案件在基层法院工作中长期占有重要的位置。

然而，正如俗话所说，"清官难断家务事"，家事案件的不断增加，让许多法官都深感头痛。R县法院近几年来每年受理的家事案件维持在1 200宗左右，占到全院民事案件总数的45%左右。一件家事纠纷往往影响到多个家庭的工作、生活。面对国情、世情、社情的新变化，当前推进家事审判方式改革是形势使然，更是现实所需。只有通过改革有效的化解矛盾，维护家庭的和谐，尽可能地让每个人都拥有幸福的家庭港湾，才能逐步累积社会和谐的正能量。

一、现状考察：R县法院家事审判工作的情况

根据最高人民法院的部署安排，R县法院作为四川省家事审判改革试点法院，开展为期两年的家事审判方式和工作机制改革试点工作。为严格落实家事审判改革，保障家事审判的有序进行，笔者以R县法院作为考察样本，对家事审判制度运行的情况进行分析和总结，找出存在的问题。

◇（一）R县法院近三年审理家事案件的特点

1. 家事案件数量多，离婚案件占比大

据统计，R县法院2014—2016年受理的婚姻家事类案件分别为1 443件、1 512件和1 484件，分别占当年民事案件收案总数的34.29%、31.45%、36.64%，数量多，占比高。在家事纠纷案件中，离婚纠纷案的占比又很高，三年来离婚案件总数占到全部家事案件的60%左右。（见图1、图2）

2. 家事案件大多采用公开审理的方式，听审群众众多

《中华人民共和国民事诉讼法》第一百三十四条规定，人民法院审理民事案件，除涉及国家秘密、个人隐私或者法律另有规定的以外，应当公开进行。离婚案件涉及商业秘密的案件，当事人申请不公开审理的，可以不公开审理。虽然当事人有权利选择不公开进行审理，但在现实中很少有当事人会选择不公开审理。由于缺少法官引导，许多当事人根本就不知道可以申请不公开审理。据笔者了解，R县法院2014—2016年的家事案件中，仅有15件案件申请了不

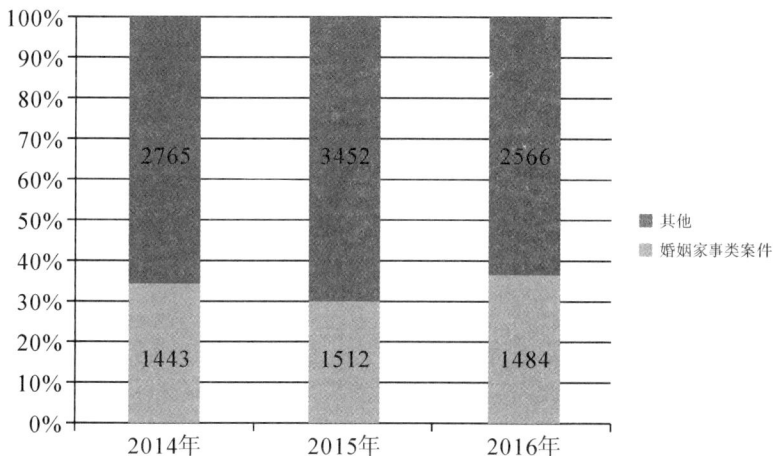

图 1　婚姻家事类案件占比图

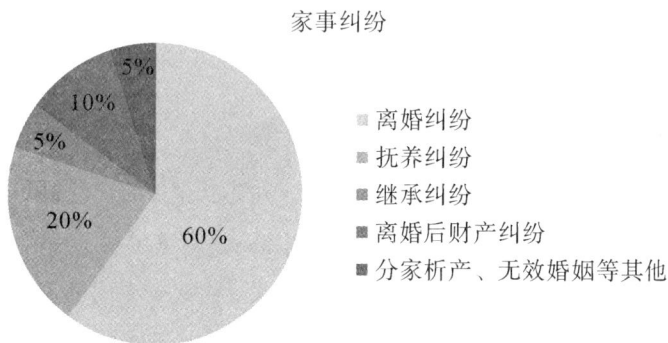

图 2　家事纠纷案件构成图

公开审理。家事案件往往牵涉到许多家庭成员，在开庭时，经常有许多亲戚朋友来旁听审理，家事案件的旁听人员往往比普通的民事案件多。

　　3. 当事人缺席判决的数量增多，调撤率下降

　　随着经济的发展，许多人都选择了外出务工，导致法院送达文书也越来越困难。法官经常联系不上当事人，只能采取公告送达和缺席判决的方式。还有许多当事人即使找到或联系上了，也故意逃避诉讼，不接收法律文书，也不愿到庭参加案件审理。法院只能进行缺席判决。据笔者统计，R 县法院 2014——

2016 年公告缺席判决的家事案件为 254 件、356 件、425 件，分别占家事案件数量的 17.6%、23.4%、28.6%。R 县法院 2014—2016 年传票送到，但当事人未到庭判决的案件为 258 件、336 件、368 件，分别占到家事案件数量的 17.8%，22.2%，24.7%。家事案件的调撤率也是逐年下降。R 县法院 2014 年家事案件的调撤率为 68.3%，2015 年调撤率为 62.4%，2016 年调撤率为 59.4%。

4. 法官自由裁量权的运用有所加强

家事案件类型多，许多情形在法条中都没有具体的规定，而且受到个人情感、生活环境等众多因素的影响，也很难以法条来判定，这些都需要法官在具体案件中进行不同的处理。如夫妻感情是否破裂、离婚后抚养费、赡养费的给付、未成年子女权利义务行使负担的内容及方式、扶养义务人的扶养程度及方法、夫妻共同财产的分割方法、损害赔偿的数额等，均需由法官综合各种情形加以考虑和衡量。

◇◇ （二）R 县法院家事审判制度改革的探索

1. 设立专门的家事审判庭和家事团队，并建立相关的规章制度

R 县法院设立了专门的家事案件审判庭室，该庭室包括了接待、调解、审判三位一体的功能，并采取了温馨的布置方式。组建了专门的家事审判团队，机关设立家事少审合议庭，配备三名审判员和三名书记员，负责审理城区和城郊的家事及涉未成年人权益的民事案件，七个法庭各指派一至两名法官为家事少审合议庭组成人员，负责各自辖区内的家事及涉未成年人权益的民事案件。制定了《关于开展家事审判方式和工作机制改革试点工作的实施方案》《家事调解员工作规程》《家事调查员工作规程》《心理疏导工作规程》《人身安全保护令的程序规定》《家事案件回访帮扶工作实施意见》《离婚财产申报制度》等相关工作制度及流程。

2. 探索建立了配套制度

一是建立家事调解、调查、回访制度。从中华全国妇女联合会（以下简

称全国妇联)、民政部门工作人员、人民陪审员、网格员等人员中挑选家事调查员和调解员,对当事人的相关情况进行调查并进行调解。二是建立心理疏导制度。在诉讼服务中心设立了专门的心理辅导,对存在偏激、阴暗、自卑、暴力倾向等负面心理的当事人及其家属进行心理引导疏通。三是实施庭审前家事财产申报制度。四是建立家事和未成年人案件的回访制度。案件审结后,家事调查员定期回访当事人,了解当事人的情况,对存在的问题及困难,给予一定的帮助。五是设置婚姻冷静期制度。对于婚姻纠纷,经过当事人同意,设置一定的冷静期。

R县法院的家事审判改革机制处于试运行阶段,虽建立了相关的配套制度,但家事审判的程序和模式等方面还需要进一步探索。家事审判团队从试运行至今,审结家事案件659件、判决254件、调解189件、撤诉216件,调撤率为62.5%。

二、问题切入:传统家事审判模式的不足

从R县法院家事审判改革试点工作的开展来看,虽然法院建立了专门的家事审判庭,配备了相关的人员,并且建立了许多相关的配套制度,但是案件审理时依然采用传统的家事案件审理模式。重裁判、轻婚姻家庭关系的修复,主要表现在审理过程中未将家事纠纷化解的特殊性需求考虑进去,家事审判改革工作的效果并不理想。不足之处主要表现在以下几个方面:

◇ (一)传统的"谁主张,谁举证"的举证规则影响家事案件的公正审理需求

当前,审理家事案件仍采用"谁主张,谁举证"的原则。在实践中,许多当事人不懂如何搜集证据维护自己的合法权益,而且家事纠纷中的证据很难固定,也很难搜集。同时,受程序主义影响,法官对固有举证规则有长期的依赖,也受办案压力、审限和审理效能等因素制约而不愿意主动去调查了解家事

案件的具体情况，从而影响案件的公正性。如 R 县法院审理的大多数离婚纠纷，原告对双方感情破裂的原因，如分居，家暴等，很难拿出证据。法院只凭借庭审很难判定其夫妻感情破裂，经常判决驳回原告的诉讼请求。事实上，家事案件需要法官更主动地干预程序、收集证据，更近距离地观察、把握当事人的情感及家庭状况。

◇ （二）"简易快速"的审理方式忽视了家事案件的情感色彩

家事纠纷的解决主要是促成当事人之间恢复感情、消除对立、实现和解、弥合家庭伤口。但是这需要较长的时间、花费较多的心血气力才能找到矛盾的症结从而进行化解。目前许多法官在处理家事案件的时候，过于简易快捷，完全忽视了家事案件的情感色彩。究其原因主要是许多法官理念有误区，认为家事案件也只需按照程序对案件进行裁判，没有注重婚姻的修复和情感的治愈；加之案件数量比较多，考虑到案件的审限和审理效能等因素，根本没有时间和精力去耐心做当事人的思想工作，只能草率结案。以 R 县法院为例，近三年法院审理的离婚案件中除了公告案件外几乎全部适用简易程序在三个月内审结。表面上看似乎很高效，但当事人双方的潜在矛盾并没有得到解决。R 县法院近三年来判决不准予离婚及调解和好的案件中，有75%的当事人再次提起离婚，可见在第一次的离婚诉讼并未彻底解决双方的婚姻矛盾，六个月或更久的缓解期也没有发挥应有的作用。

◇ （三）传统的审理模式忽视了调解的重要性

家事案件的调解是很重要的，许多家事案件是能够协商解决的，并且协商的结果往往比判决的结果更能让当事人接受。但是传统审理模式的调解惯于"蜻蜓点水"，调解没有引起足够的重视，审判过程中的调解也是草草了事。以 R 县法院为例，法官在家事审判过程中只会进行短暂的调解，若调解不好，法官就会按简易或普通诉讼程序进行审理。究其原因一方面是办案业务压力大，家事法官除了审理家事案件，还需要审理其他民事案件，对待家事案件调解的精力非常有限；另一方面家事案件的情感纠纷难以平息，并非每位法官都擅长调解婚姻家事案件。

◇◇（四）缺乏专业化的家事审判团队以及科学的考评机制

家事审判的主旨并非仅限于是非判断和定分止争，还应着力于家庭关系的修复和家庭成员之间感情的弥合，更重要的是调整人际关系，使当事人回到生活常态。这就要求家事法官不仅要具备较强的专业素质，在生活阅历、日常经验等方面有较为丰富的经验，而且还要心理素质好、承受能力强并具备一定的心理咨询、疏导、治疗等能力。据笔者了解，当前许多法院都成立了家事审判团队，但并不专业，都只是随意选取一些法官组成家事审判团队，许多法官除了审理家事案件还需办理其他案件，并不专业，而且选取的法官中还包括许多年轻未婚的法官，这些法官缺少生活阅历，缺乏经验，距离家事法官的要求还有很大的差距。

目前，由于法院的家事审判团队的人数较少，并没为家事审判法官建立起专门的家事审判法官的考评机制。以 R 县法院为例，法院对办案法官（包括家事少审庭法官）的考评都是采用相同的考核指标，主要以结案数、调撤率、结案周期等作为重要的衡量指标。家事案件因涉复杂的感情纠葛和家庭关系，所以若要将家事纠纷彻底化解是需要法官做大量的调解和心理疏导工作的，这就导致了家事案件法官的结案周期会较长。如果以当前的结案数、结案周期作为主要考核指标，那么家事法官可能就会去追求数量，而忽视了审判的质量，致使许多家庭矛盾得不到彻底的解决。并且，这样的考核方式也无法反映出家事法官从事心理疏导、调解帮抚等社会事务性工作。由此可见，当前的法院考核体系不适用于家事法官，应根据家事案件的特点来制定出适合对家事法官进行评价、考核的标准。

◇◇（五）社会力量参与家事纠纷处理机制不畅

家事纠纷的化解是社会性很强的工作，家事审判除承担司法职能外，还承担一定的社会职能。但是传统的家事审判中，未能体现家事案件的社会性，也未与其他相关部门或机构建立起联动的调处机制。在目前的体制下，法院社会职能的具体实现，必须借助于包括社区、全国妇联、检察、公安、民政等在内的相关组织和行政机关的力量，建立统一的长效协作机制。目前在家事审判上各部门之间没有建立起有效的家事纠纷综合协调化解机制。行政机关和政府职能部门之间职能分配呈条块分割，且缺乏经费保障和专门的机构来统筹，相关部门或机构参与家事纠纷化解并未被激活，难以形成有效的合力，难以充分发挥全社会对婚姻家庭关系的保护作用。

三、重构路径：构建家事审判新模式

（一）设置诉前调解程序

明确规定需要进行诉讼程序的家事案件一般情况都该进行诉前调解。宣告死亡等非诉讼程序的家事案件可以不进行诉前调解。立案庭（诉讼服务中心）可以利用多元化纠纷解决机制，根据案件的情况，将案件委派或委托给家事调解员、驻法院的人民调解员或者当地的居委会、村委会、妇联等组织进行调解。要求调解人员按调解的各个阶段填写《案件流程日志》，将调解的情况用调解日志的方式详细地记录下来，包括调解时争议的焦点、达成的协议、重点的分歧等。家事法官拿到案件后可以很快掌握案件的审理焦点和调解重点，并根据案件的情况决定如何开展庭审，根据当事人的情绪反映适当对其进行心理辅导。通过诉前调解的程序，法官在庭审中能节约许多时间，也能更有针对性的为当事人做思想工作，整个庭审会取得事半功倍的效果。

（二）建立特殊的家事审判程序

传统的审判程序主要采用以辩论为主的当事人主义模式，注重举证、质证、辩论等，但这样只会加深当事人间的矛盾，无法彻底解决矛盾，因此，必须构建专门的家事审判程序。

1. 设立调解前置程序

调解在我国是民事诉讼的必经程序，但不是前置程序。为了避免没有经过充分的调解而轻易判决，笔者建议将调解设定为家事审判的前置程序。采取调解前置的特殊程序，先不急于按法律程序开庭审理，而是在仔细摸清双方矛盾根源所在后，针对双方的矛盾焦点，运用"劝导、批评、谈话、教育"相结合的方式认真细致地开展调解，消除当事人间相互排斥的怨念心理，引导其相互解开心结，从而较为彻底的消除矛盾。还可以采取邀请或联合调解的机制，邀请当事人的亲朋好友、心理情感专家、人民调解员、司法所工作人员等，共同参与调解工作。为更好地解决纠纷，法院调解的范围可以不限于当事人的诉讼请求，对诉请未涉及的，在不涉及第三人利益且双方均同意调解的情况下，可予以一并调解解决。对于离婚案件采用"劝离"与"劝和"相结合的调解方法。根据案件实际情况，对于夫妻感情确已破裂的，尽量调解双方和平离婚。

2. 采用职权探知主义的审理方式

加强法官的主动性，规定法官有依职权调查取证的义务。对于当事人提出的问题或要求法院调查的，法官就必须去调查。法官不能亲自去调查的，可以委托家事调查员进行调查，最后出具调查报告。对于当事人未提出的问题，若裁判所需，法官也应依职权去调查。如对于婚姻是否无效的问题，对于当事人未提出的问题，也应依职权去调查，才能做出公正的判决。法官依职权主动介入纠纷，了解当事人的生活情况，对于查找纠纷症结很有帮助，对于判决也更有信服力。

3. 原则上采取不公开审理，当事人必须亲自到庭

俗化说"家丑不可外扬"，许多当事人不愿意将自己的家庭生活隐私暴露在外人面前。如果进行公开审理，可能会造成当事人的心理顾虑，不愿意将隐私敏感的事实说出，不利于法官了解案件事实。笔者建议，家事审判原则上不公开审理，但也要争求当事人的意见，若当事人要求和同意公开审理的，也应

进行公开审理。家事案件并非公开审理都不好，有的家事案件可能公开审理的效果更好，如赡养案件，公开审理可以给当事人以外界群众的压力让其自觉去履行赡养义务；离婚案件，公开审理可以让更多的亲朋好友去劝说，调解成功率会提高。因此，应明确规定在庭审前，法官须按程序征求双方当事人是否公开审理的意见。若双方当事人同意的，可以公开进行审理；若一方当事人不同意则不能公开进行审理。对于裁判文书的上网和新闻媒体的报道必须进行匿名处理。

家事案件在人身关系上的特殊性，决定了当事人本人到庭更有利于人民法院准确裁判，也有助于当事人之间消除误会、恢复感情、促成调解。家事审判中当事人应当自己出庭，如果当事人是无民事行为能力人，其法定代理人应当到庭；若当事人是限制民事行为能力人，其本人应当到庭。在家事诉讼中对没有出席法庭的被告应当限制适用缺席判决，法院不能一味按照法律全都适用缺席判决。对于能够找到当事人的，应尽量做工作让其来参加诉讼，在时间上可以更多迁就当事人；若有特殊情况不能到庭的，可采取网络视频方式进行开庭；只有穷尽办法都找不到人的才能适用公告缺席判决。

4. 合理分配举证责任，举证加以引导

在家事案件审理中，不能完全沿用"谁主张，谁举证"的证据规则，法官可以根据案件的情况，合理分配举证责任。如在审理家暴案件时，就需合理分配举证责任。受害方只需证明侵害的事实，不用证明谁是侵害人，侵害人的证明由对方来承担，如果对方不能对其受害方的伤情做出合理的解释，就应推定为侵权人。笔者建议根据家事案件的实际情况，在事实认定需要的情况下可以对当事人进行适当的引证。一是引导当事人举证；二是引导当事人提供证据线索，由法院调查取证。如在审判中发现当事人未列入诉讼请求的共同财产，告知当事人一并予以分割等。引证的目的，是最大限度地查明案件事实，确保案件得到公正审理。

5. 适当放宽审理期限，多适用诉讼的合并审理

民事案件的审理期限是为了保障案件尽快了结，避免久拖不决的情况。鉴

于家事案件特殊性，不能像普通民事案件那样追求结案率而审理，因此，笔者建议放宽审理期限，对于诉讼过程中需要的调查时间、大量做工作调解的时间、冷静时间等都可以暂停不计入审理时间。对于离婚案件，可以为当事人设定一定的"冷静期"，冷静期不计入案件的审限。对于比较复杂的家事案件都可以转为普通程序。诉讼的合并审理有助于案件及时审理，避免案件的久拖不决，给当事人造成讼累。离婚等家事案件应多适用诉讼的合并审理。离婚案往往包括财产分割和子女抚养问题，这些问题都适合在同一个案件中解决。

6. 适当加强对妇女儿童的保护

在法律允许范围内对妇女儿童的合法权益给予倾斜性保护。许多农村妇女文化程度低，没有稳定的收入来源，在婚姻关系中常处于弱势地位。针对离婚案件中女方的实际情况，可以给予妇女儿童特殊照顾：一是加大保全措施和诉讼指导力度；二是加大在财产处理方面对妇女的照顾力度；三是在同等条件下优先考虑妇女对子女的抚养意愿。

◇◇（三）完善家事审判的执行程序

在家事案件执行中，坚持强制执行和说服教育相结合的原则，利于当事人认识错误，主动履行义务。可借鉴日本《人事诉讼法》中的"履行确保制度"，包括"履行劝告""履行命令""金钱的委托"三项制度。家事案件的执行难主要体现在离婚财产分割、"三费"（赡养费、扶养费、抚育费）的支付、探视权的执行等情形。针对涉及金钱交付的执行内容，笔者建议在对当事人进行履行劝告后，责令其限期履行，如双方见面履行可能产生冲突，则将金钱付至他处并转交对方当事人。针对"三费"等家庭生活费债权的实现，建议若对给付人不履行生活费的给付，被给付人生活困难的，可由民政部门先给予救助，然后通过代位权再向给付人求偿。针对探视权的执行应考虑未成年子女的意愿，执行方法要得当。可采取特别的举措，包括扩大协助执行义务人的范围至被执行人本人、与未成年子女实际共同生活的近亲属以及未成年子女就读的幼儿园、学校等；规定恶意阻碍探视可成为变更抚养关系的法定事由；规定因抚养人故意设置探视障碍，使得探视权人见不到子女而遭受精神痛苦，探视权人可以主张精神损害赔偿。

◇◇（四）配备专业的家事法官，并建立科学的考评体系

一是挑选社会阅历丰富，审判经验较强的法官担任家事法官，原则上任职不到两年和没有结婚的法官都不让其承办家事案件。鉴于女法官们具有得天独厚的优势，她们审得细、顾得全、感情细腻，亲子感情重，家庭观念强，为使家事案件审判更专业化，可优先考虑女法官；二是组成专门的家事审判团队，只办理家事案件；三是通过讲座、实践操作、现场观摩等方式的培训提高家事法官审判能力，掌握沟通、心理疏导、调解等各方面的技能；五是审理家事案件需组合议庭时，应尽量安排来校、心理咨询机构的人员作为合议庭成员。

对于家事法官的考核，应改变以往以结案、审限等指标来评判法官业绩的做法，从审判管理的角度建立适合家事法官的科学考评体系。可以考虑将家事纠纷的调撤率、案件的上诉服判情况、判后随机回访调查情况、当事人的满意度等作为评测的主要指标，将结案率、审限等作为次要的指标进行考核。

◇◇（五）借助社会力量建立起家事审判的长效协作机制

联合公安、全国妇联、民政、检察院等相关部门建立家事审判长效机制。笔者建议，由政法委牵头通过联席会议的方式来协调公安机关、检察院、民政部门、妇联、法院等相关部门的配合，建立起家事审判的长效协作机制。法院在审理家事案件中应强化多元化纠纷解决机制，加强与全国妇联、社区、人民调解组织的密切联系和配合，强化沟通协调。加强与妇联、学校、民政等组织机构的联动，维护妇女、儿童和老人的人身权、财产权，建立健全家暴预防惩治、司法救助、社会帮扶等配套措施。加强与公安、检察等机关的协调配合，反对家庭暴力，共建和谐婚姻家庭关系。

四、结语

家事案件的审判蕴含着一个民族的文化习俗，一方水土的风土人情，一个国家的历史传统和一个时代的社会风气。我国的家事审判改革已成为必然趋势。在我国法律制度不断健全的同时，家事审判改革也应当不落窠臼，不故步自封于一般的民事纠纷审判模式，应立足于婚姻家庭实践的基础，在以"消除对立、解决纠纷、弥合感情，维护和谐"的家事审判司法理念下，探索出适合的家事审判的新模式。

第七章
网约车侵权赔偿责任主体认定

随着移动互联网快速融入出租汽车行业，以"滴滴""优步""神州"等为代表的"网约车"（"网络预约出租汽车"的简称）在全国各地逐渐兴起，在满足大众多样化出行需求的同时，也带来了一系列违法侵权损害事件。为更好地满足社会公众多样化的出行需求，促进出租汽车行业和互联网融合发展，规范网络预约出租汽车经营服务行为，保障运营安全和乘客合法权益，交通运输部、工信部、公安部、网信办等7部委联合出台了《网络预约出租汽车经营服务管理暂行办法》（以下简称《暂行办法》）。《暂行办法》从对网约平台公司的资质、网约车辆准入条件、网约车驾驶员从业条件、网约车营运行为、监督检查等进行了规范和约束。虽在侵权责任承担方面规定网约车平台公司承担承运人责任，但是这样的规定太过简单。面对实践中各式各样网约车侵权事件，仅规定网约车平台公司承担承运人责任，很难有效认定网约车侵权中的赔偿责任主体。笔者拟通过探究网约车驾驶员与网约平台公司之间的法律关系、存在的合作模式来分析不同侵权类型下的赔偿责任主体，为正确处理网约车侵权损害赔偿提供相关法律法规建议。

一、承运人责任

2016 年 11 月 1 日生效的《暂行办法》第四章第十六条规定，网约车平台公司承担承运人责任，应当保证运营安全，保障乘客合法权益。关于承运人责任，《合同法》规定，承运人的最主要的责任即为确保旅客的人身和财产安全。《合同法》第二百九十条规定，承运人应当在约定期间或者合理期间内将旅客、货物安全运输到约定地点。第二百九十一条规定，承运人应当按照约定的或者通常的运输路线将旅客、货物运输到约定地点。第三百零二条规定，承运人应当对运输过程中旅客的伤亡承担损害赔偿责任，但伤亡是旅客自身健康原因造成的或者承运人证明伤亡是旅客故意、重大过失造成的除外。第三百零三条规定，在运输过程中旅客自带物品毁损、灭失，承运人有过错的，应当承担损害赔偿责任。综合上述法规，网约车与乘客一旦产生人身伤害或财产灭失纠纷，网约车平台公司、网约车车主和实际驾驶人一定会作为共同被告出现在法庭上。这时就需要考虑确认谁是赔偿责任主体，考虑赔偿责任主体，首先要明确网约车平台公司与驾驶员之间的关系。

二、协议模式

根据《暂行办法》第四章第十八条规定，网约车平台公司应当保证提供服务的驾驶员具有合法从业资格，按照有关法律法规规定，根据工作时长、服务频次等特点，与驾驶员签订多种形式的劳动合同或者协议。

上述规定中"按照有关法律法规规定，根据工作时长、服务频次等特点，与驾驶员签订多种形式的劳动合同或者协议"明确了网约车平台公司与驾驶员之间的合作协议关系。根据实践操作情况来看，这种合作协议关系存在以下三种模式：一是专车驾驶员与平台公司签订的劳动合同；二是私家车驾驶员与平台公司签订的挂靠合同；三是私家车驾驶员与平台公司签订的信息技术服务协议。

◇◇（一）劳动合同模式

劳动合同模式是我国网约车驾驶员与平台公司合作的最普遍的模式，其中以神州专车为代表（其平台下没有任何私家车挂靠），即网约车驾驶员与平台公司签订劳动合同。劳动合同模式是指网约车驾驶员由网约平台公司统一招聘，到该平台公司工作，与该平台公司签订劳动合同，成为平台公司员工，享受平台公司提供的工资待遇。在该劳动合同模式下，专车的所有权和经营权都属于平台公司所有，平台公司是用人单位，驾驶员属于平台公司的工作人员。根据《合同法》第三百零二条、《最高人民法院关于就客运合同纠纷案件中，对无过错承运人如何适用法律有关意见的请示的答复》《侵权责任法》第三十四条第一款、《民法通则》第四十三条以及《最高人民法院关于审理人身损害赔偿案件适用法律若干问题解释》第八条的规定，网约车驾驶员（工作人员）因执行工作任务导致他人人身受损或财产灭失，构成侵权的，应当由平台公司（用人单位）承担无过错责任。即使网约车驾驶员对侵权损害的发生具有故意或者重大过失，亦不对外承担连带责任，平台公司承担侵权责任后可根据《中华人民共和国劳动法》（以下简称《劳动法》）或者《中华人民共和国劳动合同法》（以下简称《劳动合同法》）的有关规定向网约车驾驶员追偿。

◇◇（二）挂靠协议模式

挂靠协议模式不仅流行于传统出租车行业，而且在网约车行业也普遍采用，但是我国法律并没有对挂靠行为做出明确的规定。一般在挂靠协议模式下，网约车驾驶员通过与平台公司签订挂靠协议，以平台公司的名义，驾驶自己的车辆进行网约车经营活动，平台公司定期收取一定的费用，网约车驾驶员自己独立经营，自负盈亏，其中网约车驾驶员称为挂靠人，平台公司称为被挂靠人。在挂靠协议模式下，事故发生时，由挂靠人承担责任是毫无疑问的，但是对于被挂靠人的责任承担问题，理论界和实务界存在着不同的意见。有的学者认为有偿挂靠协议下，挂靠人与被挂靠人承担连带责任，在无偿挂靠协议下，除非被挂靠人明知挂靠人不具有相应资质而让其挂靠，否则被挂靠人不承担侵权赔偿责任；有的学者认为不论有偿还是无偿挂靠，被挂靠人都应承担连带责任；还有的学者认为在挂靠协议下，被挂靠人承担补充连带责任；部分学者结合最高人民法院的相关规定，认为被挂靠人在收取管理费的范围内承担有限的赔偿责任。根据 2012 年 12 月施行的《最高人民法院关于审理道路交通事故损害赔偿案件适用法律若干问题的解释》第三条规定，在挂靠协议下的机动车经营活动，挂靠人与被挂靠人承担连带责任。在挂靠协议模式下，网约车驾驶员与平台公司签订了有偿的挂靠协议，平台公司应当承担连带责任，但由于网约车是共享经济下的创新产物，平台下挂靠的网约车辆分布较广且数量较多，一旦发生侵权，找平台公司追偿的过程会比较麻烦，且不利于网约车行业持续健康发展。因而建议在"互联网+"时代下，不能简单套用传统挂靠协议模式下的侵权赔偿方式，而应采用在挂靠协议模式下尽到合理审查义务的平台公司承担补充有限连带责任的模式。

◇◇ （三）信息技术服务协议模式

在信息技术服务协议模式下，网约平台公司对乘客和网约车驾驶员提供网络预约出租车信息技术服务，对接入平台的网约汽车提供乘客的用车需求，同时向乘客提供出租车服务供应商的相关信息，协助乘客和出租车服务供应商达成出租车服务协议。比如私家车接入滴滴打车软件，会在滴滴软件上显示地理位置；乘客进入滴滴软件，输入行程路线，预约车辆，乘客地理位置周边车辆应答后，预约成功，网约车运输服务交易生效。在该协议下，平台公司作为中间搭桥人，并没有提供租车服务，而仅为乘客和出租车服务供应商之间提供信息技术支持，而真正缔结合同的是乘客和提供用车服务的网约车。对于提供信息技术服务协议模式下进行的网约车服务，乘坐网约车发生自身人身伤害、财产灭失纠纷或造成他人人身伤害、财产灭失的，应由出租车服务供应商与乘客协商解决，或者走诉讼途径按照传统人身伤害或财产灭失纠纷案依法依规处理，平台公司对网约车提供的网约车服务造成的侵权损失不承担损害赔偿责任。但是平台公司应当严格把好审核关，对进入网约平台的车辆和驾驶员严格按照《暂行办法》规定进行审核，未经严格审核，私放不合规的网约车辆或驾驶员进行网约活动，造成侵权的，平台公司承担相应的过错责任。同时，平台公司应当遵守国家网络和信息安全的有关规定，对所采集的个人信息和生产的业务数据进行安全保密，严禁滥用或兜售私人信息。

三、具体侵权类型下赔偿责任主体认定

◇◇ （一）交通事故侵权

在网约车服务过程中，发生交通事故侵权而责任又在网约车驾驶员一方，并且保险金额不足以赔付乘客的损失时，保险不足以覆盖的部分赔偿应如何分担？

对于劳动合同模式下的网约车服务，由于网约车驾驶员属于平台公司的工作人员，其提供的网约服务也在执行工作任务的范畴内，所以无论驾驶员是否有主观过错，发生交通事故导致人身受伤或财产损害、灭失的赔偿责任均由网约平台公司承担无过错主体责任。当发生保险额不足以赔付损失时，出于民法上的信赖原则，理应由平台公司承担保险额不足赔付部分。

对于挂靠协议模式下的网约车服务，网约车驾驶员是以平台公司的名义，驾驶自己的车辆进行网约车经营活动，平台公司定期收取一定的费用。在这种情况下，网约车发生交通事故后，按常理，首先想到的赔偿责任主体是挂靠公司（网约车平台公司），其次是网约车驾驶员，但考虑到"互联网+出行"模式的特殊性，建议在挂靠协议模式下，由网约车驾驶员承担侵权损害赔偿主体

责任，尽到合理审查义务的平台公司承担补充连带赔偿的责任。

对于信息技术服务协议模式下的交通事故侵权，由于平台公司只是为乘公客和出租车服务商提供信息技术服务，不介入供需双方的出租车服务合同，因而平台公司不承担侵权赔偿责任。但如果发生网约车驾驶员逃匿等情形，则平台公司负有协助调查以及提供信息、证据等责任。因此，在信息技术服务协议模式下的交通事故侵权，由出租车服务提供商承担侵权赔偿责任，或者根据相关法律法规，按照传统出租车交通事故侵权赔偿责任主体认定方式来处理。

◇ （二）人身损害侵权

对于网约车驾驶员与乘客相互发生人身损害的情形，基本侵权赔偿责任由加害人承担。

在劳动合同模式下，由于网约车驾驶员是在提供网约车服务过程中造成乘客损害的，即在执行工作任务范畴内造成的损害由平台公司承担无过错的替代责任，即使网约车驾驶员对侵权损害的发生具有故意或者重大过失，亦不对外承担侵权赔偿责任，平台公司也不得以网约车驾驶员存在故意或者重大过失为由抗辩受害人的赔偿请求。

对于挂靠协议模式下的人身损害侵权，基本责任由加害方承担，但是由于平台公司对挂靠的网约车有审查义务，这既是《暂行办法》对平台公司的要求，也是平台公司得到消费者认可的基础，同时也体现了企业所承担的社会责任。尽到合理审查义务的平台公司理应对经济补偿承担一定责任，未尽到合理审查的平台公司应承担一定比例的侵权赔偿责任。

对于信息技术服务协议模式下的人身损害侵权，平台公司不承担侵权赔偿责任，赔偿责任由加害方承担。如果加害方是出租车服务提供，则可按照传统出租车人身损害侵权来处理。

◇ （三）个人信息侵权

对于利用乘客信息资料实施的侵权行为包括两个方面：一方面，平台公司泄露或者非法使用乘客的信息导致的侵权，则由平台公司承担民事赔偿责任；另一方面，网约车驾驶员泄露乘客个人信息或者利用个人信息骚扰乘客导致的侵权，应当坚持"责任自负"原则。即使在劳动合同模式下，由于网约车驾驶员泄露乘客个人信息或者利用个人信息骚扰乘客的侵权行为，并不是在执行工作任务，属于个人行文，应当为自己的侵权行为承担责任，平台公司不再承担无过错的替代责任，但是平台公司负有协助警方调查以及对违规的网约车驾驶员进行处理的责任。例如 2016 年 7 月 10 日下午，广州某高校大三女生小敏（化名）被网约车驾驶员编造开房信息，发布在色情网站上，并公布受害人的手机号码与微信头像。网约车驾驶员捏造、散布谣言，泄露受害人的个人信息，严重侵犯了小敏的隐私权。在该案中，滴滴公司在确认网约车驾驶员侵犯乘客的个人隐私后，立即采取措施，冻结涉案网约车驾驶员账户，对驾驶员进行永久封禁处理，并积极配合公安等相关部门的调查。因此，对于利用乘客的个人信息实施的侵权行为，应当坚持责任自负原则，由加害方承担侵权赔偿责任，若加害方为网约车司机，则平台公司有协助提供乘客情况的相关证据的义务。

《暂行办法》赋予了网约车合法身份，并将网约车纳入综合交通运输体系中的出租车管理体系，作为公共交通的补充。网约车这个新兴事物，随着网约车业务量增大而不断激增，在快速发展壮大的同时不可避免地产生了大量的事故纠纷。《暂行办法》规定了基本法律框架，在基础法律框架下，虽按照现有的法律规定，厘清了网约车平台与驾驶员、乘客之间基础法律关系，对正确认定网约车侵权赔偿责任主体和解决运营过程中的法律纠纷将起重要作用，但新事物的发展不可避免地将带来新的法律问题。按照现有法律解决新问题，会有失公允，不利于网约车行业持续健康发展。呼吁立法部门针对"互联网+"发展的特殊性，认真分析研判网约车运营过程中出现的相关法律问题，尽快出台新的法律法规，用确切的条文加以明确，有效保障网约车运营安全和乘客合法权益。

第八章
未成年人犯罪问题的调查与思考
——以 R 县未成年人犯罪为视角

近年来，R 县未成年人犯罪量虽有起伏，但发展趋势不容乐观，2009 年未成年人犯罪被判刑 44 人，2010 年 88 人，2011 年 55 人，2012 年 83 人，2013 年 47 人，2014 年 37 人，2015 年 48 人，2016 年 62 人。这与社会大环境变化有关，也与未成年人思想道德建设和法治建设息息相关。因此，认真分析 R 县近年来未成年人犯罪的特点和原因，积极采取预防措施，加强未成年人思想道德及法治教育，引导和帮助未成年人从小树立崇尚道德、尊重生命、感恩社会、敬畏法律的人生观、价值观，意义十分重大。

一、未成年人犯罪的特点

◇◇（一）犯罪心理

从犯罪心理来看，共同犯罪、结伙作案多，团伙犯罪趋势增强。由于未成年人年龄小、思想不成熟且依附性强，他们在实施违法犯罪时有胆怯心理，认为单独作案势单力薄，往往就纠集多人，形成"作案氛围"，一哄而上，既互相壮胆，又分工合作。2010 年的春节前后，R 县某职业技术学校的学生吕某（15 岁）先后同比其年龄小的钟某等 17 人，手持匕首、砍刀等在城区抢劫在校学生、老年人等，共作案 11 起。这伙未成年人仗着人多，作案时有恃无恐，不分时间和场所作案。

◇（二）犯罪动机

从犯罪动机来看，暴力性、突发性、偶发性、临时起兴犯罪多，作案手段凶残，不计后果。未成年人生理发育快于心理发展，导致其思想不成熟、自控能力差，易受外界影响、易冲动、易走极端。相当数量的未成年人犯罪没有明确的目的，没有预谋，表现出很大的盲目性。因琐事或小节发生纠纷乃至犯罪的也不在少数。有的甚至是看不惯别人言行就实施加害行为，一时逞强从而导致犯罪。或行凶杀人、严重伤害，或暴力抢劫，或实施强奸，犯罪手段恶劣，带有一定程度的疯狂性。2009—2013 年年底，R 县未成年人犯罪共立案调查 376 人，其中抢劫的有 157 人、故意伤害的有 21 人、强奸的有 14 人、故意杀人的有 4 人，暴力犯罪比例达 52%。2011 年 1 月 4 日下午，R 县 FJ 镇某学校在校学生张某（13 岁，男）与同校的孟某（7 岁，女）一起放学回家，因孟某不让张某玩她的卡片，张某就地拾起瓦片砸向孟某头部。随后，张某因担心孟某向其父母告状，又从地上捡起砖头猛砸孟某头部。待孟某倒地后，又对其实施强奸。

◇（三）未成年犯成长环境

从未成年犯的成长环境来看，复杂家庭里出生和成长，监管和教育缺失的居多。近年来 R 县所发生的未成年人犯罪案件中，多数未成年人来自单亲家庭、贫穷家庭、组合家庭、问题家庭。他们的成长往往被忽视，家长疏于引导，使其缺乏有效监管和管教，不辨是非美丑，贪图享受，法律意识不强。

◇（四）教育改造

从未成年罪犯的教育改造情况来看，反复性强，再次犯罪比例较高。违法犯罪的未成年人，既有可塑性强、易于被改造的一面，同时也存在着较大的反复性。尤其是将未成年犯人与成年罪犯一起关押，其相互影响、"交叉感染"的概率增大，可能导致未成年犯人学会更多的犯罪"技术"，由原来的"一面手"变成"多面手"，且胆子更大，再次犯罪率较高，反侦查意识更强。

二、未成年人犯罪的原因分析

◇◇（一）自身因素

未成年人自身思想道德素质的高低决定其是否能抵制诱惑和刺激，甚至走向违法犯罪的关键。一是思想道德素质不高。游手好闲、好逸恶劳、不辨是非美丑、贪图虚荣、争强好胜，如长期混迹于社会闲杂人员之中，开支增大而又得不到满足，加上法治观念的缺失等，一旦受外界因素的影响、刺激，很容易走向犯罪道路。二是辨别能力差。未成年人阅历浅，缺乏社会经验，对许多社会现象和问题的认识带有表面性和片面性，世界观和人生观还没有成型，很容易"近朱者赤，近墨者黑"。吕某从 13 岁起就进网吧玩暴力游戏、上色情网站，自从迷上网络，就不用心读书，经常从父母那里骗钱去网吧，怕被父母发现便模仿影视情节，抢劫比自己年幼的人的钱物用于上网。2011 年，年满 16 岁的吕某因多次在 R 县城区抢劫、强奸被抓获。

◇◇（二）家庭原因

家庭是社会的细胞，细胞能正常发育，整个肌体才能健康地成长。家庭稳定，社会才能稳定。同时，家庭又是孩子的第一学校，父母是孩子的第一启蒙教师，其一举一动、一言一行都对孩子起着潜移默化的作用。亲密和谐的家庭关系、正常良好的家庭教育，是每一个孩子健康成长首要条件，也是每一个父母应尽的责任。家庭结构失调、家长不良言行熏染以及教育方法不当都极可能导致未成年人走上违法犯罪的道路。"问题家庭出问题少年"，"问题孩子是问题家庭的代言人"就是这个道理，对未成年人采用期待型、溺爱型、管制型、放纵型教育，以及家庭失和、家暴频发等问题都是未成年人走上违法犯罪道路的诱发原因。

◇◇（三）学校原因

学校教育对未成年人的成长、发展和良好思想道德的树立起着重要作用。学校教育不足往往直接影响到未成年人的健康成长。主要表现为：一是对学生的思想教育重视不够。无论是在教学内容上，还是在教育管理上，大多数学校偏重于文化知识的灌输，法治和思想道德教育缺失，有的学校虽然设了法制课，但方法不当，使学生兴趣不高，在一定程度上流于形式，在提高学生法治素质和综合素质方面没有发挥应有的作用。二是学校对学生的消极行为发现、制止不力，思想教育工作者的业务素质有待提高。学校生活是群体生活，一些学生在家庭和亲人面前表现不出来的缺点和不足之处，往往会在社会中暴露出来，如欺诈行为、贪小便宜、小偷小摸、异性交往不正常、不健康心理素质等，一些学校对此视而不见，疏于管理，或是教育感化方法单一，缺少因材施教的手段。久而久之，有过失的学生就会变本加厉、为所欲为，逐渐走上违法犯罪的道路。三是学校跟着"应试教育"的指挥棒走，片面追求升学率。一个地方教育工作的好坏，一个学校教育质量的高低，一个学校领导的政绩评价，一个教师的水平评判，仅用"升学率"来衡量和体现，都是影响学生全面发展的诱因。学校中，学习好的学生往往受到青睐，可开小灶，学习差的学生则受到歧视和排挤，结果是差距越拉越大。好学生一旦考试落榜，则感前途无望，万念俱灰；差学生则破罐破摔，厌学、辍学，这两种情况都容易导致问题学生出现。四是学校普遍缺少心理辅导教师，心理辅导需求跟不上发展需要。学校缺少对未成年人思想道德教育规律和心理发展规律的研究和思考，缺少对不健康心态、心理的正确干预和矫正，千篇一律施教于情况各异的学生，都是导致学生心理问题倍发的因素。

◇◇（四）社会原因

不良社会环境的影响是未成年人犯罪的直接原因。一是社会公德及社会法律意识淡薄、法律氛围缺失。一些游戏厅、歌舞厅、网吧经营业主,利欲熏心,贪图眼前利益,对国家的法律法规置若罔闻,致使一些未成年人沉迷于此,心灵遭受毒害,理想被严重扭曲。他们为满足自己的超前消费和感官刺激,而逐步走向抢劫、盗窃、抢劫等犯罪。R县近3年未成年人抢劫、盗窃犯罪案件中,非法所得的钱物几乎都用于上网。二是媒体缺少应有的社会担当。近年来,一些媒体在宣传报道和影视剧中过分渲染暴恐、血腥等细节以博取眼球,导致部分青少年模仿,逐步演变为犯罪。三是社会风气的负面影响。贪腐、拜金主义、享乐主义、愤世嫉俗和浮躁思维等社会负能量潜移默化地影响着未成年人思想道德的树立和法治意识的形成。

◇ (五)司法原因

司法机关是预防未成年人违法犯罪的最后一道屏障,过与不及都是大碍。一是执法司法机关办案指导思想出现偏差,在办理未成年人犯罪案件中,没有认真研究未成年人身心特点,就案办案,没有开展深入的预防社会调查。前些年,一味强调打击、追求数据上的政绩,对未成年人过多地使用羁押措施,又没有分类羁押,导致"交叉感染"严重。二是在预防工作方面各自为政,没有形成合力。预防未成年人违法犯罪工作浮在表面,措施落实不到基层,长效工作机制尚未形成。

三、预防未成年人犯罪的建议

◇ (一)自身预防

未成年人的主观因素是预防犯罪的根本。一是要加强自身素质的培养和提高,增加抵御犯罪感染的能力。这是预防未成年人犯罪的根本性措施。"人之初,性本善",尽管未成年人还处于识别能力和自控能力都比较差的阶段,但对于真善美与假恶丑还是有一定的分辨能力的。二是家庭、学校、社会应形成合力。着力培养未成年人遵守社会公德规范和法律法规的观念，变"法制"教育为"法治"教育，不仅要"授人以鱼"，更要"授人以渔"。让未成年人学习、领会和掌握法律，懂得什么是受道德约束的，违反道德约束将受到谴责和惩戒；什么是违法犯罪行为，违法犯罪会受到法律的制裁。提高未成年人的思想道德和法律素养，让未成年人掌握如何保护自己、如何识别违法犯罪行为、如何理智对待不法人员的控制和侵害，从而帮助他们树立正确的世界观、人生观。

◇◇ **（二）家庭预防**

家庭教育是第一教育，家长或监护人是第一责任人。预防未成年人年犯罪，提高其思想道德和法律修养，首先应从家庭抓起。家庭的环境，父母的教育方法、道德观念和行为规范，都直接影响着孩子的成长，对孩子良好品行的形成起着潜移默化的作用。家庭的和睦和适当的教育方法有助于孩子养成良好的生活习惯，塑造正确的世界观和人生观，从而有效地防止其犯罪心理和行为的产生。一是立法明确责任认证。明文规定为人父母者，须依法通过强制家庭责任教育培训认证认可，取得"上岗资格证"。二是加强对家庭成员的培训与指导。通过政府引导、社会志愿者参与，开办家长学校、社区家长中心，开展亲子教育、亲子活动，带动年青家长反思总结自己的教育方式方法，让家长明白，自己不仅有抚助未成年人身体健康成长之责，更有辅助未成年人心理健康发展之义务。特别是针对当前农村普遍存在的"留守儿童"问题，国家和政府在有序推进新型城镇化、改革完善户籍管理政策、鼓励家长或监护人在增加家庭收入的同时，引导青壮年回乡创业、就业，提倡花更多的时间与孩子同处一地，增进亲情、增加沟通，关心关注未成年人的成长。三是鼓励家长或监护人，与孩子或未成年被监护人开展平等互动的交流，营造民主和谐的家庭氛围。政府、社会、学校采取评选"三好家庭""和睦家庭"和"学习型家庭"创建等多种模式，引导家庭逐步转变"黄荆棍子下出好人""老子一统天下"的传统意识。

◇◇ （三）学校预防

学校在未成年人思想道德树立和法律法规认识中起着至关重要的作用。一是学校应加大对学生权利义务教育。学校应教育和引导学生了解他们应尽的公民义务、应有的权利和违法犯罪的性质、遵守纪律的重要性、犯罪的种种后果、刑事司法制度及预防犯罪的方式。二是学校应全面贯彻国家的教育方针。对未成年学生进行德育、智育、体育、美育、劳动教育以及社会生活指导和青春期教育，彻底改变片面追求升学率的办学指导思想和做法，真正实现从"应试教育"向"素质教育"的转变。三是中小学校必须配备专门的法治课教师。不仅要搞好文化课教学，同时还要利用课余时间，对学生进行丰富多彩的法制教育活动，"走出去"，组织学生到警示教育基地、法治体验场馆、法治实践基地；"请进来"，聘请法律工作者、法治专家、心理辅导师、一线法官、一线检察官及反面典型案例等，通过观看法治教育片、现身说法、举案说法、模拟法庭审判、咨询问答等方式，让广大中小学生懂得自己的权利和义务，知道什么行为是社会提倡和法律允许的，什么行为是法律禁止的，什么行为是违法的，如何才能做到知法、懂法、畏法和守法等。四是中小学逐步配备心理辅导教师。利用心理辅导、干预、矫正，及时发现和纠正学生在平常学习和生活中的不良表现。五是充分发挥社会志愿组织和志愿者的作用。发挥共青团、少先队、家长会、关工委、关心留守儿童工作团、"假日学校"、预防未成年违法犯罪工作团等的作用，让社会、老师、家长和学生互动，形成合力，交流思想，沟通感情，增进了解，共同做好未成年人思想政治工作。

◇◇ （四）社会预防

未成年人最终是要融入社会的。社会实践是检验未成年人教育成功与否的关键，也是预防未成年人违法犯罪的最后一道防线。社会预防，主要是指净化社会环境，给未成年人创造一个有利于其身心健康的良好的社会环境。政府是其中最重要的一个角色。一是要切实加强基础教育。保障普及义务教育，让所有的未成年人平等获得学习机会，让他们丰富知识，提高文化素质，加强思想品德修养和法律意识。二是要采取切实有效措施，净化社会环境。深化社会主义核心价值观宣传教育，特别是通过生动的视频、影音，宣传党的十八大以来，党和国家落实"八项规定"，掀起"打虎拍蝇"、正风肃纪所取得的重大成效，用正反两方面的教育、宣传和引导，营造社会正能量。整合基层党政干部、社会志愿者、网格员等力量，进一步净化校园及周边环境，让未成年人在安全、健康、向上的环境中学习成长。推进预防、教育、打击等立体化社会治安防控体系建设，依法打击一切违法犯罪行为，深入开展反腐倡廉，防止"黄、赌、毒"和暴恐、血腥、反动等不良因素对未成年人的感染和侵害。三是执法司法机关要有作为有担当。对那些涉嫌遗弃、虐待、家暴未成年家庭成员的，执法司法机关和基层组织应杜绝以"清官难断家务事"为借口而不闻不问的情形发生，做到及时介入、依法介入、适时介入和开展依法惩戒和打击，必要时依法撤换监护人、提起公诉等。四是成立必要的未成年人保护组织或中介机构。赋予其监督协调职责，对发生家暴、被家庭遗弃、虐待等不法行为的，家庭其他成员不作为，而政府和其他机关难以作为的，依法代理未成年人提起民事诉讼，保护其身心健康。五是要与成年犯罪区别对待。对未成年违法犯罪人员宜依法采取教育感化为主、惩戒改造为辅的方式进行教育改造。对于处在犯罪边缘的以及刑释解教的未成年人，由所在地公安机关、基层组织、学校及家长配合帮助其改过自新、巩固成效；对已经实施了违法犯罪行为，造成恶劣后果及影响的未成年人，公诉机关、审判机关和司法行政机关依法采取轻判、缓刑和社区矫正的方式，为其创造一个改过的机会。2012 年 6 月，R 县在县检察院设立未成年人刑事案件监察科，专事未成年人刑事犯罪案件的批捕、起诉工作。该科成立 5 年多来，通过与侦办机关和审判机关合作，在批捕阶段依法不批捕 91 人（占受理人数的 39%），在起诉阶段依法不诉（含其他）20 人（详见附表）（占受理人数的 7.7%），挽救了一批未成年人，教育感化了一批人，也拯救了一批濒临解体的家庭，社会反响良好，社会效益十分明显。

附表　　　　2012 年以来 R 县检察院未成年人
刑事案件检察科办案情况统计表　　　　（单位：人）

年份（年）	批捕阶段			起诉阶段				备注
	受理（件）	批捕（件）	不批捕（件）	受理（件）	起诉（件）	不诉（件）	其他	
2012	55	45	10	62	58	1	建议撤案 3 人	下半年数据
2013	66	46	20	50	47	—	附条件不诉 3 人	
2014	48	35	13	39	37	—	2	
2015	46	19	27	48	43	—	附条件不诉 5 人	
2016	48	27	21	62	56	3	附条件不诉 3 人	

第二部分
信访维稳篇

第一章
社会矛盾的预防、预测、预警评估机制

　　社会矛盾是推动社会进步的动力，也是社会发生动荡的根源。近年来，涉及未成年人的舆情事件频频曝光，如贵州毕节五位 7～13 岁的孩子为避寒躲在垃圾箱里点火取暖致窒息身亡；泸县某中学初二学生坠楼死亡；山东的辱母案等。这些事件引起了社会的广泛关注，也对政府舆情处置提出了更高的要求。

一、舆情处置出现的问题

◇◇ （一）官方回应"正在调查"后不再有下文

　　互联网时代常提"互联网中没有后天"，正是当下信息更新快、热门话题速朽式更迭的写照。于是，面对复杂舆情，不少责任部门会心怀侥幸，只以标准化、程式化的方式回应。比如，泸县某中学学生坠楼事件。在通报给出"排除他杀"之后，官方既没有将调查结果公开，也没有对证据做进一步解释，更没有针对性地回答网民疑问，只是在后续不断传递"死亡原因为高楼坠伤、无其他暴力加害"的信息。这种不做解释只强调结果的做法，反复照搬结论的简单回应，明显缺乏说服力，也很难打消公众心中的疑惑。

◇◇ （二）删除微博、微信，治标不治本

　　事件发生后，面对质疑时，官方会以"删除"来逃避问题，或不正面回

答问题。这种敷衍行为导致网友持续责骂相关部门，甚至对相关部门进行非理性攻击。比如，泸县某中学学生坠楼事件。在舆情初始，面对如潮般的质疑声，官方在线上采取了删帖等言论管控方式，在线下采取了警方封路维稳等方式，甚至限制记者采访。这明显反映出涉事地方对于当下舆论环境缺乏必要认识，以"捂、堵、删"这些老式思维进行危机应对。殊不知在自媒体时代，政府对事件处置的一举一动都处在舆论聚光灯下，"捂盖子"的危机公关方式已经明显落后于时代发展的要求。

◇◇ （三）避而不谈，久拖不决

4月1日6时20分，四川省泸州市泸县某中学的14岁学生赵某坠楼身亡。舆情爆发后，多个视频和图片内容在网络中被疯传，其中众多谣言夹杂、真假难辨，成为舆论热议焦点。面对铺天盖地的传言和舆论追问，涉事政府一直处于被动局面，一直到4月5日晚间，官方才首次对谣言做出了明确回应，可谓迟缓。直至4月7日，事实的真相才有了权威性的定论。在此期间，网络谣言横飞，部分网民自发在微博中进行辟谣和释疑。而此时官方微博却在逐个转发网民的辟谣信息，以此方式进行澄清。作为涉事政府部门，此时不主动发布辟谣信息、不主动占领舆论场，而是以转发网民微博的方式间接辟谣，更是给事实的真相蒙上了一层神秘的面纱，让公众的情绪也随之波动。

二、舆情处置不当的原因

首先，涉舆单位思想不重视，盲目自大。舆情发生后，涉舆单位往往急于将调查结论抛出，容易被网友质疑官方回应太过敷衍和草率。在没有确实、客观的证据前，官方匆忙加以定论，难免令人感觉不够认真负责，很可能进一步刺激舆情升温。在舆情升温后，官方出于各种考虑，往往会选择放弃与主流媒体沟通的机会，甚至对于媒体采访进行限制，通过自己的官方媒体平台进行报道，但面对全国性重大舆情事件，如此微弱的信息声量完全无法与"全国性舆情事件"的量级相匹配。这种闭目塞听、盲目自大的心态，让很多涉舆单位放弃了舆论引导的主动权。面对铺天盖地的传言和舆论追问，涉舆单位常常由于缺乏舆情敏感度和对网络传播规律的不当认识，使权威信息持续缺位，导致谣言四起。

其次，舆情应对方式不当。舆情初始，面对如潮般质疑声，官方线上采取了删帖等言论管控方式，线下采取了警方封路维稳等方式，甚至限制记者采访。这明显反映出涉事单位对于当下舆论环境缺乏必要认识，还在以"捂、堵、删"这些老式思维进行危机应对。殊不知在自媒体时代，政府对事件处置的一举一动都处在舆论聚光灯下，用"捂盖子"的危机公关方式已经明显落后于时代发展的要求。

最后，舆论监督难。网络始终是虚拟的空间，网名在网络上大都具有匿名的特点，难以监管，所以一些网民不仅匿名在网络上表达自己的真实想法，甚至通过网络上散布虚假、恶意信息，误导舆论。现代社会，任何企业和单位的工作都离不开互联网，网络已经融入到了我们生活的各个角落。庞大的网民数量，促使互联网应用空前的繁荣，同时也使网络舆情更容易发生，影响更为深远。

三、舆情应对"六不要"原则

网络舆情发生后，我们既要克服侥幸心理，避免错误认识，又必须沉着冷静，以端正的态度、灵活的方法、得当的措施，坚持"六不要"原则引导、处置舆情事件。

（1）不要慌。舆情发生后，事件曝光于公众视眼，面对口无遮拦的评论、主观武断的结论，涉舆单位容易乱中出错。坦然地接受事件的发生，有助于理性平和地化解舆情。

（2）不要怕。面对社会公众的喧哗、质疑，畏惧害怕是不能解决任何问题的，勇敢面对是解决问题的第一步。

（3）不要躲。事件发生后，各路媒体蜂拥而至，记者八面云集，推三阻四、避而不见的做法只会导致舆情泛滥，丧失处置、引导舆情的主动权。

（4）不要堵。"沧海桑田、舆论滔天，引无数网友竞相点击"。不报告事件发生的原因、经过、不更新事件调查结论，以灭火心态处置舆情会加剧网友的猜疑，造成更严重的社会危机。

（5）不要拖。"拖一拖就会过去"的时代已经过去，网络的传播速度无法预测，久拖不决会将问题越拖越严重，最终葬送自己的公信力和网络形象。

（6）不要纵。面对铺天盖地的舆论压力，以妥协退让的方式纵容媒体和舆论，不仅不利于公众了解事件的真相，反而可能损害自己的形象。

四、政府如何应对网络舆情

积极应对网络风波，处置网络舆情成为政府的最佳选择。第一，重视互联网。把网络作为日益强势的新兴媒体来对待；把关注网络舆情当作一种工作常态来坚持；把引导网络舆情作为一种能力来锻炼，高度重视网络建设，主动掌握网络技术，充分利用网络资源，大力发挥网络作用，切实把互联网建设好利用好、管理好。第二，舆情发生后尽量在第一时间发布新闻，赢得话语权。先入为主，掌握主导权。通过事实透明的信息、开放式的报道、人本化的沟通，促进网络民间力量与政府力量良性互动，产生积极效应。报道中，不姑息不袒护任何一方方可避免危机。回应中讲究方式方法，避免意外生枝节。第三，在舆情应对中充分发挥主场优势。政府掌握的信息远比网民个人所了解的信息全面，且具有权威性。宣传部门要充分发挥媒体优势，不失语、不妄语，发挥信息优势，学会有节奏地抛出系统化的专业信息，利用政府与民间的信息不对称，有力地引导舆论。第四，建立政府网络舆情预判预警机制。通过建立预判预警机制，政府可以有计划、有目的地对网络舆情进行干预。如在收集和分析舆情信息时发现了负面信息，则可以通过报道正面消息冲淡负面信息的影响。第五，建立政府网络舆情危机处理机制。公共危机事件的发生实际上是社会系统由有序向无序发展，最终爆发突发性危机事件的过程。因此，设立综合性决策协调机构和常设的办事机构，有利于加强政府部门间的协调以提高处置重大突发事件能力。

五、检察机关如何应对网络舆情

贵州毕节五位 7~13 岁的孩子为避寒躲在垃圾箱里点火取暖窒息身亡；泸县某中学初二学生坠楼死亡；山东的辱母案等事件均涉及未成年人。从上述舆情事件中可以看出检察机关在应对网络舆情时还存在一些问题。表现在以下几个方面：一是观念不适应。部分检察干警对互联网带来的冲击认识不足，重视不够，缺乏舆情可能引发危机事件的敏感性。二是目前尚未形成掌握、预警、处置网络舆情的工作机制。不能果断处理，从而错过了最佳处理时机。三是应对方法不妥当。对网络舆情不说、不善说、不及时说，甚至乱说，不善与媒体沟通，从而引起社会网民的更大质疑。

因此，涉未网络舆情发生后，检察机关立足检察职能，对舆情可能带来的负面影响高度重视，及时解决更应沉着冷静，快速反应，积极应对，妥善处理，主要从以下几个方面入手：

首先，高度重视涉检网络舆情工作。对网络舆情重视不够、危机意识不强，会失去引导舆情发展方向的主动权和控制力，导致舆情危机的爆发。检察机关应当将涉检网络舆情工作摆上重要议事日程，及时学习相关文件和参与舆情处置培训，突出应对网络舆情的重要性与紧迫性。

其次，严格公正执法，规范执法行为，主动应对和处置网络舆情。如何从根本上减少涉检网络舆情的发生，取决于检察机关自身公信力的不断提高。第一，提高执法公信力。检察机关需不断提高自己的执法水平和办案质量，严格遵守各项纪律，完善内部制约和监督机制，力图在办案环节发现问题，解决问题。第二，深化检务公开，及时披露信息。通过检务公开平台加强检察机关与社会民众的交流。在人员的安排上，招纳熟识网络知识的人员组成网评队伍。

一方面加大公开的力度、创新公开的形式，比如：每年定期采取"检察开放日"的形式将办案职责、流程、处置舆情情况在网上公开。另一方面由专职人员负责网上监测、信息上报等工作，利用百度、谷歌等搜索引擎，对涉检敏感字眼进行搜索，及时发现潜在危机。

再次，加强联系，上下联动。检察机关发现或其他部门人员发现涉及检察机关的网络舆情后，应及时报告单位领导。由领导根据舆情的客观性决定是否上报或通报其他部门。上下各级检察机关和左右各级部门联动，相互通气，会形成党政机关和司法系统应对涉检舆情的合力，沉着有力地应对涉检舆情。

又次，身先士卒，积极引导涉检网络舆情走向。当涉检网络舆情出现时，检察机关应当积极参与其中，介入事件调查，了解事件的真实情况，分情况处理。第一，对于情况属实的批评性舆情要及时纠错，通过正当途径公开答复，以正视听。也可以借助专家学者、政法学校从中立、专业的角度化解社会公众的法律疑惑。对网民的误解，检察机关要及时解答，必要时可以邀请人民代表、人民监督员做出解释，重获公众的信任。第二，对情况不属实的、纯属造谣的舆论，检察机关要及时找出事件的当事人，对其造谣背后的真相予以了解，安抚平息其负面情绪。通过技术网络手段，对造谣信息予以制止。必要时召开新闻发布会，对事件的真相予以公布，并附相关依据予以证实。

最后，建立掌握、预警、处置机制，规范、有序、长效地应对涉检舆情。检察机关应根据自身特点与需求，建立适合网络舆情的掌握机制。联合相关部门、上级部门聘请专业人士，研发建立或购买一套涉检网络舆情采集、搜索报警系统，使得舆情信息在24小时内都在检察机关的监测控制下。检察机关应成立处置网络舆情领导小组，领导各部门做好舆情应对的相关工作。检察机关在舆情信息处置上需坚持妥善应对、及时处理，网上应对需分部管理、分级负责。一经核实，属于涉检信息，填写舆情信息处理流程单，按程序办理。对恶意攻击、散布谣言、造成严重影响的有害信息，及时处理。

总之，司法公正与言论自由都是当今社会所推崇与保护的价值观念。网络为社会大众言论的载体，因网络空间的虚拟，导致网络舆情传播速度快、可控性较差。在网络舆论快速发展的时代，涉检网络舆情应对机制的构建和完善并非一夕之功。我们每名检察干警在舆情面前需做到"六不怕"，在执法、生活过程中小心谨慎，从我做起。舆情发生后要沉着冷静、快速反应、积极应对、妥善处理，从根本上提高检察机关社会公信力，从源头上消除涉检网络舆情危机滋生的土壤，积极探索适合本院应对网络舆情引发社会矛盾的预防、预测、预警评估机制。

第二章
依法治访对策研究

　　信访工作是党和政府联系人民群众的桥梁和纽带，是反映社情民意的晴雨表，承载着政治参与、民意汇集、解决纠纷、权利救济、社会减压等众多社会功能，在构建和谐社会中发挥重要作用。随着社会转型发展带来的各类社会矛盾的急剧增长，加之群众法律意识淡薄、个别干部主动作为思想松懈、信访渠道不够畅通、体制机制不健全等原因，导致群众信"访"不信"法"、信"上"不信"下"，越级访、集体访、重复访等非正常上访不断增加，基层信访工作压力、工作难度越来越大，工作投入与工作成效不成比例，严重扰乱了正常的信访秩序。

　　随着我国改革开放的深入推进，社会利益格局的调整，群众思想观念的更新，各类利益群体诉求相互交织碰撞，社会稳定成为衡量社会和谐的关键因素。信访制度作为维护社会稳定的一项政治制度，在现实中发挥着重要作用。然而在信访实践中，由于信访人利益交杂、信访制度本身等原因，非正常信访相伴而生，且呈现出越演越烈之态势，进而引发一系列的社会问题，给社会的稳定造成了一些负面影响。加强对非正常上访的治理，成为当前各级党委、政府亟待研究和解决的重要课题。

一、当前基层非正常上访的现状及影响

◇（一）非正常上访及其特点

根据中华人民共和国《信访条例》第十八条、第二十条的规定，非正常上访是指信访人不到指定的场所和按逐级信访的程序到有权处理信访事项的机关或组织提出诉求，而是采取蓄意、过激的、相关法律法规明确限制或禁止的方式，以集体访、闹访、缠访、越级访等形态影响党政机关办公秩序，损害社会治安秩序，妨害国家安全和公共安全等行为。非正常上访主要具有以下一些特点。

1. 非正常上访人行为偏执

这类群体就是现实生活中老上访户，也是令各级党委、政府头疼的群体。他们往往因一些无理诉求或过高的诉求，不断到各级党政部门进行纠缠，特别是把"进京访"作为漫天要价的筹码。这类群体性格怪异、行为偏执、以自我为中心，不易接受别人的意见和建议；上访时间较长，一访就是几年、十几年甚至多达几十年；上访频率高，把上访作为职业，经常出入于各级信访部门、党政机关之间；上访动机强，专挑重要敏感节点上访，给各级政府施加压力。影视作品《我不是潘金莲》女主人公李雪莲，就是现实生活中的信访老户。为了证实自己不是假离婚，为了一个基层政府解决不了、法院也解决不了的个人诉求，从而走上了漫漫上访长路，其经历和遭遇确实值得同情，但其固执的个性、偏执的行为确实也影响了正常信访秩序。

2. 非正常上访具有违法性

这种行为一般发生在一些突发事件当中（如交通事故、医患纠纷、劳资冲突），当事人往往因情绪失控、言行偏激，采取一些过激甚至违法行为，以

期引起领导和相关部门的重视。为了达到快速解决问题,获得更多的利益,他们往往采用拉横幅、下跪、哭诉、静坐、堵路、堵门的方式,甚至冲击党政机关办公场所;有的还以跳楼、跳河、自杀、自焚、攻击弱势群体等方式相胁迫;有的还利用媒体不明真相,借助网络进行大肆渲染炒作,借助社会舆论施加压力。这种行为极易成为群体性事件的引爆点,具有较强的社会危害性。

3. 非正常上访抱团发展

过去,非正常上访较多的集中表现为个体的信访老户越级访、进京访,因其涉及人数较少,社会负面影响不大。随着形势的发展,非正常上访逐渐演变成为相关利益群体相互串联、抱团发展,具有一定的组织性、策划性,社会负面影响极大。这类群体往往是一些涉众型经济犯罪的受害者群体、个别利益群体(如当前的涉军、移民、90年代大中专毕业生、代课教师),他们基于共同的利益诉求结成利益同盟,开展有组织、有计划、有目的的群体性上访,往往冲击党政机关、堵车断道,在敏感场进行聚集、游行,与公安干警、信访工作人员发生冲突,有的推选骨干集资上访,经常到各地交流"经验",坚持以制造声势、扩大社会影响,给各级党委、政府部门施加压力。

4. 非正常上访的动机较强

非正常信访者通常会选择一些比较特殊时期和敏感节点进行上访,一是希望能够引起国家高层领导的重视,二是给地方各级施加压力。因此,全国"两会"、地方各级党代会、人代会等重要会议期间,全国和地方各级重要活动期间,往往成为这些信访者上访的最佳时机。

◇◇ **(二)基层非正常上访现状**

1. 非正常上访形势越来越严峻

笔者对D县近5年的信访数据进行了统计(见表1)。

表 1　　　　　　　　D 县近 5 年信访数据统计表

信访	2012 年		2013 年		2014 年		2015 年		2016 年	
	批次	人次	批次	人次	批次	人次	批次	人次	批次	人次
进京	0	0	8	9	2	2	3	7	8	9
到省	7	16	10	21	21	24	11	120	13	26
到市	51	178	57	121	53	242	27	52	29	105
到县	285	1 142	309	1 752	343	1 580	360	1 264	428	1 563
集体访	45	763	60	685	57	928	72	1 340	94	1 068
重复访	14	30	63	301	26	225	10	366	7	35
来信	17 件		43 件		44 件		50 件		28 件	
网民留言	无		33 件		47 件		25 件		40 件	
电话访	无		8 件		9 件		12 件		8 件	

党的十八大以来，党中央、国务院始终高度重视信访工作，不断加强和改进新形势下信访工作。建立健全党和政府主导的维护群众权益机制，畅通和拓宽群众利益诉求表达渠道，群众反映的大量合理诉求及时得到解决，大量矛盾纠纷得到有效化解。但随着经济体制深刻变革，社会结构深刻变动，利益格局深刻调整，思想观念深刻变化，大量的社会矛盾和问题通过信访渠道反映出来，尤其是一些事关人民群众切身利益的矛盾日益凸显。一方面，说明在社会快速发展的同时也伴随滋生了大量社会矛盾，这是需要我们正视的，也是需要我们各级党委、政府下大力气解决的。另一方面，进京、到省越级访，集体访数据上升，说明群众非正常上访呈增长趋势，这是一个不良苗头和信号，各级党委、政府部门需要引起高度警醒和重视。

2. 基层应对非正常上访处境尴尬

在县级层面，乡镇和部门既是解决问题的责任主体，同时也是重点人员稳控的责任主体。面对信访人的无理诉求或过高诉求，一方面乡镇和部门无法解决信访人反映的问题，只能采取能拖则拖、能缓则缓的办法；另一方面，每逢重要敏感节点到来，为完成上级信访考核指标，基层干部不得不"八仙过海，各显神通"，耗费大量的人、财、物，来确保"零进京、零聚集"工作目标实现。于是就有了公费旅游上访户、按月领"工资"的信访户、信访专业户、"销号"等令人啼笑皆非的做法。最终导致非法信访越演越烈。

3. 非正常上访化解难度较大

非正常上访涉及问题大多数是一些信访老案、积案。这些问题成因较为复杂，加之时间跨度长，经手人员较多，调查取证难，当事人诉求过高等诸多因素影响，最终导致大多信访事项"法了民不了""案结事不了"。

4. 非正常上访恶性循环

当前，面对信访责任的追究，在化解信访问题时，为了能够实现"息诉息访"，往往是有政策按政策办，没政策的创造条件办理，所谓打政策"擦边球"。特别是在攻坚信访老户的问题时，发动一切可以利用的资源，穷尽一切方式方法，通过给予上访者一定的利益，比如适当经济补偿、困难救助、为其解决工作问题，并与当事人签订息访协议。这样一来，上访人相互攀比，形成了"会哭的孩子有奶吃"：政府越怕上访，我越是上访，上访就会得到利益，由此形成"上访—劝返—再上访"的恶性循环圈。

◇◇ **（三）非正常上访的社会危害性**

1. 正常信访秩序受到干扰

我国《信访条例》第二十条规定，在国家机关办公场所周围、公共场所非法聚集、围堵、冲击国家机关或在信访接待场所滞留、滋事等非正常上访行为，经劝阻、批评教育无效的，由公安机关予以警告、训诫或者制止，违反有关法规的，由公安机关依法处理。但在实践中，一些上访人缠访、闹访、非正常上访的现象屡见不鲜，经反复教育疏导仍然无效，而强行带离又无充分的政策依据，导致信访秩序工作压力较大。

2. 社会负面影响较大

绝大多数非正常上访人抱着"大闹大解决、小闹小解决、不闹不解决"

的心态，采取过激行为，故意制造或扩大事端，造成较大的社会影响。诸如聚集堵路、冲击党政机关、拉横幅、打标语，甚至借助网络大肆进行舆论炒作，其社会危害性是非正常上访演变成为群体性事件。这类事件极易被敌对势力插手利用，成为影响国家安全、政权稳定的社会问题。

3. 司法公信力受到冲击

当前，我们各级政府在处置发生的重复访、越级访、信访群体事件等仍然主要依靠行政手段解决，许多信访案件特别是积案、陈案、老案的最终处理也都依赖于领导指示、批示，而非真正意义上的依法办事，这在一定程度上强化了信访心目中"人情大于法、领导大于法"的"人治"观念，从而遇到问题时，不走正常渠道和途径解决，而是通过上访，规避法律约束，得到自己最满意的结果。客观上弱化了司法的权威，对法治建设具有较大的破坏性。

二、非正常上访原因分析

产生非正常上访的原因很多：既有主观因素，也有客观因素；既有制度原因，也有人为原因。

◇◇（一）信访考核导向不够科学

考核是上级对下级工作业绩的一种评价方式，直接决定和影响着下级的工作方向。当前，中央和地方各级都高度重视信访工作，但是过多的越级访和集体访，导致社会秩序不堪重负。为了缓解这一矛盾，不得不对越级访、集体访严格加以控制。于是，到省进京访的考核通报、信访责任追究、领导包案等工作机制出台，基层信访干部的压力也随之而来。为了完成上级信访目标考核，基层政府不惜耗费大量的人、财、物来确保"零上访、零进京"；为了化解信访积案、老案，个别时候不得不突破法律、政策，满足信访人不合理诉求；为了能成功劝返信访人，个别时候也只能委曲求全。因此，各种信访乱象也相伴而生、恶性循环。

◇◇ （二）信访立法相对滞后

法律是调整和约束公民行为规范的准则，是规范无序状态或预防无序状态的一种手段。当前，我国的信访法规是国务院《信访条例》和一些相关地方性法规规章，尚未建立完备、统一的信访法制，信访法律法规数量少，效力低，缺乏权威，约束力不强，这与当前需要建立的大信访格局不相适应。首先，现行《信访条例》只是就上访人和受理机关应当做出哪些行为和不得做出哪些行为，进行了相应的规定。而对信访人、被信访人、受理机关应当享有哪些权利，应当履行哪些义务，没有做出相应的规定。其次，对非正常上访缺乏强有力的处置措施，尤其是对违法及恶意信访行为缺乏有力的打击和震慑，使信访人存在侥幸心理，钻法律的空子，随心所欲使用信访权，以获取非法目的。最后，对于非正常上访采取何种方式解决，没有统一规定，造成了基层在处理案件时，大多采取法律以外的手段进行解决，违反了依法行政原则。

◇◇ （三）群众法律意识淡薄

法律意识包括权利意识和义务意识。当前，人民群众的维权意识日益增强，反映诉求的欲望不断提高。在信访过程中，部分信访人片面注重权利而忽略义务，将"依法"和"维权"分离开来，只"维权"不"依法"。一是"信上不信下"。上访群众认为凡事找上级、找领导，就能解决问题。二是"信闹不信法"。少数信访人为了追求利益最大化，抓住政府"怕出事"的软肋，采取随意聚集、封堵道路、围堵机关的方式，加重自身的谈判筹码。这不仅破坏了信访秩序，更造成严重的社会负面影响。这些现象主要是受传统封建"人治"思想影响，也与当前法律尚未树立起绝对权威有关，信访人抱有"法不责众"的心理，对法律敬畏之心不足。

◇◇ （四）初信初访办理不到位

大量的重复访、越级访源自于初信初访办理不到位，群众诉求得不到有效的回应和解决。上访人员只能将问题向上级信访部门反映，上级部门再按程序转基层办理。个别部门在调查处理问题上存在推诿扯皮，不是以解决问题为目的，往往玩文字游戏，导致问题久拖不决。甚至个别责任领导和部门在包案过程中"空包、空转"，问题得不到有效解决，最终形成信访积案、老案。

◇ （五）基层干部作风不实

面对越演越烈的非正常上访，基层干部对上访人的言行苦不堪言，甚至是非常反感；同时，少数基层部门和干部对待群众信访存在作风不实、敷衍了事现象，发现问题不能及时介入，发展成集访、越级访才仓促处理。个别基层干部不作为或在执行政策过程中变形走样、优亲厚友，导致群众对基层干部信任感下降，干群关系对立紧张，政府公信力受到影响。

三、依法治访对策思考

依法治访是指对政府信访受理部门的权力和公民信访权利进行规范、管理，使其处于法律允许的范围之内。一方面要求公民在进行信访活动时，必须遵守国家法律，不能破坏公共秩序和财产，不能有违法犯罪活动；另一方面政府信访受理机关必须保护公民合法的信访权益，切实解决信访人的合法诉求。

◇ （一）推进信访立法，依法规范操作

1. 推进信访立法

进一步明确信访部门的职能、机构、地位、作用，赋予信访部门协调权、调查权、质询权、建议权、督查权、责任追究权，建立"大信访"工作格局，促使信访工作在法治轨道上运行。

2. 重视程序规范

改变过去轻责、重权，重实际、轻程序的不合理现象。在制定相应的法律时，要充分考虑设计规范行政权力的运行，确保公民权利实行的具体步骤和保

障机制，明确当公民权利受到侵犯时政府救济的渠道和途径，做到程序公平公正，提高政府部门行政效率，降低政府部门行政成本，方便广大人民群众。

3. 树立法治权威

各级党政部门要牢固树立依法执政、依法行政的理念，严格依法办事，尽量不使用批示、指示、打招呼等方式来解决信访问题。通过普法宣传，引导群众学法、知法、懂法、守法，重视法治权威，更多地依照法律法规，通过司法渠道来解决信访问题。

◇◇ （二）完善工作机制，倡导科学导向

1. 完善信访考核机制

信访考核问责机制必须立足于信访事项的解决，既考核一个地方信访量，更应考核地方各级对信访问题解决。因此，要弱化对进京访、非访数量的考核通报，重点考核地方各级对信访案件的办理情况。对进京访、非访案件列入省、市挂牌督查督办的重点案件，定期进行督导、回访。凡进京访 2 次的或到省集访 1 次的列为市级挂牌重点督办案件；凡进京访 3 次及以上的或到省 2 次以上集访的列为省级挂牌重点督办案件。督导考核重点不仅是看信访问题的化解，更应检查在解决问题时是否依法合理，是否存在"花钱买平安"的现象存在。通过给基层各级松绑，从围追堵截上访群众中解脱出来，切实把工作着力点放在解决信访问题上。

2. 完善责任倒查追究机制

要建立自上而下的责任倒查追究工作机制，压实基层解决信访问题的责任。通过信访信息系统的联网运用，对越级上访的上级信访部门不再受理，直接告知回户籍地反映问题；对经过基层处理的信访问题，逐级进行责任倒查。为什么问题没有得到解决，是政策问题，还是行政不作为、作风不扎实？特别是对工作不作为、乱作为和不落实，侵害信访人合法权益，引发越级信访的，严格进行责任追究。

3. 进一步拓宽诉求表达机制

可充分利用网络资源优势，积极推广"网上信访""绿色邮政""专线电话""手机短信""政务微博""信访代理""民情直通车""视频接访""党群活动日"等方式，建立起"信、访、网、电"等多位一体的信访沟通平台，为信访人提供方便、快捷的服务，实现"足不出户"就能逐级反映问题，减少信访成本，尽量减少走访和越级访。加快全国信访信息系统的推广和应用，及时录入信访人的诉求和公开处理结果，实现信访信息互通、资源共享，避免重复登记和交办。

◇ （三）强化事项办理，防止问题上行

1. 提升初信初访办结率

对初信初访严格落实"首问负责"和"首办负责"制，按照"诉求合理的问题解决到位；诉求无理的教育疏导到位；生活困难的帮扶救助到位；行为违法的依法打击到位"原则，认真负责地办理每封来信、接待每一次来访，全面推行信访案件分类提速处理办法，提高信访事项优质办结率，做到"件件有着落、事事有回音"，确保高效、优质、低成本解决信访问题，努力把问题解决在基层，把矛盾化解在"当地"，实现"小事不出村、大事不出镇、重大问题不出县、矛盾不上交"。

2. 强力攻坚信访积案

通过信访联席研判、领导包案等方式，综合运用法律、行政、经济等手段和困难帮扶、公开听证、教育疏导等方法，做到"一案一策、一事一策、一人一策"，逐案销账，坚决防止推诿扯皮、敷衍塞责。

3. 落实三级结终

新《信访条例》第三十五条规定："信访人对信访事项处理、复查、复核意见不服，仍然以同一事实和理由提出投诉请求的，各级人民政府信访工作机构和其他行政机关不再受理"。当前，信访事项往往是终而不结，成为一个"老大难"问题。要健全科学、高效、权威的信访处理、复查、复核"三级终

结"机制，对已经"三级终结"的信访事项，仍然长期缠访、闹访、扰乱社会秩序的，由公安机关收集固定证据，依法予以打击处理。

◇◇（四）工作重心前移，强化源头治理

1. 强化社会风险评估

完善行政决策规则和程序，推进行政决策的科学化、民主化、法治化。把公众参与、专家论证、风险评估、合法性审查和集体讨论决定作为重大决策的必经程序。特别是在企业改革、征地拆迁等涉及群众切身利益的重大项目上，要充分听取群众意见，对于大多数群众不赞成或不理解、不支持的事情，不办或缓办，尽量从源头上减少、防止信访问题的发生，有效控制社会冲突和风险。

2. 强化依法行政

推进依法行政、加快建设法治政府，既是依法治国的关键，也是减少信访问题，维护社会和谐稳定的关键。一是政府依法对人民进行管理，保证社会健康发展和良好秩序。要牢固树立"有法可依、有法必依、执法必严、违法必究"的法治理念，要通过行政执法实体、程序的规范化，切实解决好"以权代法、以权谋私、依罚执法和行政不作为"等现象，把依法行政贯穿、渗透于改革、发展和稳定的各项工作中。二是人民通过《中华人民共和国宪法》（以下简称《宪法》）和法律对国家机关及其工作人员进行有效的监督管理。许多群众在信访中反映的"权钱交易、权权交易、滥用权力"等现象，都是因为行政行为缺乏必要的监督机制造成的。因此要进一步加强和发挥纪检部门、司法部门、新闻媒体和网络舆论的监督作用，对失职渎职的违法违纪行为严肃追究责任。通过强化首办责任制，建立健全行政执法主体资格制度，推行行政执法责任制，落实责任倒查，通过行政透明、政务公开，把政府及官员置于公众的监督之下，让依法行政得以真正地实现。

3. 密切干群关系

要深入推进"走基层转作风解难题办实事"活动，始终把重点民生问题

摆在突出位置，帮助群众解决上学、看病、就业、安居、饮水、出行、用电、通讯等民生问题，用实际行动赢得群众的理解、信任与支持。要深入推进"大接访、大下访"活动，通过带案下访和包案处理信访案件，切实把大量的矛盾化解在基层、纠纷调处在基层，切实扭转个别群众"信上不信下、遇事找领导"的错误观念。

第三章
维稳跟着项目走

"维稳跟着项目走"工作举措有三点：一是项目实施前风险评估跟进。坚持把项目稳定风险评估作为项目实施的必经前置程序，未依法依规开展评估造成重大损失或引发群体性事件的，必须严肃追究责任。二是项目实施中保障服务跟进。强化项目工地及其周边治安环境整治和矛盾纠纷化解，强化应急处突。三是项目投产后延续服务跟进。指导企业落实维稳综治领导责任制，组织开展企地共建，为企业发展营造宽松稳定环境。重大项目，是指在本地经济社会发展中，事关人民群众切身利益，牵涉面广、影响深远，易引发不稳定问题的重点工程建设、重大活动等。重大项目社会稳定风险评估化解机制，是指对重大项目在制定、出台及实施后可能发生危害社会稳定的诸因素进行分析研判，评估发生危害社会稳定的可能性，运用政策策略，做好危害预防及准备措施，防范、降低、消除危害社会稳定的风险。建立重大项目社会稳定风险评估化解机制，对于进一步提高各级党委和政府依法决策、科学决策、民主决策水平，正确处理人民内部矛盾，从源头上预防和减少不稳定因素，把各种矛盾纠纷化解在基层、解决在萌芽状态，具有重要的作用。

一、重大项目引发的社会稳定风险对构建 社会主义和谐社会形成重大威胁

我们在前进的过程中，面临多重风险与考验。重大项目建设引发的社会稳定风险就是其中一项。必须加快推进重大项目社会稳定风险评估制度建设，并形成健全有效的约束机制和激励机制，才能使"关口"前移，变"保稳定"为"促稳定"；才能切实保证民主管理走上制度化、规范化、程序化的轨道；才能从源头上预防和减少社会安全隐患；才能确保改革的力度、发展的速度和社会可承受的程度有机结合起来；才能保证人民群众的合法权益得以维护，尽量将社会矛盾纠纷事态消除在萌芽状态。

最近几年，接连爆发的群体性事件，引起了全社会的深刻反思。这些事件的发生，都有偶然性，然而偶然性背后的必然性，更值得我们思考。北京大学社会学系教授夏学銮指出："这几起事件给我们的一个深刻警示是，在关系群众的切身利益问题上，政府决不能麻木不仁，无所作为，而必须有作为、早作为，畅通各种利益诉求渠道，及时解决群众的各种诉求，不能让百姓言论成为'堰塞湖'。在矛盾凸显期，各级领导干部不应回避矛盾，只能将'小事拖大，大事拖炸'，最后积重难返。"此后，群体性事件引起全社会的高度重视，但后来发生的乌坎事件，说明引发的群体性事件的根源未消除。重大项目引发的群体性事件时有发生，特别是在城市拆迁，耕地征用，企业改制等涉及群众切身利益的事件中，更容易引发。因此，建立重大项目社会稳定风险评估化解机制十分紧迫。

从我国各地实际来看，各地建设的重大项目，一方面事关一个地区的发展大局，另一方面，又涉及广大群众的切实利益，涉及面广，一旦处理不慎，容易引发群众的不满情绪，造成群众与政府的对抗，危及社会稳定。通过建立重大项目有可能引发的不稳定因素做出分析，有利于提高决策的可行性。把稳定问题纳入评估，实际是对项目的全面思索，既考虑可行因素，也要考虑非可行因素，提高重大项目的科学决策。从这些年我国群体性事件爆发的时段看，多

发生在重大决策、重要政策出台实施、重大改革举措推出、重点工程建设项目建设等时段。对重大项目进行社会稳定风险评估，相当于对重大项目过程中有可能引发群体性事件的诸多问题做了一次过滤，对预防群体性事件的发生非常有效。

二、重大项目对社会和谐稳定的影响因素解析

重大项目引发社会不稳定，其成因复杂，但根本的一点不容忽视，那就是忽视了群众的根本利益。群众利益被侵害，必然有怨言，"物不平则鸣"。但具体来说，涉及具体的重大项目，其引发不稳定的原因是复杂的，多方面的，也是长期积累的结果。

◇◇（一）我国改革开放 40 年，整个社会发生了重大变化，社会存在不稳定因素

改革开放以来，我国发展速度之快，社会面貌变化之大，老百姓得到实惠之多，国际地位提升之高，世界瞩目。但我们必须看到，在发展取得成就的同时，面临着许许多多的困难，有来自经济领域的，也有来自非经济领域的；有来自国内的，也有来自国际社会的。这些社会矛盾积累到一定程度，如果处理不好，便会爆发不稳定事件。

随着社会的发展进步，公民权利意识的逐步觉醒，传统的官民治理模式走向式微。改革开放所带来的经济发展、民主与法律制度的逐步健全，使得我国公民的权利意识开始觉醒，公民精神也在逐渐培育之中。北京大学公民社会研究中心发布的 2016 年十大公民社会事件，反映出公民开始多途径、多角度地参与社会建设。参与的方式是以个人的身份和个体的权利来参与，这样的参与度大大增强，说明了公民权利意识的觉醒。政府面对频发的公共事件紧急应对正成为常态，这也加大了公共政策出台的强度和速度。中国公民正在以前所未有的公民热忱和个体的权利自觉，通过公益慈善、公共事件、公民事件、公共

政策四个领域，认真积极地投入到社会建设中去。现在必须改变传统的"维稳"思维，要从公民建设的角度认识问题。党委政府必须与民众协商，倾听他们的声音与诉求，找到共同点，找到解决问题的途径。

在改革开放的过程中，群众的价值观发生了重大变化，有好的方面，比如法治意识、市场意识、权利意识，但也存在扭曲的方面，比如追求金钱、自私自利，不顾及社会整体利益。这就造成部分群众急于求富，希望一夜暴富的心态不同程度存在，一旦心理期待的利益与现实的补偿政策存在较大落差，便引起心里失衡和认识上的偏差，引发怨气和不满；还有部分人心存不满，借机煽风点火，挑起事端，抓住一些地方官员害怕出事的心理，借机提出不合理要求。这些都是容易使部分涉及利益的群众采取过激行为，闹事、集体上访、上街游行，等等。

◇ （二）有些地方政府和部门在实际工作中还存在诸多不足

一是对于重大项目可能引发的不稳定因素思想认识不到位。对于社会稳定，我们要坚持动态的稳定观，不能把不出事就看作稳定，社会在保持发展、活力、稳定的同时，必须有较快的发展速度，不断改善人民群众文化生活，为稳定而稳定，没有多少意义。但在一些地方，对稳定工作存在认识上的偏差，工作中存在患得患失、抓稳定怕影响发展、抓安全怕影响生产、抓环保怕影响投资，工作缺乏系统性，对重大项目实施过程中社会稳定风险评估意识不强，不出问题就不抓、出了问题当"救火兵"的现象仍然存在。再就是对各种不稳定的预警性信息不敏感，处置不及时，不能及时反映问题。一旦出现问题，不知如何有效应对，容易引起事态扩大。在一些地方，官员陷入维稳"陷阱"，"一些地方政府在某种程度上已经陷入了手段与目的之间的本末倒置，把本来只是一时手段的维稳当做了目的，导致维稳扩大化、产业化，法律的尊严，社会的正义，都让位于稳定。但维稳不但没能稳定，反而增加了紧张与敌对情绪，结果就是进一步增加维稳的人员和经费，形成恶性循环，从而深陷其中难以自拔。"

二是有的地方政府与部门一味追求 GDP，仓促出台政策或者上马大型项目。在实际工作中，还广泛存在片面追求 GDP、追求地方税收现象。这些工作思维的存在，就造成了一些地方在项目论证、审批、推进等环节存在瑕疵，甚至采用"先上车，后买票"的方式，仓促上马工程项目，侵犯了群众利益。有的在项目建设、城市改造过程中，对每个征地项目未能落实征前告知、征地确认、听证和批后公告制度；在拆迁补偿安置工作中，对拆迁安置工作管理，未能妥善安置，引起群众不满。这些都是引起群体性事件的重要诱因。

三是相关热点领域，政策制定落后于现实，造成政策困境。如我国至今没有农村房屋拆迁、安置、补偿的办法和标准，使农村房屋拆迁安置陷入了政策困境，只能变通地参照城镇房屋拆迁政策；同时，如何确定权属，给予适当的补偿和后续保障，在法律法规方面还是空白。由于目前的征地拆迁政策对这些群体的利益分配没有明确的规定，处理办法依据不足，随意性较大，容易引发群体性纠纷。

◇◇ （三）群众的利益诉求机制不健全

重大项目容易引发社会不稳定，一个主要因素是重大项目实施过程中利益分配不合理，普通群众的利益诉求得不到合理表达与满足，现行的群众利益诉求表达机制还存在一些不容忽视的问题。在我国，长期存在的民主与法治精神欠缺，使得群众的参与意识、群体意识和权利意识明显不足，对自己的利益诉求普遍缺乏理性思考，这种情况在我国广大农村地区表现得尤为明显。在利益诉求渠道方面，表现为比较单一与缺乏，群众的利益表达渠道不畅通。

由于我国的利益诉求表达主体受自身条件的限制，加上利益诉求表达的渠道不畅通，在合理利益诉求受到阻挠的情况下，一些利益诉求表达主体容易采取一种非理性的方式进行表达，特别是那些在利益分化中处于不利地位的弱势群体，更倾向于用非理性的方式进行表达。同时，我国不同群体的利益表达能力差异巨大，越是社会底层的民众，利益表达的能力越弱，矛盾积累到一定程度，就会突然爆发，引起社会不稳定。

三、现有社会稳定风险评估机制的主要问题

为进一步发挥社会稳定风险评估的积极作用，需要对评估指标、程序和结果利用方式等进行系统反思，找出能够进一步完善的环节，为采取改进措施奠定基础。目前社会稳定风险评估机制主要存在以下问题。

◇◇ （一）在指标设定上，没有严格遵循社会稳定风险评估视角

1. 没有严格区分风险评估与问题评估

风险是损失出现的可能性，存在不确定。但一些评估指标的内容评估的不是风险，而是问题。例如，在多数文件中，合法性被约定为：是否符合相关法律、法规要求；是否符合党的路线、方针、政策；是否符合中央和省、市党委政府制定的规范性文件精神；是否符合审查报批等法定程序。这些内容大都是可直接对照的问题，不存在不确定性，不需要进行风险评估。再如"程序性"指标的相关规定也都可以用确定方式加以检查，并不需要风险评估。

2. 没有严格区分社会稳定风险评估与项目可行性评估

社会稳定风险评估是要评估那些不利于社会稳定的现象发生的可能性。尽管很多因素都与此有关，但评估考虑的应是那些最直接的因素。可惜的是现行指标体系中的一些评估指标并不直接涉及社会稳定风险。

3. 没有严格区分社会稳定风险与风险控制能力

社会稳定风险是指发生不利于社会稳定现象的可能性，尽管在评估中应当考虑对这些不利现象的控制能力，但它本身并不应当成为风险高低的指标。但在多数评估指标体系中，却将危险发生后的控制作为社会稳定风险本身的重要因素。

4. 评估指标的表述方式没有采用风险用语

评估指标的表述不是从风险的角度，而是从无风险的角度，采用的不是风险用语，而是正面词语，如"合法性""合理性""安全性""可行性""可控

性""程序性""廉洁性"等。这种正面表述尽管会给人以更多的安全感，但同时也会造成评估角度偏离对风险的评价。

◇◇ **（二）在评估对象上，没有区分事项与方案被评估对象是"事项"还是"方案"，存在显著差别**

事项确定的是目标，方案确定的是达到目标的路径。风险评估既要考虑目标存在的风险，更要考虑事项实施方案存在的风险。一个事项可以有多种实施方案，不同方案的风险存在巨大差别。如果将事项等同于方案，那么就会由于一个方案的风险过大而否定整个事项，忽略了可能存在其他风险更小的方案。但在目前的评估对象上，并没有对评估的备选方案做出具体要求。这种笼统不加区分的评估对象设定，可能会导致评估的简单化结论，或是由于评估方案的修改而导致低效率的反复评估。

◇◇ **（三）在评估过程上，没有明确设置方案调整环节当某些项目方案被评估为风险过高时，可以通过调整方案来降低风险**

一些地方政府的相关文件，对此"调整"进行了描述，但多数文件对此没有详细规定。尽管各地的评估机制在形成评估报告的环节中包括了对策建议和对各方意见的采纳情况等要求，但如果没有明确设置方案调整环节，便会导致以下问题：无法确定风险评估的结果是原方案风险还是调整后的风险；若是原方案风险，则无法确定通过采纳各方建议究竟使原风险降低了多少；若是调整后的风险，则无法确定这种风险是否通过了严格的评估过程；无法严格监督通过评估后的方案执行者是否严格遵守声称采纳的各方建议。

◇◇ **（四）没有明确事项的重要性与风险承受之间的关系**

在面对不同事项时，政府意愿以及能为此动员的资源是不同的。比如，在实践中，上级可能会安排必须完成的"硬任务"，此时，本级政府或部门并没有选择"做"与"不做"的权利，而只能选择通过风险评估，尽可能地优化实施方案。

◇ **（五）评估主体独立性、依据客观性与表述确定性均显不足**

1. 评估主体独立性不足

"谁决策、准评估、谁负责"的原则体现了权利和责任的统一，也能够促使主管部门、建设单位增强风险意识，对新政策、新项目可能对社会稳定造成的负面影响给予足够重视。但自己评估自己的内在矛盾也很突出。其一，中立性不足。难免会将自己的倾向性意见渗透其中，收集有利于自己的论据，做出有利于自己的结论。其二，专业性不足。风险评估需要掌握问卷设计、概率抽样、数据处理等很多专业技巧，自己评估自己，很难在评估过程中尽可能运用现代科技手段，很难实现评估科学化和专业化。

2. 评估依据客观性不足

尽管社会稳定风险主要涉及人们的主观意愿和主张，但这种意愿和主张仍然可以找到一些客观线索，如统计以往用同样方式处理同类事项所引发的社会反应，便可得到一些客观数据，为评估提供依据。但现实的评估很少就这些客观的依据提出要求，从而使评估结果的主观色彩过强。

3. 评估表述确定性不足

社会稳定风险评估旨在降低不利后果发生的可能性，需要相对精确的语言来描述和分析。现有规定至少在以下方面缺乏确定性：对需要评估的事项的规定模糊，"重大""敏感"等作为社会风险评估范畴的"标准"很难把握；绝大多数文件对政府之外的主体的参与表述含糊；评估的具体参考指标缺乏可操作性，如是否满足群众利益诉求、群体性事件等很难把握；对风险等级的规定缺乏实质性区分。

四、完善社会稳定风险评估机制的对策建议

对于重大项目可能引发的社会不稳定，要从全局高度着眼，充分考虑改

革、发展、稳定三者之间的关系，从维护人民群众的根本利益出发，建立切实可行的办法，既要保持可持续发展，又要切实落实科学发展观的要求，保证社会安定祥和。具体来说，主要从以下几个方面着手：

（一）各级党委政府要高度重视重大项目社会稳定风险，解决思想认识问题

充分发挥各级党委政府的领导核心作用，调动各方面的积极性。各地党委、政府负责组织本辖区内的社会稳定风险评估工作；各部门负责组织本部门主管领域、行业的社会稳定风险评估工作；各企事业单位负责组织本单位和所涉及主要范围的社会稳定风险评估工作；各级党委应发挥核心领导作用，自觉把重大项目社会稳定风险评估工作纳入项目的决策体系，发挥好示范、导向作用。同时要经常讨论、研究社会稳定风险评估工作存在的问题和困难，做好评估工作的重大决策，要引领和推动本地的重大项目社会稳定风险评估工作。要高度重视评估工作重大决策的实施，建立健全和严格执行风险评估责任追究制度，加强维护社会稳定工作领导小组特别是其办公室的建设，并充分发挥其在重大项目社会稳定风险评估工作的备案、协调等作用。各级政府应增强重大项目社会稳定风险评估意识，认真贯彻落实党委关于社会稳定风险评估工作的决策，加强对行政系统重大项目社会稳定风险评估工作的领导，坚持在重大项目抉择、审批中把好社会稳定风险评估关的同时，指导、督促各部门以及下级政府开展好风险评估工作，配合党委严格执行重大项目社会稳定风险评估责任追究制度。另外，各级政府要努力为重大项目社会稳定风险评估制度的顺利实施、评估工作顺利开展提供必要的人力、物力、财力保障。

（二）进一步完善重大项目实施中群众的利益诉求机制

国务院新闻办公室发布的《国家人权行动计划》指出，中国将健全群众利益诉求表达机制，不断畅通和拓宽信访渠道。中国将落实信访条例，推广和完善"绿色邮政""网上信访""专线电话""视频接访""信访代理"等做

法。坚持各级领导干部阅批群众来信，推进领导干部接访下访，加强信访信息系统的建设和推广应用。继续加强国家投诉受理中心建设，构建快速高效受理群众诉求的综合平台。中国将畅通各种渠道，依法保障公民的言论自由和表达权。国家机关及其工作人员应当通过多种方式与公众进行交流，了解公众意愿，征求公众意见。尊重和保障参加人民政协的各党派团体、各族各界人士在政协的各种会议上发表意见、开展视察、提出提案、反映社情民意、参与调查和检查活动等权利。保障企事业单位职工的表达权。发挥社会团体的利益诉求表达功能有着广阔的发展空间。在党委政府统一领导下，重点加强工会、共青团和全国妇联反映各自所联系的社会成员利益诉求表达的功能，充分发挥社团、行业组织、城乡基层自治组织的作用，促进政府与群众之间的良性互动与合作。同时，还应健全利益群体的博弈机制和规则，使其依照正当程序运转，为不同利益群体之间日常性沟通提供平台，使他们能够经常协商对话，相互理解，相互协调，有效减少不同群体对现实利益关系的偏见和误读，提高利益诉求表达的现实性和合理性。

充分发挥报纸、电视、广播、网络等在维护群众利益诉求中的作用。新闻媒体被称为"第四权力"，作为社会弱势群体表达利益诉求的公共渠道，具有无可比拟的优势。新闻媒体报道的重大、典型事件，不仅能够催生社会舆论，而且可让政府及时获悉情况快速处理问题。新闻媒体应做好化解矛盾、增进理解的沟通平台，自觉担负起应有的社会责任，从而形成积极良好的社会舆论氛围。

◇（三）围绕风险设置评估指标，区分风险与失控风险两种估值

评估指标的设定要与风险直接相关，不应考虑那些确定的事项，从而使评估重点集中在具有不确定性的风险方面。同时，要区分风险、风险控制和失控风险。风险根据项目及其实施方案来评估，风险控制能力根据政府的控制和化解手段来评估。这两种评估结果产生的是两个可以相互抵消的值：风险控制能力可以减少风险造成的部分损失，风险也可能超过政府风险控制能力的可及范

围，使政府控制能力失灵。应当将风险评估与风险控制能力评估分别进行。用项目本身的风险减去政府的风险控制能力，得出失控风险值。这样就产生了两种风险估值：一个是项目本身的风险估值，一个是考虑政府风险控制能力后的失控风险估值。

◇◇ （四）进一步完善重大项目的筛选、分类、应对等措施

最近几年，各地不断出台了重大项目社会稳定风险评估办法，这些办法的出台，促进了各地对重大项目社会稳定风险的评估，但也存在不足。在实际工作中，我们仍然要建立准确可行的重大项目筛选机制，对于什么项目属于重大项目，要根据各地具体情况，认真筛选。过于宽泛或者过于狭窄，都不利于社会和谐稳定。定义过于宽泛，会造成行政成本上升，定义过于狭窄，会造成遗漏，失去社会预警的积极意义。一般来说，有可能在一定范围或一定时间内对人民群众生产生活造成影响的建设项目，再就是关系广大群众切身利益的社会就业、企业排污等敏感问题，都必须进行社会稳定风险评估，制定有效应对机制。在评估过程中，注重提升评估质量，对重大项目进行科学分类，划分等级。可以根据工作需要，把事关一个地区民生、经济社会发展的重大项目，由当地党委牵头，组织专家进行科学评估。这方面的重大项目，应该作为重中之重。一般地，关系一个地方经济社会发展的项目，由主管部门或单位社会风险评估等级进行申报，展开评估工作。根据不同的等级，制定不同的应对措施，避免浪费人力、物力、财力。

重大项目社会稳定风险评估，要达到有效化解社会风险的目的，必须严格程序，不能走过场。从现在各地出台的办法来看，一般是成立由各方面专家组成的评估工作组，下设专家评估小组、律师评估小组、政府维稳部门负责人评估小组、群众评估小组。评估小组坚持独立工作，实事求是的工作原则，明确工作任务，制定评估方案，展开评估工作。各小组通过多种渠道，深入实地、深入基层、深入群众、了解真实情况，征求直接利益群体的意见和建议。对搜集的各种信息，进行认真分析，去伪存真，科学论证。根据分析结果，界定社会风险等

级，一般可划分为三个等级，一级为重大风险，二级为较大风险，三级为一般风险。然后汇总评估结果，形成评估报告，报政府社会风险评估领导和部门。

在实际工作中，要进一步抓好重大项目评估工作整改的落实环节。现在各地都存在一个情况，就是重评估、轻落实。重大项目社会稳定风险评估制定的各种预案，要发挥其作用，必须在落实环节做好工作。重大项目出台实施后，要根据实施意见，落实化解不稳定因素、维护社会稳定的具体措施，对可能出现的不稳定因素要制定应急预案，有针对性地做好群众工作。在重大项目实施过程中出现新的重大不稳定因素，责任单位应及时研究新情况、解决新问题，并对重大项目做出调整，严防影响社会稳定的重大问题发生。一旦发生影响社会稳定的重大事件，要立即启动应急预案，及时妥善处置，把影响、损失降到最低。

第四章
司法强拆社会稳定风险评估机制研究

2011 年 1 月 21 日，国务院公布的《国有土地上房屋征收与补偿条例》将社会稳定风险评估与司法强拆紧密联系在一起。然而，条例实施以来，社会稳定风险评估机制并没有发挥应有的"阻却风险"的作用，拆迁血案依旧频频发生，稳评制度本身也存在缺陷。经济分权、市场化改革与地方发展型政府模式带来了当代中国经济建设的高速发展，然而伴随改革红利的渐次消退，地方经济分权所附带的各类社会矛盾逐步递增，尤其在房屋拆迁，特别是强制拆迁中激发了大量的群体性事件与社会抗争现象。

面对频频发生的拆迁血案，2011 年 1 月 21 日，国务院公布了修订并重新命名的《国有土地上房屋征收与补偿条例》（以下简称"新条例"）。新条例与原《城市房屋拆迁管理条例》相比有诸多的进步，特别是新条例取消了行政强制拆除权，房屋强制搬迁行为必须由人民政府依法申请人民法院强制执行。另一方面，新条例第十二条明确规定，"市、县级人民政府做出房屋征收决定前，应当按照有关规定进行社会稳定风险评估"，这条规定使得新条例成为全国首个将"社会稳定风险评估"（以下简称"稳评"）作为行政程序写进法律条款中的行政法规。稳评作为由地方首创的一种特殊的行政程序，得到了中央的认可推广，并开始与司法强拆紧密联系在一起，社会各界寄予厚望，认为其标志着野蛮暴力拆迁的终结。然而，新条例实施以来，稳评机制并没有发挥应有的"阻却风险"的作用，拆迁血案依旧频频发生，稳评制度本身也存在缺陷。本书通过对司法强拆稳评的现状考察，探寻司法强拆稳评实践中存在的问题，分析司法强拆稳评功能失衡的原因，拟从实践层面建构完善司法强拆稳评机制。

一、司法强拆稳评的现状考察

2012 年 3 月 26 日，最高人民法院公布的《关于办理申请人民法院强制执行国有土地上房屋征收补偿决定案件若干问题的规定》第二条再次强调申请机关向人民法院申请强制执行，除提供《条例》第二十八条规定的强制执行申请书及附具材料外，还应当提供下列材料：（三）社会稳定风险评估材料。各级法院也意识到稳评的重要性，对于未进行这一工作的强制执行申请不予受理。另外，在农村集体土地征收拆迁的非诉执行实践中，很多法院也参照《关于办理申请人民法院强制执行国有土地上房屋征收补偿决定案件若干问题的规定》要求申请机关提供稳评材料。但是，司法强拆稳评实践中还存在着突出问题，具体表现在以下几个方面：

◇◇ （一）稳评主体单一，中立性不足

对房屋强制拆迁进行稳评时，一般由申请主体负责评估和判定强制拆迁是

否会引发社会稳定风险。同一部门既负责申请强制执行又负责评估和判定，既当"运动员"又当"裁判员"，其偏好和利益必然会直接影响稳评结论的客观性，最后风险评估的结果往往是肯定而非否定的，这样的风险评估容易变成"走程序"。

◇◇ （二）评估报告内容表面化

从实践来看，申请机关提供的稳评材料主要采取出具书面评估报告的形式进行，笔者在调查中发现很多评估报告侧重点在合法性分析和现场组织工作的安排，对风险点的分析只是简略描述几句，最终就得出结论"存在的风险小，强制执行可以组织实施"。

◇◇ （三）法院审查形式化

有学者在新条例出台后对 32 家法院"司法强拆"案件审查标准做了访谈问卷，其中 17 家法院选择"合法性审查原则（兼顾合理性）"，只有 4 家法院选择"合法性、合理性、可执行性审查标准"，其中"可执行性"标准部分涉及强制执行后是否引发社会风险的判断。笔者在调查和走访中也发现，法院对申请机关提供的评估报告一般只进行形式审查，只要有报告就予以采纳。

二、司法强拆稳评机制分析

2011 年 4 月 22 日，湖南省株洲市汪家正抵抗司法强拆的自焚事件，揭开了"司法血拆"的序幕。最近几年，经过法院裁定准予执行的强拆案件发生流血事件的仍然不为少数，稳评功能失衡，原因在于：

◇◇ （一）法律规定不明确、不完善

由于稳评机制还处于起步探索阶段，因此法律规定还不明确、不完善。笔者通过"北大法宝"进行搜索后发现，关于司法强拆中稳评的法律法规规章

和规范性文件寥寥无几：《国有土地上房屋征收与补偿条例》《最高人民法院关于办理申请人民法院强制执行国有土地上房屋征收补偿决定案件若干问题的规定》《最高人民法院关于认真贯彻执行〈关于办理申请人民法院强制执行国有土地上房屋征收补偿决定案件若干问题的规定〉的通知》《最高人民法院关于在征收拆迁案件中进一步严格规范司法行为积极推进"裁执分离"的通知》和各省的国有土地上房屋征收与补偿条例。

对上述规定进行分析，发现大多数文件中仅仅笼统提及"社会稳定风险评估"，对于究竟如何操作、哪些算是风险点、哪些是必须评估的风险指标并没有具体规定，造成实践中司法强拆稳评操作带有很大的盲目性。

◇◆ （二）稳评机制面临运行困境

中共中央办公厅、国务院办公厅出台的《关于建立健全重大决策社会稳定风险评估机制的指导意见（试行）》（以下简称"指导意见"）中指出稳评重点从合法性、合理性、可行性、可控性四方面进行评估。然而，由于受到各种复杂因素的影响，司法强拆稳评机制面临着一定程度的运行困境：

1. 合法性分析被架空

实践运作中，合法性分析成为很多评估报告的重点，但是，合法性评估更多是一种象征性意义，实际功能几乎可以忽略不计，尽管合法性瑕疵在理论上可能会加重风险系数，但是司法强拆的合法性与否与不稳定事件之间并没有必然联系，一个实体、程序都合法的强拆决定也完全可能会引发"流血"事件。甚至严格而言，风险评估之中是否应当包含合法性评估是存在疑问的，因为如果一个强拆决定自身存在合法性瑕疵，本就没有资格再继续进行稳评的后续判断。

2. 风险来源复杂、风险变动大

尽管在《指导意见》中，可控性评估被列为最后一项，但是在实践中可控性评估才是核心，稳评的最终目的是有效控制和化解社会风险，尤其是防止"血拆"事件的再次发生。要科学分析可控性内容，就要准确识别风险的来源，并具体落实到各个风险点的评估。当前，我国正处于经济与社会转型时期，司法强拆的社会稳定风险的来源十分复杂，风险既有政府公信力缺失、补偿不能满足群众的心理预期所引发的，也有现有的政策、规章和法律滞后于现实发展的原因，还有的是历史遗留问题诱发的。另一方面，在网络时代，风险认知由于网络传媒的发达而被加强，社会稳定风险因此变得极具扩散性和传染性，任何一点微小的信息符号就能导致人们的无限猜想，从而使得风险在评估阶段低，但在执行中却变高。

3. 责任追究难

《指导意见》的第五章"责任追究"中规定："评估主体不按规定的程序和要求进行评估导致决策失误，给党、国家和人民利益以及公共财产造成较大或者重大损失等后果的……给予相应处分。评估主体隐瞒真实情况或者弄虚作假，给党、国家和人民利益以及公共财产造成较大或者重大损失等后果的……给予相应处分。"该条款印证了稳评机制的"后果主义"特征，即是否引发社会不稳定的后果远比是否依循评估程序本身更为重要。如果行政机关不按照程序和要求进行稳评，未造成严重后果时上级机关也不会因此给予相关责任人处分，法院通常不会单独因为未严格履行稳评程序而判定撤销、确认违法；一旦出现了"血拆"等不稳定事件，行政机关无论是否遵守程序进行稳评，均将可能承担相应的政治责任。

◇◇（三）法院审查稳评报告能力不足

司法强拆制度实施后，法院被推到司法强拆的主体地位。法院的职责在于依法独立公正审理案件，以事实为依据，以法律为准绳，要求法院审查稳评报告，就是将司法的目的从消极中立的审判转变为积极的有倾向性的预警，无疑有悖于司法权的中立性特征和根本性质。另一方面，法院行政化的人事制度、依赖政府财政拨款的经费保障制度使得法院对地方党委政府还存在依赖关系，而申请法院强制执行的案件涉及的多为引资或增加财政收入、改善民生的重点工程项目，这些都是地方党委政府的"中心工作"。在这种情形下，司法审查权的独立性在一定程度上不可避免地受到支持地方党委政府的中心工作的干预。笔者在调查和走访中发现，在司法强拆的执行实践中遇到的风险事件在数量、复杂程度、危险性等方面远远比评估报告中提及的要多得多，但是，法院在对稳评报告进行审查时，由于缺乏能力去肯定行政程序的独立价值，不敢提出质疑。

三、进一步完善司法强拆稳评机制的建议

暴力拆迁、流血拆迁严重损害党和政府的公信力，增加社会不稳定因素，已经成为当代中国群体性事件的最主要诱因，稳评制度能从源头上预防和减少稳定风险和社会矛盾，是妥善处理改革发展稳定关系的一项基础工作。笔者提出以下几方面的建议，以进一步完善司法强拆稳评机制。

◇◇ （一）司法强拆稳评的程序和内容设计

司法强拆稳评程序可以分为以下几步：第一，全面收集被强拆户的家庭基本情况、主要社会关系、心理状况、对拆迁的意见、是否有特殊困难等信息；第二，根据收集的信息，识别风险源，确定风险点；第三，对风险点逐个进行科学分析预测，评估风险值；第四，根据分析论证得出的风险值，确定风险等级；第五，编制稳评报告，报告的重点应该是风险源的分类，风险点的确定、概率和范围，风险评估结论和对策建议，风险防范和化解措施以及应急处置预案等内容。笔者认为评估报告可以不包括合法性评估，因为法院在审查强制执行申请时，重点在于审查申请的实体和程序是否合法。第六，对风险点实施跟踪，密切关注各个风险点发生概率范围的变化，需要调整的，要及时调整。稳评的目的在于准确发现风险，从而有效控制、化解风险，保障强拆的顺利进行，因此第二、三、四步是稳评的核心之重。

1. 识别风险源，确定风险点

尽管司法强拆的社会稳定风险的来源十分复杂，但是我们可以将其分析归

纳为四种风险源：政治风险源、个人风险源、社会风险源和其他风险源。政治风险源主要来自政府公信力的缺失。一个系统需要信任作为输入条件，缺乏信任会形成恶性循环，系统就无法在不确定性和有风险的环境中激发起支持行动。在强拆执行过程中，群众和政府信息不对称，如果地方政府公信力缺失，无论强拆行为多么合法、合理，群众都会提出质疑，造成群众对政府的认同感进一步下降。

个人风险源主要是被强拆户利益诉求过高，安置补偿不能满足被强拆人的心理预期，造成被强拆户可能有过激或极端行为威胁和胁迫执行，如自残、持械威胁殴打工作人员、设置易燃易爆物品；被强拆户和主要社会关系人可能到执行现场阻挠、干扰执行工作，如聚众闹事、拦截挖掘机、围攻工作人员；可能上访、越访或缠访，扰乱机关正常工作秩序。搬迁过渡期内会给部分人生活造成一定的不适，如老人会觉得故土难离，未成年人涉及入托、入学等问题，因此拒绝拆迁。强拆过程中，被强拆户可能堵住房门，拒绝离开房屋；可能打横幅标语、摆地状、下跪；老人可能发病。

社会风险源一方面来自网络舆论力量凸显，被强拆户、主要社会关系人或普通群众可能通过网络媒体炒作强拆行为，发酵被强拆户的过激或极端行为，一个补偿安置到位、程序正当、实体合法的强拆事件经过网络的选择性报道，社会影响力和破坏力成倍增长。另一方面强拆表现出国家权利对公民权利压制的行为特点，可能使一些信息匮乏的弱势群体产生被剥夺感，造成对政府行为的对立情绪和逆反心理，一经激化，容易演变成对抗性冲突。

其他风险源主要是突发事件，如在实施拆除施工时，有可能发生拆除施工安全事故。

2. 评估风险值

根据问卷调查、实地走访、召开座谈会和听取相关工作人员的经验等多种方式，确定政治、个人、社会和其他风险源下各个风险点的权重，设定为 W，取值范围为 0 到 1，W 的数值越大就说明此种风险对社会稳定的危害性越大。然后，需要评估每个风险点发生的可能性，设定为概率 C，分为低（0.2）、较低（0.4）、中（0.6）、较高（0.8）、高（1.0）。将每个风险点的权重与概率值相乘（即 W×C），得到这个风险点的风险值，再把政治、个人、社会和其他风险源下各个风险点的风险值相加求和得到综合风险值（即∑W×C）（见表1）。

表1　　　　　　　　司法强拆社会稳定风险评估表

风险源		风险点	权重 W	概率 C					风险值 W×C
				低 0.2	较低 0.4	中 0.6	较高 0.8	高 1.0	
政治	政府公信力缺失	群众对政府的认同感进一步下降							
个人	强拆户利益诉求过高，安置补偿不能满足被强拆人的心理预期	被强拆户有过激或极端行为威胁和胁迫执行							
		被强拆户和主要社会关系人到执行现场阻挠、干扰执行工作							
		被强拆户上访、越访或缠访，扰乱机关正常工作秩序							
	搬迁过渡期内会给部分人生活造成一定的不适	被强拆户堵住房门，拒绝离开房屋							
		老人发病							
		被强拆户打横幅标语、摆地状、下跪							
社会	网络舆论力量凸显	强拆户、主要社会关系人或普通群众通过网络媒体炒作强拆行为，发酵被强拆户的过激或极端行为							
	强拆表现出国家权利对公民权利压制的行为特点	一些信息匮乏的弱势群体产生被剥夺感，造成对政府行为的对立情绪和逆反心理							

表1(续)

风险源		风险点	权重 W	概率 C					风险值 W×C
				低 0.2	较低 0.4	中 0.6	较高 0.8	高 1.0	
其他	突发事件	在实施拆除施工时,有可能发生拆除施工安全事故							
综合风险			1						∑W×C

3. 确定风险等级

一般情况下,综合风险值小于等于0.4,表明风险较低,可能存在个别风险事件,风险等级确定为可实施;综合风险值大于0.4、小于0.7,表明风险中等,有引发多个风险事件的可能,风险等级确定为暂缓实施;综合风险值大于等于0.7,表明风险较高,有引发大规模群体性事件的可能,风险等级确定为不实施。

◇◇ (二) 落实稳评问责,创新稳评考核

面对稳评问责难的困境,虽然不少地区进行了积极探索,最突出的是建立责任倒查机制。然而,实践中几乎没有看到稳评追责的实例,因而稳评制度难以真正落地。要进一步落实稳评问责,才能保障稳评制度真正发挥作用。另一方面,要逐步建立和完善稳评的专项考核制度,考核到稳评各个环节权责落实情况,进而推动稳评主体间权责关系的平衡,避免发生社会冲突或大规模群体性事件后责任界定不清,互相推诿扯皮。

◇◇ (三) 引入第三方评估

为了解决司法强拆稳评中内部评估、自我评估的困境,可以引入第三方评估。第三方是指处于第一方 (被评对象)和第二方 (其服务对象)之外的与

第一方、第二方既不具有行政隶属关系，也不具有其他经济利益关系的一方，一般包括受行政机构委托的专业评估组织、研究机构、专家学者、舆论界、公众代表等。第三方评估既具备相对的中立性，又可以根据其职能设置和业务专长开展多方联系，对风险做出更准确的评估预测，建立化解社会矛盾的"缓冲区"，实践中往往能取得政府部门难以达到的工作成效。

◇◇（四）建立司法强拆稳评报告审查备案制

法院不具备维护社会稳定的资源支撑，在制度安排上也没有维护社会稳定的能力，要求法院连带解决复杂的社会稳定问题，无疑是对法院的苛求，是法院不能承受之重。笔者认为应当设立一个专门机构对稳评报告进行审查备案，法院在审查强制执行申请时，只需审查稳评报告是否进行了审查备案，凡稳评报告未经审查备案的申请，一律退回申请机关或裁定不予受理。另一方面，法院在审查期间，可以调取相关证据、询问当事人、组织听证或者进行现场调查，听取被拆迁户的利益诉求，根据了解到的情况建议申请机关依法采取必要措施，避免风险事件的发生。

第三部分
社会治理篇

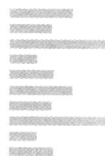

第一章

基于村规民约的民主法治村建设
——以眉山市丹棱县杨场镇狮子村为蓝本

法律进乡村，靠村规民约来落实。村规民约是村民会议根据国家法律、法规和政策，结合本村的实际情况讨论制订，由村民共同遵守的行为规范。村规民约介于法律与道德之间，能够解决法律和道德不能解决的问题。近三年来，眉山市丹棱县杨场镇狮子村以村规民约为抓手，着力在村规民约的制订、实施、效能上下功夫，有力地推进了该村民主法治建设进程，全村无一重大刑事案件发生，无一群体性事件发生，无一重大安全事故发生。狮子村先后获得"先进基层党组织""交通安全示范村""乡村旅游示范村"等省级荣誉称号，2015 年被表彰为"全国民主法治示范村"。如今的狮子村，一栋栋小洋楼错落有致，掩映在硕果累累的柑橘林和葡萄园间，呈现出村风正、民心齐、百姓生活幸福的美好画面。

一、在制订上下功夫，确立村规民约的地位

◇◇ （一）制订前开展大调研

2014 年 7 月，狮子村作为丹棱县推行村规民约的试点村，在县司法局、民政局以及杨场镇的指导下，成立了规范完善村规民约工作小组，由村党支部

书记担任组长，村委会主任担任副组长，其余村组干部 9 人担任成员。同时安排 2 名文化程度高、法治意识强的村民负责执笔。在制订村规民约前，工作小组认真学习了关于制订村规民约的各类文件，分别到德阳、彭州、都江堰进行学习参观。在此基础上，工作小组对全村各方面情况进行了调研。调研情况是：狮子村位于丹棱县城西南面，距县城约 2 千米，辖区面积 7.5 平方千米，村民小组 7 个，户籍总户 637 户，总人口 2 250 人，其中村民代表 30 人，中共党员 84 人。存在法律和道德不能解决的主要问题有：散养宠物、畜禽多，机动车辆乱停乱放，交通安全意识差，专业合作社的畜禽养殖污染问题等。工作小组针对调研中存在的普遍问题，综合考虑狮子村自然历史状况、风俗习惯、村民文化素质等因素，认为有必要通过村规民约的制订和实施来解决上述问题。

◇ （二）制订中开展大讨论

在调研基础上，拟制了狮子村村规民约初稿 13 条，村组干部将初稿打印后，分发到每家每户，同时在村民聚集的田间地头征求意见。经收集整理，在原来 13 条的基础上增加了"倡导低碳环保生活方式、推行殡葬改革、主动参加集中活动、对村组干部提合理化建议" 4 条村规民约。初稿报杨场镇政府合法性审查后形成了狮子村村规民约草案。按照村党支部提议、村"两委"会商议、村党员大会审议、村民会议决议以及决议公开、实施结果公开的"四议、两公开"程序要求，切实做到"三上三下、反复修改"，最后经村民会议表决通过生效，并依法报杨场镇政府备案。生效的狮子村村规民约特色突出、主旨鲜明、操作性强，包括：村内不散养宠物、畜禽；所有机动车辆均按指定地点规范停放；死亡宠物、畜禽必须消毒深埋处理，不得随意丢弃；提倡丧事简办，文明祭祖，革除丧葬陋习等 17 个条款。制订过程达到了符合法定程序、条文内容符合法律规范、公布实施符合法治精神"三个符合"要求。

◇ （三）制订后开展大宣传

狮子村村规民约制订后，村委会更新了村务公开栏，将村规民约全文放在最显眼的位置进行公布。同时将村规民约印制成 700 本小册子，免费发放到各家各户，供村民随时学习查阅，让村规民约条文入脑入心。与户代表签订遵守村规民约承诺书，要求户代表管好自家的人，管好自家的事，形成了"我参与、我制订、我签字、我遵守"的良好氛围。在宣传过程中，教育村民"有规就要依，有约就要守"，对违反村规民约的村民，村民委员会有权根据客观事实和村规民约的规定进行处罚，处罚方式有批评教育、赔礼道歉、书面检讨、违约行为公示或通报、恢复原状或赔偿损失五种，极大地彰显了村规民约的效力。通过召开工作动员会、培训会等方式，对村组干部作为模范如何遵守村规民约和如何引导村民遵守村规民约进行培训，提高村组干部的责任意识和工作能力。通过各种途径的大力宣传，狮子村村规民约已经融入村民的日常生活中，全村形成了"人人争学村规民约，户户严守村规民约"的良好风气。

二、在实施上下功夫，发挥村规民约的作用

◇ （一）在决策中发挥作用

狮子村村规民约的制订实施过程，培养了村民参与村级事务决策的积极性。在今年换届选举中，狮子村始终坚持民主，严格按照"一人一证一票"要求，选民参选率达到 95%，比三年前提高了 10 个百分点，真正把选举产生和罢免村干部的权利交到了村民手中。三年前当选的 11 名村组干部，除因村文书 1 人超龄进行调整补充外，其余 10 人全部连任。坚持把村级事务向村民开放、请村民参与，充分吸收村民合理化、有代表性的意见建议，特别是在关系村民切身利益的问题上，遵循"一事一议"的原则，件件须经村党支部研究，提交村民代表会议讨论通过并形成决议后方可实施。通过召开村民代表会议，先后讨论通过了村组道路硬化方案、村组环境综合治理方案、村综合体建设方案等决议 40 项，采纳村民建议 60 条，充分保障了村民对重大村务的决策权。在一次村民代表会上，几位村民代表反映临近过年，有流窜小偷入户盗

窃，村"两委"当场决定成立治安队，每晚定时巡逻，切实保护村民人身和财产安全。

◇ （二）在管理中发挥作用

对村里重大事务的管理，将依法管理和依村规民约管理融为一体，让村民在法律和村规民约的范围内直接参与管理村内事务，保障村民对日常村务的参与权。实施清单管理，每年收集梳理村民意见诉求，建立村民意见簿，形成问题清单和办理台账，明确责任人、时限要求和目标效果，要求问题办结率达100%。实施网格管理，全村以组为单位形成 7 个网格，配备 8 名专职网格员，负责宣传引导、发动村民参与村级事务管理，三年来共牵头解决了所在网格村民的脱贫攻坚、敬老养老、惠民利民等问题 40 个。实施分类管理，将清单台账涉及的事项划分为农技、文艺、政策、纠纷等若干类别，发动有意愿的能人参与策划活动、领办项目、解决问题。科美家庭农场在建场之初得到了村委会的大力支持，农场主骆美霖为回馈村里，以自家农场为示范，义务向村民传授葡萄种植先进技术和"互联网+致富经"，带动 62 户村民发展生态葡萄 558 亩（1 亩 ≈ 666.67 平方米），促进了狮子村葡萄产业的科学化、规范化、规模化。

◇ （三）在监督中发挥作用

对村委会工作和村干部的行为，始终坚持依照法律和村规民约开展监督，特别是将村务和财务置于阳光之下，置于村民的监督之中。成立了由 1 名纪检员和 3 名离职干部组成的村民监督小组，负责党风廉政监督、财务监督。充分利用村务公开栏等一切有助于村民知晓的条件，适时对村务和财务情况进行公布，对村级重大事项落实、重大惠民政策执行情况进行公示。通过落实村务公开制度，提高了村民对村务工作进行监督和参与村民自治事务的积极性，有效地防止了村干部以权谋私等腐败行为的发生。在县上投资 200 万元的以工代赈项目中，因涉及狮子村的生产道路硬化，狮子村专门聘请村民代表、村"两委"干部和工程监理方一起全程监督。有村民发现一段 500 米的生产道出现了翻砂问题后，随即将该情况反映给村干部，村干部找工程施工队、监理方商讨解决方案，最终达成协议，在原来硬化的基础上再增厚 10 厘米，确保了道路建设质量。由于监督有力、监督到位，三年来，该村村组干部没有发生一起违法违纪事件。

三、在效能上下功夫，实现村规民约的价值

◇ （一）实现素质全面提升

在民主法治建设进程中，把村规民约与法治教育、道德教育、党规党纪教育相结合，全面提升了村民的整体素质。通过司法工作站，开展了法制宣传、人民调解、法律服务等基层民主法治工作。利用三月法制宣传月、12.4 国家宪法日等契机，向村民宣传了《婚姻法》《中华人民共和国森林法》（以下简称《森林法》）、《土地管理法》等法律法规。利用"调解一次纠纷，上好一堂法治课"的眉山品牌，调解纠纷 30 余起，为 2 000 余人次上了法治课。2015 年 3 月，市司法局组织 6 区县司法局在狮子村开展了"调解一次纠纷，上好一堂法治课"的现场观摩活动，筛选了一个典型的婚姻纠纷案进行现场说法，用身边人宣讲身边法，以身边事教育身边人。利用狮子村"十大孝心家庭""五星家庭户"等评选活动，每年评选孝心家庭 10 户、五星家庭 5 户，陶冶了村民道德情操。利用支委会、党章党纪专题学习会等途径，组织党员、党员干部 1 500 人次参与党章党纪学习，让党员、特别是党员干部明确作为一名党员、党员干部，既要严格遵守党章党纪，又要成为狮子村民主法治建设的带头人。

◇ （二）实现党建全面引领

村规民约的有效实施，促进村"两委"创新探索了"党群集中活动日"这一有狮子村特色的农村基层党建引领基层治理的有效模式。"党群集中活动

日"打破传统的村党组织领导方式、管理方式、组织方式，以村党组织为核心、以村民为主体，变"单向管理"为"双向共治"、变"行政命令"为"服务引导"，倒逼村干部提升能力、练好"手艺"，村级治理水平得到显著提升。村民李天喜说："村主任以前说话都结巴，通过'党群集中活动日'练胆子、练口才、练本事，现在是场子镇得住、政策讲得透、问题拎得清、矛盾搁得平。"村支部书记邓树华由于工作成绩突出，被评为丹棱县"十大优秀人物""十大优秀村书记"。截至目前，狮子村的"党群集中活动日"已开展31次。"党群集中活动日"这种农村党建引领基层治理的典型做法，被新华社、《四川日报》、人民网等各类媒体宣传报道，经总结提炼，形成狮子村经验写入市委文件在全市推广，最后又升级为眉山市经验在全省交流。省内、市内以至云南、新疆共100多个单位前往狮子村参观学习。

◇◇ （三）实现治理全面深化

村规民约更接地气、更切实际、更贴近老百姓的生产生活，成为民主法治建设的"重头戏"。狮子村村规民约的实施，覆盖全村2 250人，覆盖率100%，为那些不孝顺、不养老的"歪人"戴上了"紧箍咒"，为那些争利益、争照顾的"富人"扯下了"遮羞布"，为那些好吃懒做、好逸恶劳的"懒人"挂上了"反光镜"，成为解决村民自治难题的一把钥匙，成为教育村民感受公平正义的一个平台。村规民约的实施，促使全村建立了规范的制度20余项。在灾后重建、征地拆迁、环境污染治理中，村民和村组干部同心协力，确保了全村工作有序开展，确保了全村社会安全稳定，确保了全村村民有效自治，逐步形成了"自我管理、自我教育、自我服务、自我监督"的村民自治工作新格局。开着小货车到狮子村村委会办事的村民张朝举自觉地把车停到停车位上，自言自语地说"要是以前，我直接就停在门口，车门一开、脚一落地就能办事。现在有了村规民约，要规范停放车辆，不能图方便影响了村容村貌"。

狮子村村规民约的制订、实施和影响，使丹棱县党委政府找准了基层党建、依法治村的好抓手，使丹棱县村组干部找到了凝聚民心、服务村民的好载体，使丹棱县基层百姓找回了平安稳定、和谐团结的好感觉。丹棱县以狮子村为示范，推动全县 70 个行政村全部建立健全了村规民约，民主法治工作在基层"全面开花"。2016 年，丹棱县被省委、省政府评为全省"六五"普法先进县。

第二章
居民总动员，自治结硕果
——眉山市东坡区通惠街道
新村社区依法自治工作经验

2016 年，眉山市"七五"普法规划明确提出：要完善和发展基层群众自治制度，促进群众在城乡社区治理中依法自我管理、自我服务、自我教育、自我监督。眉山市东坡区通惠街道新村社区以居民公约为抓手，坚持标本兼治、干群共治、依法自治，总结提炼出城乡接合部外来不良行为人员"四不"管理、闲散房屋"封门赌窗"等有效举措，筑牢了社区依法治理的根基。新村社区先后获得"文明城市创建先进集体""十佳和谐社区""先进基层党组织""民族团结进步创建活动示范社区""'六五'普法先进基层单位"等省、市、区荣誉称号。

一、精准把脉找准问题

基层社会治理标本兼治，找准问题是前提。新村社区位于眉山市东坡区中心城区西面，属于典型的城乡接合部，是市区两级重要的交通枢纽、企业聚集、重点项目开发带，辖区面积 2.37 平方千米，辖 7 个组。社区干部通过大摸底大排查，梳理出该区存在的四个方面的主要问题。

（一）社区人员结构复杂

介于新村社区区域环境的复杂性，导致社区人员结构的多元复杂，截至目前，社区户籍人口 1 520 人，常住人口 5 000 余人。大量的外来人员中，无正当职业的少数民族人员、传销人员、流窜犯、吸毒犯等特殊群体较多，滋生出偷盗、敲诈、欺行霸市等违法犯罪行为，严重损害了社区居民正常生产生活。

（二）社区环境污染严重

社区内部分居民将老旧房屋出租给外来务工人员养猪，红庙河沿河一带有 30 余户居民建起了鸡、鸭、猪等畜禽养殖场，畜禽养殖粪便不经处理随意排放，造成社区内以及沿河水体严重污染。居民环境保护意识差，生活垃圾乱扔至竹林、水沟，部分居民违反秸秆焚烧规定，随意焚烧秸秆，环境污染、社区卫生问题突出。

（三）社区开发涉及面广

随着城区的迅速扩建，新村社区也面临着土地征用、项目开发、基础设施建设等诸多问题，近两年社区主要涉及的项目有：成昆复线征地 200 亩，涉及拆迁安置 150 人；城市污水管网赔付涉及 200 多户、600 多人；醴泉河堡坎涉及 63 户、196 人；金象化工接管涉及 13 户、20 人。这些项目时间紧、任务重、涉及人多，处置不妥就会引发不安定因素。

（四）社区矛盾时有发生

社区就是一个小社会，社区居民每天因各种利益引发的小纠纷、小矛盾随处可见，有的看似是小事，但是如果不能及时发现化解，就可能诱发治安、刑事案件或群体性事件。新村社区干部高度重视矛盾纠纷的排查工作，社区内主要存在的矛盾纠纷有土地流转、劳务合同、意外事故、交通肇事等。

二、精准处方对症施策

基层社会治理标本兼治，对症下药是关键。新村社区居委会结合梳理出来的主要问题，确定"1+2+3+4"的政策，既体现社区干部为民服务的集体智慧，又体现社区居民自我管理、自我教育、自我服务，建设美好社区的共同愿望，切实提高了社区治理的有效性。

◇◇ （一）明确一个目标

新村社区成立了以社区书记为组长，社区主任为副组长，社区两委委员、片区民警、网格员和7个小组组长为成员的依法治社区领导小组。明确提出了一个目标，即创建"法治示范社区"，牢固树立法制宣传教育与依法治理深度融合的工作理念，致力于教育和引导社区干部依法管理，社区居民依法办事，社区企业依法经营，努力构建一个经济持续发展、法治环境优良、民风文明和谐的新型社区。

◇◇ （二）健全两套制度

一是健全社区自治制度。坚持"三上三下，六步工作法"原则，把《居民公约》的制定权赋予每一个居民，充分听取居民的意见建议，制定出涉及房屋租住、环境保护、户口迁移、信访程序等12个方面的《居民公约》，每年适时召开居民代表会议，针对新情况、新问题调整《居民公约》内容。同时完善了《社区居委会工作职责》《社区"居务公开"》《社区居民代表会议》《社区民主决策》等规章制度30余条。

二是健全法制保障制度。建立社区司法工作站，社区主任任工作站站长，明确了法制宣传、法律援助、纠纷调处、社区矫正和安置帮教等职能职责。配备了 1 名法律顾问，负责对社区居民开展法制培训、法制宣讲、法律咨询服务等，同时参与社区重大决策和重大事件调处。完善社区干部和"法律明白人"法治培训和考核制度，将社区干部是否带头依法办事、社区居民是否遵纪守法作为考核社区工作的重要指标之一。

◇ （三）打造三支队伍

一是打造法制宣传先锋队。坚持以需用结合为导向，社区组建了一支30 余人的法制宣传先锋队。先锋队成员以联系社区的东坡区人民法院法官、通惠街道办事处干部为骨干，广泛吸纳社区干部、7 个组干部、退休教职人员、退伍军人和创业大学生等人员参与。法制宣传先锋队的主要职责是开展"法律进社区"活动，及时对社区居民进行全覆盖的法制宣传教育，做到哪里有普法需要，哪里就有法制宣传先锋队的身影。

二是打造治安巡防护卫队。坚持以预防在先为导向，社区组建了以社区民警、社区干部、网格员为轴心的七支84 人的治安巡防护卫队。治安巡防护卫队以小组为单位，7 个小组 7 支队，每队 12 人，组员由组干部、居民构成。治安巡防护卫队的主要职责是做好辖区内的日常治安巡防工作，维护重点项目、重要地段的治安秩序，排查社区内的不安定因素，及时制止违法行为，有效防范危害居民安全的事件发生。

三是打造纠纷调处应急队。坚持以萌芽处置为导向，社区组建了一支纠纷调处应急队。纠纷调处应急队以社区调解委员会干部为龙头，以社区党员和居民代表为骨干，共12 人。纠纷调处应急队的主要职责是建立和完善矛盾纠纷排查调处机制和突发事件应急处置机制，通过各种渠道及时收集矛盾纠纷信息，建立工作台账，定期召开协调会议，对居民反应强烈、处置难度大的矛盾纠纷提出处置意见。

◇ （四）筑牢四道防线

一是筑牢普法宣传防线。法制宣传先锋队利用坝坝会、党群活动日等契机，以集中宣讲、入户入商铺入企业面对面宣讲等形式，广泛宣传《环境保护法》《大气污染防治法》等法律法规和征地拆迁安置政策。红庙河沿河畜禽养殖户的养殖污染问题，通过法制宣传先锋队队员强大的宣传攻势和耐心细致的劝导工作，全部关停。成昆复线项目征地拆迁、城市污水管网赔付等市区重点项目在规定时间内顺利完工，未发生一起上访事件。

二是筑牢群众自治防线。针对外来人员租住在本社区管理难的问题，社区召开居民大会，达成了租住条件"三有"原则，即有身份证、有户口簿、有就业介绍信，以及对不良行为人员进行积极清退和"四不"原则，即不租房、不租地、不务工、不留宿。社区干部和居民一起，积极清退200余名不良无业人员，对于清退给居民造成的损失，社区给予适当补助，居民自觉落实"三有""四不"原则，有效地解决了社区外来人员管理难的问题。

三是筑牢治安维稳防线。严格落实治安巡防制度，开通居民举报涉稳热线，制定奖励政策，突出抓好人防与物防、技防相结合，保障社区安全。通过治安巡防摸排、居民举报，发现社区闲置废弃房舍内藏有流窜吸毒违法人员。社区干部随即召开居民代表大会，共同商议，提出了"封门堵窗"的解决办法。在社区和居民的共同配合下，对13处废弃房屋进行了"封门堵窗"，有效压缩了违法人员的滞留空间。

四是筑牢纠纷调处防线。加强社区调解队伍建设，除社区成立一个调解委员会外，每组以30～50户为一个单位成立中心调解室，实现矛盾纠纷源头治理，做到小事不出组、大事不出社区，将矛盾纠纷化解在"萌芽状态"。6组居民反映恒丰饲料公司噪音严重影响附近居民休息、粉尘影响居民蔬菜种植的问题，经社区调解委员会调解，达成了公司主动停产、自查整改的意见，切实维护了200余名居民的切身利益。

三、精准治理喜结硕果

基层社会治理标本兼治，硕果共享是根本。新村社区以居民自治为着力点，凝心聚力、精准发招，有力破解了社区治理难题。依法自治促进了经济发展、浓郁了法治氛围、舒适了生活环境、维护了社会稳定。社区居民真正成为社区事务的管理者、参与者和推进者，成为社区的主人。

◇◇ （一）依法自治促进了经济发展

在重点工程推进、基础设施建设、辖区企业转型升级等重大项目中，预先评估稳定风险，严格落实相关政策，切实做到"三公开三分离"，实现了程序、民意、法律、政策的有效统一，形成了居民与企业双赢的良好局面，有力推动了社区经济的健康发展。近年来，先后有国家粮食储备粮库、亨达化工、华森饲料、科苑饲料等规模及以上的大型企业入驻；吸引经商人员开店建铺150余家，其中，农资商铺20余家，社区成为眉山市的农资市场所在地。

◇◇ （二）依法自治浓郁了法治氛围

坚持多载体、多形式抓法制宣传教育，突出以案释法、以调释法，让干部居民在法治实践中感知法律、学习法律和运用法律，社区干部依法管理和依法决策水平、社区居民依法办事和依法维护自身合法权益的能力显著提高。社区居民以《居民公约》为行为准则，形成了"我参与、我制订、我签字、我遵守"的良好氛围。三年来，无一例社区干部违法违纪、社区居民缠访闹访事件发生。

◇◇ （三）依法自治舒适了生活环境

社区加大了基础设施建设，建成生活垃圾池7个，开展卫生死角大清理15次，配合环保执法20余次。在秸秆焚烧问题上，实现了不点火、不冒烟、不留黑斑的目标。依法捣毁传销窝点2个，遣散传销人员120余人，配合派出所处理吸毒人员60余人。通过整治，社区环境进一步净化，居民环境保护意识进一步增强，社区面貌焕然一新。对外来不良行为人员实行"四不"管理、对闲散房屋"封门堵窗"等经验在全区推广。

◇◇ **（四）依法自治维护了社会稳定**

在法治示范社区、平安和谐社区创建活动中，依法妥善处置了某化工有限公司"8.26"触电事故伤害案、社区居民与土地承包方的土地纠纷、国家粮食储备库死亡赔偿纠纷等涉稳事件 15 件，没有形成重大影响和出现群体性上访的情况。社区干部和居民齐心协力，营造了遵纪守法、明礼诚信、和睦共处的优良民风。社区多次接受省市区检查组的检查，其依法自治工作受到了各级领导的充分肯定。

第三章
农村社会治安管理中存在的问题及对策

当前，中国农村社会治安大局基本平稳，社会经济发展保持了持续稳步增长的势头，但是农村普遍的盗窃案件上升、矛盾纠纷难以调处、群体事件偶有发生等问题，严重影响了农村稳定，阻碍了农村社会经济进步与发展，应引起农村基层派出所的密切关注和高度重视。

一、农村社会治安面临的挑战

中国农村出现了一些社会矛盾的新情况、新问题，给农村社会治安形势带来了严峻的挑战，主要表现在以下几个方面：

◇ （一）刑事案件高发，案件特点鲜明

农村入室盗窃案和盗窃果树苗案经常发生，由于农村群众防盗意识较差，现金经常放在家中，并且在赶集时家中经常无人，这就给盗窃嫌疑人提供了可乘之机。在 S 市西山片区，由于近几年村民在种植果树方面尝到了甜头，水果价格居高不下，果树苗价格也相应涨高，而往往种植果树苗的地方都地广人稀，守护人员责任心不强，盗窃果树苗的案件也随之屡屡发生。电信诈骗防不胜防，农村群众法制意识不强，经常在看到电视、网络上的各类购物类广告后，便信以为真，而购买商品，致使受害人产生大量经济损失；传统的电信诈骗手段在农村也经常发生，农村受害人接触各类宣传报道较少，往往更容易成为电信诈骗的受害人。伤害案件时有发生，村民之间往往因一时一事的口舌之争或某些利益冲突而互不相让，情绪失控、丧失理智，在激情驱使下一时性起，不计后果，导致伤害案件经常发生，受害案件归纳起来，主要有以下六种：一是双方因纠纷心存芥蒂，为泄愤而行凶伤人，这在每个派出所都不鲜见；二是邻里之间斤斤计较，一时言语不合而引起口角，恶语伤人，为占上风，大打出手，有些甚至为了敬酒不喝，而大动干戈；三是家庭成员之间因财产纠葛或赡养老人致家庭和道德伦理而不顾，反目成仇；四是在土地、宅基地和农田水利纠纷中，因对方持强侵占行为不满而伤人；五是为债务纠纷、赖账、追账而伤人；六是因恋爱纠纷、婚外情引发家庭矛盾，从而激化各种矛盾酿成苦果。

◇ （二）群体性事件及苗头明显增多

一是因基层干部工作不扎实，不做细致的思想工作，影响干群关系，由此苗头增多，引发群体性事件。二是新农村建设、农村村道建设等牵涉群众利益的问题，由此引发群体性事件及苗头增多。三是涉法涉诉上访案件及苗头增多。四是农民工欠薪讨薪手段过激。

◇◇ （三）非法组织活动仍然存在

1995 年以来，我国先后认定了 23 个邪教组织，这些组织非法散发反动手册及自制小标语，经常以匿名信或者匿名电话的方式，扰乱政府和派出所的正常工作秩序。

◇◇ （四）侵财犯罪所占比重较大

盗窃、诈骗等侵财犯罪在农村居刑事案件的首位，且危害大、影响大，已成为左右整个农村刑事案件的主要因素。

◇◇ （五）消防、交通存在安全隐患

从农村消防来看，主要存在以下火灾隐患：一是农民办企业根本上没有经过消防验收。二是农村电线电路超负荷，老化严重，线路设置安装不符合规范要求，随意私拉乱接。三是农村村庄道路狭窄，交通不便，消防车难以或无法靠近，往往贻误时机。四是农村群众消防安全意识差，还采取传统焚烧的方式耕种，在农村山区极易酿成火灾。五是农村由于防范意识差，易发火灾。从交通安全来看，农村无牌无证车辆较多，加之村级公路基础设施、道路等级差，通行能力不足、又无人维护，导致大量的交通安全事故发生，严重威胁到人民群众的生命安全。

◇◇ （六）赌博等丑恶现象仍然存在

当前，赌博、卖淫、嫖娼等社会丑恶现象正在由城市向集镇、农村蔓延开来。组织者利用农村视线好，利于观察和逃跑的特点将城区的翻牌机等赌博方式搬到农户家中或者部分农家乐里面，给公安机关的查处制造困难。

二、社会治安问题的原因

农村存在的社会治安问题同其他区域存在的社会治安问题一样，有着复杂

的社会根源和历史根源，是社会各种消极因素的集中反映，其形成原因是多方面的，主要表现在以下四个方面：

（一）农村法制宣传教育薄弱

在当前农村体制变革过程中，法制宣传教育在一些乡镇、村庄仅仅是应景的形式，加之宣传舆论导向又有失误，忽视宣传勤劳致富、遵纪守法。广大农村虽然开展了多次普法教育，但只是搞搞形式，走走过场，广大农民没有真正受到教育。同时，一些不健康的精神垃圾在网上流行。部分农民思想落后，缺乏伦理道德观念和法制观念，好逸恶劳，为所欲为。

（二）农村经济文化仍然落后

受经济发展水平落后的影响，农村文化教育事业落后，一些农民文化素质较低，部分农民为文盲、半文盲，强制九年制义务教育虽然有了法律制约，但是现在政府抓得不紧，产生了新的半文盲，农民对法律知识知之甚少或者根本不知，当自己的合法权益遭到不法侵害时，不懂得运用法律武器保护自己，捍卫自己的合法权益，要么屈于恶势力的淫威，要么铤而走险。一些农民有了矛盾纠纷不找村委会、政府机关解决，而借助于自己的"力量"私下处理。

（三）农村基层基础工作薄弱

一是社会治安管理部门力量严重不足，一个农村乡镇公安派出所辖区方圆几十平方千米，人口几万之众，而民警力量仅几名，心有余而力不足；二是乡、镇等基层组织，没有引起高度重视，没有扎扎实实去做教育挽救工作，有的单位对违法人员也熟视无睹，放任自流，这样在客观上无法有效地使这些人转化，也无法防止他们再次违法犯罪。

（四）对违法犯罪的查处打击不力

一是少数地方职能部门对打击农村违法犯罪认识重视不够，重城区、轻乡村思想严重，使各类刑事案件屡有发生。二是有关部门协调配合不够，致使一些违法犯罪不能得到应有的打击。三是部门之间协调配合不够，致使一些行政违法案件得不到及时处理。

三、对于农村社会治安问题的解决对策

◇ （一）坚持"严打"，坚决打击各类刑事犯罪

首先，各级党委、政府及职能部门要从发展农村经济、维护农村稳定的大局出发，高度认识打击农村违法犯罪的迫切性、必要性，由党委、政府统一领导，集中力量开展专项斗争，公检法司等部门要协调一致，相互配合，该批捕的批捕，该起诉的起诉，该重判的决不轻判，做到快捕、快诉、严判，对农村恶势力坚持露头就打，不给其喘息的机会，达到震慑一方的目的。其次，对于农村群众集体闹事，要高举法律的大旗，敢抓敢管，抓住时机，严惩组织为首人员，决不姑息迁就，坚决维护法律的权威性。同时，适当适时地公布案情教育广大群众，提高群众的守法意识，自觉维护法律尊严。最后，要建立有效、长效的破案追逃机制。对恶势力违法犯罪活动要一查到底，充分利用各种侦查手段查清每一案，做到不漏一案，不掉一罪。对在逃人员要有专门的责任人和专项追逃资金，做到一追到底，除恶务尽。

◇ （二）积极预防，减少农村治安乱源

要在整治农村社会治安秩序的基础上，加强农村的监外执行罪和刑释解教人员的监管、帮教等方面的工作。一是成立监管机构，要在乡、镇成立监外执行罪犯管理部门和以派出所、司法所等为主要力量的监改小组，落实对被监改人员包管教、包转变、包巩固等责任制。对两劳回归人员的管理，由县司法部门成立管理站，进行帮教管理。二是刑释解教人员依法逐人建立档案，由派出所列为重点人口，司法所建立台账，联合村委会、家庭、流动党支部进行管

理，从而杜绝脱管、漏管现象。

◇◇ （三）强化责任，加强基层政权建设

一是通过组织整顿，调整充实基层组织，尽快解决一些农村治保组织软弱涣散，名存实亡的问题，把那些政策法律水平较高、工作责任心和工作能力较强的人选拔到治保会岗位上来，使基层组织社会管理、预防和控制犯罪的作用能得以正常发挥。二是对基层干部队伍要注重加强为人民服务的宗旨教育，使之关心群众，积极为民排忧解难。同时对网格员、治保组织成员要加强业务培训和指导，提高业务素质。

◇◇ （四）加强教育，弘扬人间正气

要结合普法工作和当前"农村社会秩序整治"斗争的宣传，通过多种形式，倡导弘扬社会公德，把依法治国与以德治国紧密结合起来，把严厉打击和以人为本紧密结合起来，尤其要针对农村及农村集镇的不同特点，研究摸索出新型思想、道德、法治教育方式，激励社会正气、树立先进典型，在提高人民群众自身素质的同时，提高人民群众勇于同违法犯罪分子做斗争的自觉性，使人民群众特别是受害者勇于揭发、敢于斗争，不让违法犯罪行为有存在的土壤。

◇◇ （五）强化领导，加强基层政法机关建设

强化治安管理，首先要强化农村公安派出所的建设。要增加公安编制，充实战斗在第一线的派出所警力，使农村派出所的警力至少达到万分之五以上。同时，在财、物方面向农村派出所倾斜，改善装备和办公条件。其次要提高基层派出所、法庭、司法所、维稳办工作人员的政治、业务素质。增强公仆意识，改进工作作风，提高自身的政策、法律水平，以维护人民群众利益，以确保一方平安为己任。加强同人民群众的血肉联系，及时搜集和掌握民事纠纷信息，对发生的民事纠纷、治安纠纷，司法、法庭、派出所要做到既分工、又合

作，秉着对人民负责的高度责任感和使命感，齐抓共管，尽职尽责，积极主动地做好教育疏导和调解工作，防微杜渐，未雨绸缪。对分属不明、业务交叉的，要主动接待受理，或者及时报告当地党委政府，由当地党委牵头，协调工作，共同调查处理，绝不能互相推诿、扯皮。

第四章
食品安全要协同治理

食品安全是政府和民众持续关心的问题，也是社会治理不可分割的组成部分，事关公众的生命、健康权利，对于实施健康中国战略、决胜全面建成小康社会，具有重要的现实意义。当前，食品安全问题多发、监管不到位，食品安全犯罪案件移送和协作办理存在不足，跨区域、网络化食品安全问题协同性治理缺失，而食品安全工作原则中的社会共治蕴含着协同治理思想，因此，要强化食品安全协同治理，以保护"舌尖上的安全"。

从田间到餐桌，如何保证食品安全，是政府和公众持续关心的问题，也是社会治理不可分割的组成部分，这涉及法律、政策措施、政府监管、行业自治、诚信建设等，也涉及方法论上的协同性治理。准确地揭示食品安全要协同治理的原因，阐释其法理依据，有助于有效解决食品安全问题。

一、食品安全问题的多发

食品安全和食品一样，是食品安全领域或食品安全法中的一个基本概念。根据修改后我国2015年《食品安全法》第一百四十条的规定，食品安全，是指食品无毒、无害，符合应当有的营养要求，对人体健康不造成任何急性、亚急性或者慢性危害。从这个概念中我们可以看出，食品安全的主要内容包括三个方面：一是从食品安全性角度看，要求食品应当"无毒""无害"。"无毒""无害"是指正常人在正常食用情况下摄入可食状态的食品，不会造成对人体的危害。但"无毒""无害"也不是绝对的，允许少量含有，但不得超过国家规定的限量标准。二是符合应当有的营养要求。营养要求不但应包括人体代谢所需要的蛋白质、脂肪、碳水化合物、维生素、矿物质等营养素的含量，还应包括该食品的消化吸收率和对人体维持正常的生理功能应发挥的作用。三是对人体健康不造成任何急性、亚急性或者慢性危害。与世界卫生组织对食品安全的定义也有所不同。根据世界卫生组织的界定，食品安全是指食物中有毒、有害物质对人体健康影响的公共卫生问题。《食品安全法》的上述定义突破了传统的公共卫生范畴。

应看到，食品安全问题已经成为 21 世纪消费者面临的首要问题。其主要集中表现在以下几个方面：微生物性危害、化学性危害、生物毒素、食品掺假和基因工程食品的安全性问题。在笔者看来，从广义的角度，食品安全问题还应包括食品安全不规范的问题、食源性疾病、食物中毒、食品安全事故、食品领域中的违法犯罪等。因为严重食品安全问题而对人体造成危害的，符合刑法规定的构成条件，可以依法追究其刑事责任。

当前，食品安全问题仍然是全社会关注的焦点，校园内的食品安全更为所社会关注。虽然目前没有出现像"问题奶粉"那样大规模的食品安全事件并造成恶劣影响，但食品安全问题仍然是突出的，形势是严峻的，可以说，无法、无良、无知状况同时存在。

以食品违法犯罪为例。在 2013 年，就有人指出，"当前危害食品安全的刑事案件数量大幅攀升，重大、恶性食品安全犯罪案件时有发生，一些不法犯罪分子顶风作案，例如相继出现的瘦肉精、毒奶粉、毒豆芽、地沟油、问题胶囊、病死猪肉等系列案件，群众对此反映强烈"。据统计，2010—2012 年，全国法院共审结生产、销售不符合安全（卫生）标准的食品刑事案件和生产、销售有毒、有害食品刑事案件 1 533 件，生效判决人数 2 088 人。近三年来，全国法院审结这类案件的数量呈逐年上升的趋势。2011 年、2012 年审结上述两类刑事案件同比增长分别为 179.83%和 224.62%；生效判决人数同比增长 159.88 和 257.48%。而近几年，危害食品安全的犯罪案件仍然严重存在。2013 年全国法院审结危害食品安全犯罪案件 2 082 件，判处罪犯 2 647 人。如王长兵生产、销售有毒食品犯罪等典型案例。2014 年，全国法院审结危害食品药品安全犯罪案件 1.1 万件。2015 年，全国法院审结生产、销售有毒、有害食品等犯罪案件 10 349 件。2016 年，上海法院审结福喜公司生产、销售伪劣产品案，严惩危害食品药品安全犯罪责任人。

2010—2015 年，四川省检察机关扎实开展"两个专项监督行动"，批捕危害食品药品安全和破坏生态环境资源犯罪嫌疑人 83 人，起诉 369 人。另据统计，2016 年，四川省检察机关持续开展危害食品药品安全犯罪专项监督活动，监督移送犯罪嫌疑人 199 人，批捕制售有毒有害食品、制售假药等犯罪嫌疑人。这里没有将危害食品、药品安全的数据分开，因此无法得出准确的批捕危害食品安全犯罪嫌疑人的数据，但结合相关案例和数据，还是可以看出危害食品安全犯罪的严重性。

据眉山市检察院案管办统计，2012 年至 2017 年 6 月，眉山市检察机关共批捕生产、销售不符合安全标准的食品的犯罪嫌疑人 6 人，审查起诉 8 人，共批捕涉嫌生产、销售有毒、有害食品罪的嫌疑人 5 人，审查起诉 9 人。另据眉山市检察院侦查监督部门统计，2012 年至 2017 年 8 月，眉山市检察机关共监督行政执法部门向公安机关移送危害食品药品安全犯罪案件 15 件 18 人，立案查办食品药品保护领域渎职侵权案件 5 件 7 人。办理了一批有影响力的典型案件。如市检察院成功办理了杨某东、陈某、谢某祥等 8 人以病死猪、马、牛肉混合新鲜牛肉加工牛肉制品案，销售金额高达 1 000 多万元。2015 年 12 月，眉山市中级人民法院以杨守东犯生产、销售伪劣产品罪，判处有期徒刑十五年，并处罚金人民币 500 万元，以陈某、谢某祥、陈某礼犯生产、销售伪劣产品罪，分别判处有期徒刑八年、八年、七年，并处罚金人民币 50 万元、30 万

元、30 万元。在办理该案的同时，发现相关监管部门存在重大渎职行为，随即将相关线索移送市检察院反渎局予以查处，2016 年 11 月，眉山市检察院反渎局对彭山区工商行政管理和质量技术监督局党组成员唐某、纪检组长胡某，彭山区食品药品监督局工作人员田某三人进行立案侦查。

由于统计口径不同等因素，审查起诉的相关数据远大于批捕的人数。仅 2017 年，眉山市检察机关就起诉生产销售伪劣商品罪 13 件 21 人。如吴某垚等 5 家茶叶加工小作坊涉嫌在茶叶中违法添加美术绿（主要成分为铅、铬、绿）案；陈某明生产、销售伪劣产品案，提起公诉后，被一审法院判处有期徒刑 1 年 6 个月，并处罚金 6 万元。

二、食品安全问题的监管不到位

2013 年，国务院机构改革后，食品安全监管机制有了重大调整，从多部门各管一段，到生产、流通、餐饮环节的监管权责整合。2015 年，修改后的《食品安全法》适应了这种变化，对食品安全监管体制做了明确规定。该法第五条规定，国务院设立食品安全委员会，其工作职责由国务院规定。国务院食品药品监督管理部门依照本法和国务院规定的职责，负责对食品生产经营活动实施监督管理。国务院卫生行政部门依照本法和国务院规定的职责，组织开展食品安全风险监测与风险评估，制定并公布食品安全国家标准。国务院其他有关部门依照本法和国务院规定的职责，承担有关食品安全工作。"国务院食品药品监督管理部门依照本法和国务院规定的职责，负责对食品生产经营活动实施监督管理"，而不是仅对餐饮服务活动实施监督管理，这是在原有的分段监管体制的基础上的变革，无疑是一大进步。

2013 年 12 月，眉山市、区、县同步启动并全面完成食品药品监管机构改革工作任务，市本级和各区县食品药品监管均已独立设置为政府工作部门，保持了食品药品监管的系统性和专业性，全市系统共核定编制 619 名，是改革前的 3 倍，目前在岗人员已达 90% 以上。同时，将食品药品监管机构向乡镇延伸。眉山市新设立 68 个乡镇（区域）食品药品监管所，核定编制 155 名，聘请村级食品安全协管员 1 036 名，并纳入政府网格员管理体系，实现了食品药品监管区域的全覆盖。此外，眉山市实施了乡镇食品药品监管标准化建设三年行动计划，以推进食品安全检（监）测能力项目建设。这为食品安全监督管理奠定了良好的基础。

而 2016 年 3 月 16 日通过的《国民经济和社会发展第十三个五年规划纲要》，在"推进健康中国建设"中指出，要保障食品药品安全，加快完善食品监管制度，健全严密高效、社会共治的食品药品安全治理体系。这对食品安全监管提出了新的更高的要求。应该说，四川省、眉山市食品监管部门和人员，做了大量工作，取得了明显的成效。但是，从实际情况来看，目前的监管仍然比较薄弱，有的地方甚至监管不到位。换言之，当前处于食品安全问题的监管薄弱期。

在四川省这样一个经济和社会发展极不平衡的地区，在生产者和经营者众多而分散的情形下，要进行有效的监管，难度很大。这是客观事实，眉山也是如此。全市辖区面积 7 186 平方千米，人口约 350 万，管辖 6 个区、县。截至 2015 年 10 月，全市有食品企业 22 121 家。要凭借上述这 600 多名编制人员进行全方位的监管，是较为困难的。

有人认为，"监管也不可能覆盖食品生产的每个角落。众所周知，食品安全的关键在于农业生产。在我国，大规模集约化生产并未形成，一家一户的零散式生产占相当比例，很大程度上无法监管农民生产活动。比如，农民天不亮就下地喷药施肥，半夜起来喂牛挤奶，凌晨杀宰羊，并且这些活动往往又是一家一户分散进行的，客观上要想监管所有这些活动根本不可能。另外，就生产标准来说，很多产品无法定标准。如我国有很多小吃，风味、口感各异，正好彰显了其特征，如果统一划分标准就失去了其本质属性；另有很多有祖传手艺的食品，如果整齐划一也就失去了其特性。即便如此，食品安全也未必能够得到保障，因而，在食品安全中，监管不可能包揽一切"。在实际中，还存在社会成本过高、效率低下，寻租和腐败的问题，也就是说，监管存在政府失灵的情况。但是，这难以避免，我们也不能因噎废食。

加强对食品安全的监管是必要的，且在食品安全问题多发、形势严峻时，还应加强。不过，受制于各种因素，单靠食品药品监管部门是不够的，也监管不过来，因此还需要社会治理。从目前和今后相当长的一段时间来看，要想靠大量增加食品监管编制人员也是不现实的，而协同治理可以避免多头管理造成的食品安全漏洞。

三、食品安全犯罪案件在移送和协作办理中存在的不足

修改后的《食品安全法》以法律的形式，明确了行刑衔接的机制和要求。食药、质监等部门发现涉嫌食品安全犯罪的，应及时将案件移送公安机关。对移送的案件，公安机关认为有犯罪事实需要追究刑事责任的，应立案侦查。公安机关办理食品安全犯罪案件中，如果需要提供检测报告、认定意见等，相关部门应予以协助。行刑衔接使食品安全犯罪不再有案不立。在此基础上，2015年12月22日，国家食品药品监管总局、公安部、最高人民法院、最高人民检察院和国务院食品安全办联合发布了《食品药品行政执法与行政司法衔接的工作办法》，注重部门联动，有助于案件的移送。然而，实际上在食品安全犯罪案件的移送和协作办理上尚存在不足，主要体现在以下方面：

◇◇（一）食品安全犯罪案件移送和协作办理比较难

移送案件总数量不大，立案数不高，量刑轻缓刑偏多，打击效果欠佳。如2016年行政执法数据显示，眉山市行政机关一年办理行政执法案件17 779件，而2015年至今，"两法衔接"平台共接收"行权平台"行政处罚案件信息共计9 869条；行政机关主动移送涉嫌犯罪案件98件，检察机关监督移送18件，公安机关不立案（包括立案后撤案）退回行政处理21件，未做刑事打击率达18.1%；2017年1—7月，全市行政机关主动移送公安机关立案46件，检察机关监督移送16件，公安机关以没有犯罪事实，证据不充分等理由不立案7件，

不立案率达 11.29%。这与没有细化食品案件移送标准、条件、时限和分级等问题，将相关鉴定纳入司法鉴定的范畴，增强执法统一性有关。其中，案件移送标准包括实体移送标准是核心问题，在实践中常导致扯皮。可以说，由于行刑衔接的相关细则和案件移送的一些具体标准缺失，或者行刑衔接机制不畅，在处理食品安全犯罪案件中经常会出现有案不移、有案不立等情况。这至少影响了案件的移送。

◇◇ （二）证据不确实充分的问题

由于刑事证据的收集标准和要求更高，有的行政执法人员在对案件的调查处理过程中，侧重于行政处罚所需的证据收集要求，以刑事证据标准收集和固定证据的意识不强，没有及时进行证据的采集，或者是收集证据不全面、固定不及时，导致刑事打击时不能形成完整的证据锁链，造成案件因证据不足、事实不清等原因而无法移送，或者移送公安、司法机关后也难以处理。侦查机关基于内部绩效考核，为保证办案质量，往往要求行政执法部门在查清案件事实、收集到足够证据的基础上再移送，但由于行政执法部门的调查手段所限，往往难以满足侦查机关这一要求，导致移送案件难、立案难。而且，行政执法部门移送的食品案件通常专业性强、侦查工作量大，一些类型案件法律规定不明细，存在不同的鉴定意见，导致有的案件因证据问题多次被退回补充侦查，或者不批捕、不起诉、不做有罪判决，这在一定程度影响了侦查机关接收案件的积极性。行政执政部门受部门利益的驱动，加之收集刑事证据工作标准要求更高，若在移送案件中屡次受挫，会更倾向于通过"以罚代刑"来解决问题。否则，案件很可能就要降格处理，食品安全犯罪行为便得不到应有的惩罚。这与在行政执法中缺乏统一的罪名证据指引有关，如收集、固定、完善证据方面存在不足，有的因当时没有收集证据而失去了机会，再也无法弥补起来，从而导致证据的灭失，这也是侦查机关不受理、立案的重要原因。

◇◇ （三）法律适用问题

从现行刑法的规定来看，涉及食品犯罪的，主要是两个罪名，即刑法第一百四十三条规定的生产、销售不符合安全标准的食品罪和第一百四十四行规定的生产、销售有毒、有害食品罪，体现了对食品犯罪的从严打击。按照《刑法修正案（八）》二十四的规定，生产、销售不符合食品安全标准的食品，足以造成严重食物中毒事故或者其他严重食源性疾病的，处三年以下有期徒刑或者拘役，并处罚金；对人体健康造成严重危害或者有其他严重情节的，处三年以上七年以下有期徒刑，并处罚金；后果特别严重的，处七年以上有期徒刑或者无期徒刑，并处罚金或者没收财产。这是对刑法第一百四十三条做的修改，对生产、销售不符合食品安全标准的食品加重了刑事责任。经营病死或死因不明的禽、畜、兽、水产动物肉类及其制品，原则上即构成刑法第一百四十三条规定的生产销售不符合安全标准的食品罪，要予以刑事追究。不过，关于生产销售不符合食品安全标准案件中"足以造成严重食物中毒事故或者其他食源性疾病"，存在认定问题。除 2013 年 5 月 3 日最高人民法院、最高人民检察院《关于办理危害食品安全刑事案件适用法律若干问题的解释》（以下简称《解释》）中明确的情形和量化的规定外，对于超范围使用食品添加剂和超限量使用食品添加剂的行为，是否"足以造成严重食物中毒事故或者其他食源性疾病"，《解释》的意见是征求专家意见。而在实践中，不同地区的专家或不同层级的专家对同一问题的认知是有差别的，有可能得出完全相反的结论，这将导致同一事实有的地区做有罪定性，有的地区做无罪定性，因而在法律适用上存在问题。

四、跨区域、网络化食品安全问题协同治理的缺失

近几年来，食品安全问题特别是食品安全违法犯罪行为，出现了跨区域、网络化的特点和趋势。

早在 2011 年，在眉山市就出现了跨区域实施食品违法犯罪的案例。如 2011 年 5 月，犯罪嫌疑人郭某民（男，45 岁，安徽界首人）、杨飞（男，25 岁，陕西咸阳人）、朱某艳（男，43 岁，河北邯郸人）到四川省眉山市洪雅县，租

用该县止戈镇一农户房屋从事牛肉买卖生意。三人分工协作，由郭某民与犯罪嫌疑人余某利（在逃）签订收购病、死奶牛的合同，杨某负责日常收购、付款、记账等工作，朱某艳负责宰杀、分割牛肉并装袋放入冻库保存。存储达到一定数量以后再运输到陕西省户县犯罪嫌疑人朱某松（男，44岁，河北邯郸人）处，由朱某松制作成牛肉熟食品，冒充合格牛肉销售给当地饭店和一些散户。截至2011年9月案发，该团伙共宰杀病、死奶牛40余头，制作销售伪劣牛肉7 500多千克，销售金额约15万元。2012年4月，洪雅县人民检察院以涉嫌生产、销售伪劣产品罪依法将4名被告人提起公诉，一审法院做了有罪判决。而近年来，这种情况有增无减，有所发展，逐步形成犯罪利益链条和犯罪网络。诚如大家所认为的，"很多食品安全违法行为都有一个从小到大、量变到质变的过程。比如，从销售病死猪到收购加工病死猪肉再到深加工食品的犯罪利益链条，若没有前端逐步积累的销售病死猪行为，就没有后续的庞大犯罪网络"。

近年来，食品安全犯罪的方式不断创新、手段更趋隐蔽，犯罪案件性质认定难度越来越大。而且，当前传统的违法犯罪、食品领域传统的犯罪手段和新型的犯罪手段是并存的，网上网下勾连，境内境外勾结。随着互联网的迅速发展，食品的安全问题也有很多在网上得以充分体现。从侦办案件来看，食品安全违法犯罪的问题在互联网上发展速度非常快。犯罪呈现出无国界、跨区域、辐射范围广的特点。这是来自侦查实务人员的认知或感受，揭示了食品违法犯罪网络化的新特点。据统计，70%的案件发生在网上，70%的案件属于人为添加非法添加物，70%发案在城乡接合部，70%流向城乡接合部。在这四个70%中，第一个就是网络犯罪，这是新出现的特点，不同于传统的食品安全犯罪案件。值得注意的是，一些违法犯罪份子通过互联网、快递来销售，以逃避一些行政部门的监管。同时，这类犯罪的团伙性、链条性特征明显，犯罪分子逃避刑事追究意识不断增强。在郭某民等四人以病死牛肉冒充合格牛肉进行跨省生产销售一案中，就体现出了这些特征。

对食品监管部门而言，网络食品经营监管难度很大。网络食品经营的虚拟性和跨地域特点给行政管辖、案件调查、证据固定、处罚执行、消费者权益保护等带来了很大挑战。这就要求对食品安全进行综合治理、源头治理、系统治理。因此，要严格执行 2016 年 3 月 15 日出台的《网络食品安全违法行为查处办法》，加强网上食品安全的有效监管，及时地发现网上的违法犯罪，及时查处，真正形成一个联动机制。特别是要强化源头治理，加大协同治理的力度，整体联动，形成工作的合力，及时回应民众的关切。

在这方面，一些电商与食品监管部门、公安司法机关已有共识。2017 年 3 月 7 日，马云在其微博中提出，要像治理酒驾一样治理假货。实际上，这里的假货也包括一些不符合食品安全标准的食品，甚至有毒、有害食品。加强与电商之间的协作，有利于打击网上网下实施的食品违法犯罪。在食品违法犯罪利益链条化和网络化的情况下，若严守属地原则，可能连食品违法犯罪的线索也发现不了。

应当清醒地看到，在跨区域、网络化食品安全问题上，存在协同治理的缺失。有学者认为，通过对"山东疫苗事件"的分析，发现我国药品安全治理体制存在制度性缺陷，药品安全监管的"统一性、专业性、权威性"受到机制性约束。其实，不仅非法疫苗案件中已经暴露出这样的问题，在食品安全问题方面也是如此，只是程度不同罢了。

五、食品安全工作原则中的社会共治蕴含着协同治理

修改后的《食品安全法》第三条规定，"食品安全工作实行预防为主、风险管理、全程控制、社会共治，建立科学、严格的监督管理制度"。这是关于食品安全工作原则的规定。这里的社会共治，是指调动社会各方力量，包括政府监管部门、食品生产经营者、行业协会、消费者协会乃至公民个人，共同参与食品安全工作，形成食品安全社会共管共治的格局。有学者认为，食品安全社会共治原则是指食品安全共同体在开展食品安全工作时应当遵循一同或一道管（治）理的准则。这不无道理。

社会共治是创新社会管理的新举措，是促进政府职能转变、实现公共利益最大化的重要途径，也是解决食品安全监管中存在的监管力量相对不足等突出问题的有效手段。食品安全社会共治需要政府监管责任和企业主体责任共同落实、行业自律和社会监督相互促进，形成社会各方良性互动、有序参与、共同监督的良好社会环境，引导食品生产经营者落实主体责任、强化道德观念、倡导诚信从业风气，促使食品安全保障由单纯依靠食品安全监管部门的方式向多方主体主动参与、共同发挥作用的综合治理方式转变。

从修改后的《食品安全法》的内容来看，社会共治原则体现在以下一些具体制度的规定上，如明确食品行业协会应当按照章程建立健全行业规范和奖惩机制，提供食品安全信息、技术等服务，引导和督促食品生产经营者依法生产经营。《食品安全法》规定消费者协会和其他消费者组织对违反本法规定、侵害消费者合法权益的行为，依法进行社会监督。该法增加规定食品安全违法行为有奖举报制度，明确对查证属实的举报，应给予举报人奖励；对举报人的相关信息予以保密，保护其合法权益；对举报所在企业食品安全违法行为的内部举报人给予特别保护，明确企业不得通过解除或者变更劳动合同等方式，对举报人进行打击报复。该法规范食品安全信息发布，强调监管部门应当准确、及时、客观地公布食品安全信息，鼓励新闻媒体对食品安全违法行为进行舆论监督，同时规定有关食品安全的宣传报道应当客观、真实，任何单位和个人不得编造、散布虚假食品安全信息等。

可以说，食品安全工作原则中的社会共治蕴含着协同治理的思想。作为一种治理范式，协同治理的核心在于社会公共事务裁量权的共享，即通过权力的共享来实现合作化的行为。共享裁量权是协同治理的标志，它能够增强政府完成公共任务的能力，也能够增加所要完成任务的灵活性。但是共享裁量权也需要付出代价：权威会削弱，战略复杂性会增加，且问责的失灵可能性会激增。政策的关键在于，相对于赋予裁量权的收获，什么时候代价较小、什么时候代价较大。当代价较小的时候，就应当共享裁量权；当代价比较大的时候，就应当严格限制裁量权的分享。这揭示了协同治理的标志，强调共享裁量权对于完成政府公共任务的重要性，以及需要付出的代价、政策的关键。在治理实践中，如何共享裁量权成了协同治理的关键问题。也就是说，协同治理中并不存在普遍认可的"共治"模式，"协同治理"本身也并不比其他任何治理方略更具道德上的优势，任何治理实践的改进都有赖于对其特定情境的边际分析。因此，要提升食品安全治理的协同性，需要在行动者分享裁量权的同时，明确其所对应的责任与义务，培育积极而理性的治理主体，在主体协同的基础上建立健全可持续的协同机制，从制度上优化与推进食品安全的善治过程。

在协同治理实践中，眉山市探索了"食品监管+公安+检察"的方式，共享裁量权，考量收获与代价，已初见成效。如杨某东、宋某兰生产伪劣产品案。青神县食品药品监督局通过前期执法调查，已基本核实杨某东从甘肃购买原材料黄芪运到青神县白果乡胡坝村6组，由宋某兰组织人员使用中药"五倍子"对黄芪进行染色、切片加工，加工后的成品由杨某东负责销售，销售金额81万余元，另从现场扣押染色待加工黄芪1 228.3千克、染色黄芪成品644千克、染色用"五倍子"4.65千克的违法事实。查获该案后，认为可能涉嫌犯罪，遂邀请公安机关介入。公安机关以证据材料不完善为由，要求县食品药品监督局继续收集证据材料，既不受理案件，也不出具不立案通知书，使其处于执法的困境。于是，县食品药品监督局启动"两法衔接"案件双向咨询机制，向青神县人民检察院咨询该案是否符合刑事立案条件等法律问题。县检察院干警经审查证据材料后，认为该案已涉嫌犯罪，应移送公安机关立案侦查，遂向县食品药品监督局发出应当移送涉嫌犯罪案件建议书，并就立案标准及证据收据问题与公安机关交换意见，后公安机关受案并立案侦查。此案提起公诉后，法院依法做出有罪判决。这是食品安全问题协同治理实践经验的总结。

总之，从涉及的主体和方面来看，食品安全是一个社会治理问题，也是一个体系问题。要弄清为什么要对食品安全问题进行协同治理，进而充分认识食品安全问题协同治理的作用，树立食品安全协同治理的理念，构建食品安全协同治理的大格局，健全食品安全协同治理的体制机制。我们应从实际情况出发，从法治和实施健康中国战略的角度，严格执行修改后的《食品安全法》、相关的司法解释和规定，贯彻落实习近平总书记对食品安全提出的"四个最严"要求，即"切实加强食品药品安全监管，用最严谨的标准、最严格的监管、最严厉的处罚、最严肃的问责，加快建立科学完善的食品药品安全治理体系，严把从农田到餐桌、从实验室到医院的每一道防线"。加强行政执法与刑事司法衔接，努力保障人民群众"舌尖上的安全"，从而进一步保障和改善民生。

第五章
基层法律服务存在的问题及对策

随着中国社会与经济的不断发展，依法治国已成为发展社会主义市场经济的客观需要，也是社会文明进步的显著标志，更是国家长治久安的必要保障。人民的法律意识不断提高，对法律服务的需求度也在不断上升，为了弥补律师数量难以满足大量基层法律服务需求的状况，基层司法部门在提供法律服务的过程中扮演起了重要角色。

目前，青神县司法局及其下属的 10 个司法所，通过在辖区内主持调解纠纷、解答法律咨询疑问、开展法律宣传等一系列法律事务，满足了很大一部分基层群众的法律服务需求，为维护基层社会的稳定与和谐做出了积极贡献。但是随着社会主义法治建设的不断深入以及律师队伍的不断壮大，基层法律服务所存在的问题也逐渐凸显，如何完善基层法律服务已成为当前一个亟待解决的问题。笔者经过调查研究和深入思考，从人民调解、法制宣传和法律援助这三个基层法律服务主体环节出发，就基层法律服务存在的问题提出了粗浅的看法和对策。

一、人民调解

人民调解，属于诉讼外调解的一种，是指在人民调解委员会主持下，以国家法律、法规、规章和社会公德规范为依据，对民间纠纷双方当事人进行调解、劝说，促使他们互相谅解、平等协商，自愿达成协议，消除纷争的活动。作为我国法制建设中一项独特的制度，基层人民调解委员会依托广泛的群众基础和基层司法行政机关的指导，依法对民间纠纷当事人进行说服劝解以消除纷争，对增进人民团结、维护社会安定、减少纠纷、预防犯罪、促进社会和谐和稳定发展发挥了积极作用。

截至 2017 年 9 月，青神县 10 个基层司法所共调处各类案件 887 件，涉及人数 2 031 人，涉及金额 614 万元，调解成功率达 90% 以上。切实做到了在化解矛盾纠纷的同时也为群众提供了相关的法律服务。近年来，随着群众的法律意识不断提高、维权意识增强，利益纠纷事件也不断增加，而部分调解组织的反应滞后，调解员素质参差不齐，不少弊端开始展现出来。在对青神县 10 个乡镇的调解委员会进行调查后，我们发现目前主要存在以下问题：

◇◇ （一）调解队伍人员少，素质参差不齐

一是基层调解员数量少，调解员往往由乡镇干部和村、社干部兼任，缺乏专职人员。二是很多调解员并不是法律专业出身，对人民调解法及其他法律法规把握不准。三是干部变动频繁，调解队伍不稳定。四是专业培训不够，一些调解员观念陈旧，处理问题简单粗暴，没有法治方式和法治思维；还有部分调解员则工作经验较少，处理问题时难免捉襟见肘。

◇◇ （二）基层群众法律意识薄弱，制约了调解工作的开展

部分群众认为调解工作是"软手段"，对调委会的信任度不够，造成在调

解过程中矛盾反复激化，给调解工作带来了一定的难度。

以青神县罗波乡某茶果场权属问题的纠纷的调解为例，罗波乡某茶果场始建于 1975 年 12 月 1 日，属于罗波乡农民集体所有。该茶果场于 1996 年被承包给汉阳镇上游村的刘某，承包期限为二十年。2016 年春节期间，官斗山村 4、6、8 社和施家沟村 3 社群众私自到花果山采茶叶，承包商和村社干部多次劝阻无效，罗波乡领导也多次上山给摘茶叶的群众做思想工作，但群众不承认土地是全乡所有，坚决认为茶果场归官斗山村民和施家沟村民所有。

在调解过程中，调解员反复强调了相关法律法规，希望纠纷双方能依法协商，可是几天后，村民再次上山采茶，劝说无果的承包商只能向派出所报警，才阻止了事态的恶化，虽然在调委会的多次努力下成功地化解了此次矛盾，但群众淡薄的法律意识和强横无理的态度加大了调解的难度，使基层法律服务未能发挥出最好的效果。

◇ （三）调解资料不完善，经费落实不到位

人民调解工作主要在基层，要深入到田间地头，工作任务重、压力大。因此上级部门给予了调解工作专项经费补助，但是由于补助的审批需要完善的调解资料，而许多调解员文化水平不高，无法完成资料的整理，造成了做完工作却得不到补助的局面，调解人员的工作积极性也因此受到影响，法律服务的主动性大大下降。

针对基层人民调解中存在的问题，可以采取如下措施：

1. 健全组织，优化队伍

要提升调解员的工作能力和水平，发挥好人民调解在基层法律服务中的作用，就需要建立起以乡镇调委会为主导，村、社调委会为基础，部门性调委会为补充，志愿者、网格员为触角的多层次、宽领域、规范化的人民调解组织体系，纵向到底、横向到边，健全完善组织队伍，同时要充实调解队伍，将律师、法律工作者、退休老干部、老党员以及责任心强、群众威信高的村民等吸收进人民调解员的队伍，并且有针对性地加强业务培训，提高队伍素质。通过

现场观摩、以案说法、经验交流等形式，加强调解员之间的相互学习和配合。

2. 深化"诉非衔接"，构建诉讼和调解的对接框架

长久以来，群众总是习惯到法院寻求法律服务，而"诉非衔接"作为一种诉讼与非诉讼相衔接的矛盾纠纷解决机制，将诉讼中的矛盾分解到人民调解中，以人民调解这一更"柔性"的方式化解矛盾，也是多元化推进法律服务的一种有效手段。

以2017年9月6日，眉山市某物业管理服务有限公司与青神县青城镇振兴路某小区三位当事人王某芳、李某珍、宋某之间的合同纠纷为例，三人与青神县某小区业主委员会于2014年1月25日签订《××物业管理服务有限公司委托合同》，合同签订后，该物业管理服务有限公司履行了物业管理义务，但三人拖欠2014年至2016年物管费共计11 000元，多次催收未果，该物业管理服务有限公司遂诉至法院。由于涉案金额不大且案情简单，法院遂将案件委派给基层调委会解决，调解员与双方取得联系后，既向双方阐明了相关法律法规，同时又从道德、人情的角度进行劝解，最终使双方很快达成了一致协议，既分担了法院的负担，又为当事人提供了有效的法律服务，可谓一举两得。

3. 建立第三方调解中心，提供多元法律服务

受到经费和编制的限制，基层调解委员会存在人员少、人员专业性不强的普遍现象，而基层矛盾涉及方方面面，仅靠为数不多的几位调解员来处理是不够的。针对此现象，笔者认为可以整合区域内的法律服务资源、专业调解资源和人民调解资源，建立调解员库，针对不同类型的纠纷抽取对应的专业人士来调解，从而为当事人提供更专业、更多元化的法律服务。目前，青神县已建成第三方调解中心11个，在初步的运行阶段中取得了良好的效果。

二、法制宣传

党的十八大以来，以习近平同志为总书记的党中央对全面依法治国做出了重要部署，对法制宣传教育提出了新的更高要求，明确了法制宣传教育的基本

定位、重大任务和重要措施。十八届三中全会要求"健全社会普法教育机制"，十八届四中全会要求"坚持把全民普法和守法作为依法治国的长期基础性工作，深入开展法制宣传教育"，十八届五中全会要求"弘扬社会主义法治精神，增强全社会特别是公职人员尊法学法守法用法观念，在全社会形成良好法治氛围和法治习惯"。习近平总书记多次强调"领导干部要做尊法学法守法用法的模范"，要求法制宣传教育"要创新宣传形式，注重宣传实效"，为法制宣传教育工作指明了方向，提供了基本遵循。

基层法制宣传为提高全民法律素质创造了有利条件，也是为群众提供法律服务的一种有效形式，目前，"七五"普法工作正如火如荼地展开，基层法治工作在新形势新任务的要求下，正在向新的高度迈进。从2017年1月—2017年9月，青神县基层普法活动中，共进行学法用法考试104次，法治专题培训235次，法制宣传活动388次，发放普法宣传读物57 360册。以丰富多彩的形式向群众普及法律知识，提供法律服务，取得了良好的效果。但是在工作的推进过程中，也凸显出了一些问题，主要有以下几点：

◇◇ （一）普法对象难以集中，文化水平普遍不高

基层法制宣传工作主要面向农村群众，农民的从业结构多元化和居住生活分散化导致普法对象难以集中。随着经济结构的调整，农村中很多青壮年选择外出务工，只有在农忙时才留在家中劳动，因此要把他们组织起来开展一次集中性的法制宣传存在很大的难度。再加上农村群众的文化水平参差不齐，传统封建社会遗留思想根深蒂固，对法律的地位和作用认识不足，他们习惯了历史的、传统的、祖宗留下的生活习惯和做法，难以接受政治、法律、科技等新型文化教育，守旧思想严重，对法律学习有排斥心理，不学法、不知法、不懂法，遇事也不知用法律手段维护自身权益。

◇◇ （二）普法形式陈旧，内容过于单一

现阶段基层普法依然主要采取挂横幅、贴标语、在宣传橱窗张贴宣传资料

等形式。但是挂横幅、贴标语手段单一，缺乏形象性，同时因为标语、条幅的限制性，往往造成农民只知道法律名称而不了解其具体内容，很多人甚至根本就没有注意到标语和横幅的内容。分发的宣传资料内容虽然详细，但内容太书面化，很多基层群众文化水平不高甚至不识字，这就导致资料上的很多内容他们根本难以理解，既收不到普法的实际效果，也难以通过普法的形式引导群众寻求正确的法律服务，往往是花了很多经费制作宣传标语、宣传资料，却收效甚微。

◇ （三）普法队伍素质不高，对法制宣传的认识不到位

目前开展法制宣传，提供法律服务的主体依旧在基层，可是基层司法行政工作繁杂又琐碎，"上面千根线，下面一根针"，基层普法工作人员往往身兼数职，疲于应付。而一些村干部文化素质偏低、年龄偏大，对法律法规和国家政策的理解不够充分，因此在为群众讲解方针和政策、国家法律法规时，还都停留在一般的号召上，甚至出现理解上的纰漏，同时在做调解、法律咨询等法律服务上也习惯运用传统的思想和民间手段，而不善于运用法治思维和法律方法为群众服务。

此外，部分基层干部存在着一些认识上的偏差，对普法工作的重要性认识不够。他们认为经济发展才是硬指标，普法则是个软任务，费时又费力还不见经济效益。因此，部分基层干部为群众提供法律宣传和法律服务的热情并不高。

法制宣传能提高群众的法律意识，在全社会形成文明和谐的氛围，使基层群众在遇见法律问题时能及时寻求法律服务，是推进法治建设一项行之有效的手段。因此，在法制宣传愈发重要的今天，克服工作中的弊端，不断完善法制宣传的手段成为一项重要的任务。在此，我们提出如下建议：

1. 加强机构建设，健全有效的运行机制

第一，基层普法要在上级有关部门的统一领导下，加强普法机构建设，基层司法局要指导乡、村两级政府及时调整充实普法领导机构人员和办事人员，

确保乡村两级普法机构健全、有效运转，为基层法制宣传教育和法律服务工作奠定基础。

第二，各级政府和部门要明确普法教育职能，将普法教育应用到基层法律服务中，增强基层群众法治观念，提高基层群众依法行使权利和履行义务的自觉性。普法宣传教育要紧紧围绕社会主义新农村建设，使两者能得到有效的结合。同时，普法宣传教育还应围绕基层民主法治村建设，推进依法治村，保障群众的知情权、决策权、参与权和监督权，保护农民的合法权益，提供切实有效的法律服务。

2. 拓宽法制宣传教育的渠道，创新宣传手段

充分利用新媒体进行法律宣传。随着经济的快速发展，农民的生活条件有了明显改善，微信、微博、广播电视全面普及，为基层法制宣传提供了更广阔的空间，尤其是电脑和电视的普及使得定时动员农民观看法治节目成为可能，有助于其进一步了解和掌握法律知识。同时，还可利用微信、QQ，建立公众号、对话群，通过推送信息、发布文章等方式向群众普及法律知识，提供法律服务。

比如，青神县司法局就建立了一个干部普法交流微信群，大家将一些法律知识推送到群里，通过转发、评论等方式将信息普及给更多的群众，收到了良好的效果。

此外，还要针对不同的对象采取各种行之有效的方法开展宣传活动，继续开展法律知识进万家，努力扩大法制宣传教育覆盖面；继续坚持组建法律知识宣传队的好做法，抽调干部深入基层及田间地头、农户院落，与农民面对面地开展法律知识宣讲活动，使基层法制宣传教育工作不留死角，提高普法的实际效果。

以青神县罗波司法所为例，为做好铁路安全宣传工作、确保高铁沿线学生的生命和财产安全、提高师生的法律意识，2017 年 6 月 14 日，罗波司法所、罗波乡综治办会同铁路公安眉山车站派出所对罗波小学全体师生进行了一次铁路交通安全普法宣传讲座。讲座上，司法所工作人员和派出所干警通过悬挂图

片、以案说法等多种形式，对在铁路沿线行走应注意的安全事项做了详细的讲解，同时向学生们介绍了一些危险的铁路设施，告知大家在假期要遵守交通法规，提高安全意识。讲座结束后，工作人员组织学生们有序地参观了铁路安全法律知识宣传栏，通过有趣的问答互动，极大地提高了师生们爱路护路的法律意识。

此次铁路安全普法宣传，便是针对师生的特点，采取了趣味性较强的方式，为师生解答了法律问题，提供了法律服务。同学们纷纷表示会以实际行动爱路、护路，争做"铁路普法小卫士"。

创新宣传方式在普法工作中也十分重要，它可以使法制宣传更具灵活性。针对当前基层的社会特点，可以利用农村赶集等人员聚集时间，组织开展普法宣传教育，让村民主动参与，自觉学法；还可以选择典型案例，如赡养案件、纠纷调解，加强宣传，调动村民学法的自觉性，增加法制宣传的趣味性。

以青神县罗波乡开展"党群集中活动日暨依法治村法律知识培训会"活动为例，2016 年 7 月 19 日，青神县司法局法律援助律师张高彬、罗波乡人大主席张泽勤、司法所所长艾勇与宝镜村村委干部、五十余位村民齐聚在宝镜村村委会，开展"党群集中活动日暨依法治村法律知识培训会"活动。活动以一场欢快的广场舞拉开帷幕，村民们对前来参加活动的领导、干部表示了热烈欢迎。活动中，青神县司法局法律援助律师张高彬分析了宝镜村法制建设的具体情况和存在的问题，用一系列生动的案例引导大家知法守法。罗波乡人大主席张泽勤强调了依法治村的重要性，并承诺将以身作则、依法行政，自觉接受群众的监督。活动后宝镜村书记江贵元表示，这次活动既以通俗易懂的方式普及了法律知识，又有专业律师到场，为党员群众提供了实实在在的法律服务，可谓是一举两得。

2016 年 12 月 2 日，青神县司法局举办的"12·4 国家宪法日"集中宣传活动也是普法宣传的一次成功经验。集中宣传活动以"弘扬宪法精神，建设法治青神"为主题，在宣传内容上主要以《宪法》《婚姻法》《中华人民共和国环境保护法》《劳动合同法》《道路交通安全法》等与群众生产生活息息相关的法律法规为主；在宣传资料的设计上除了有生动形象、图文并茂式的宣传展板、挂图、宣传单外，还增加了法治购物袋、法治年历等实用法治文化用品，更加符合广大人民群众的"口味"；在宣传人员方面则选择了单位的业务骨干，以更好、更快捷、更准确地为群众答疑解惑。宣传活动共设置展板20余块，解答群众咨询500余人次，发放宣传资料5 000余份，为群众提供了满意的法律服务。

3. 在基层培养和选拔一定数量的"法律明白人"

从司法所、法律服务所、村、社干部中选拔政治素质强、业务精通的法律工作者，开展普法依法治理工作，促进基层法治进程和社会稳定；为基层群众提供各类涉法事项的服务，及时解决热点和难点问题，依法维护集体和农民的合法权益；影响和带动身边农民学法用法，提高农民的法律意识；协助村委会、司法行政工作室开展法制宣传教育，化解矛盾纠纷；缓解现阶段基层法律人才资源相对匮乏的状况，不断满足基层干部群众学法用法的现实需求，促进农村和谐稳定，提升基层社会法治化管理水平。

目前，青神县共培养"法律明白人"736名，在基层普法和法律服务中发挥了举足轻重的作用。

以青神县罗波乡春季植树活动为例，罗波司法所召集了各村的"法律明白人"，利用这一特殊节日现身说法，搞活了本乡的法制宣传。在活动期间，司法所就《森林法》《中华人民共和国消防法》（以下简称《消防法》）、《中华人民共和国土地管理法》《中华人民共和国野生动植物保护法》等法律法规进行宣传，现场人头攒动，参加植树活动的群众争相领取宣传资料，"法律明白人"们一边帮群众植树，一边耐心地宣传《森林法》《消防法》，细致地解答群众的法律咨询，让家家户户都能够遵守野外用火规定，以减少森林火险火灾的发生以及保障家庭用火的安全。

三、法律援助

法律援助是指由政府设立的法律援助机构组织法律援助的律师，为经济困难或遇到特殊案件的人无偿提供法律服务的一项法律保障制度。目前社会上存在很大一批人，因自然、经济、社会和文化方面的原因而难以像普通人那样化解社会问题造成的压力，从而陷入困境并处于不利社会地位，这也就是所谓的弱势群体，法律援助通过向这些缺乏能力且经济困难的当事人提供法律服务，使他们能平等地站在法律面前，享受平等的法律保护。可以说，此项制度是法制文明和法律文化发展到一定阶段的必然产物，也是国家经济、社会文明进步和法治观念增强的结果。用法律的手段帮助人民群众解决诉讼难的问题，是当前我国建设社会主义法治国家大背景下的必然选择，也是促进司法公正的重要保障。

目前青神县法律援助中心共有 2 名工作人员，其中 1 名为法学专业毕业生，有 2 名法律援助律师。同时，青神县在 10 个司法所设立了法律援助工作站，司法所工作人员同时也是法律援助工作站的工作人员。目前，有 7 个工作站的人员均为本科法律相关专业毕业，年龄在 30 以下；另外 3 个工作站的工作人员由乡镇工作人员兼任。

从现状来看，青神县法律援助中心承担着十分繁重的任务，援助案件呈上升趋势，来援助中心寻求法律服务的人员不断增加，使工作难度不断加大。经过调查和分析，笔者认为基层法律援助主要存在以下几点问题：

◇◇ （一）法律援助经费短缺

法律援助是政府为弱势群体提供的一种法律服务，它不以追求盈利为目的，但是，法律援助同样要受到客观规律的制约：合格的法律援助服务必须有一定的服务成本作为基础。

目前青神县民事法律援助案件补贴标准为 800 元/件，刑事案件补贴标准为 600 元/件。若是一件案件由几名工作人员合作完成，分摊下去，补贴的数额将更低。下面就三类典型案件来阐述目前因补贴发放导致的弊端：

（1）农民工追索劳动报酬纠纷案件。

农民工维权专项活动的积极开展使农民工追索劳动报酬案件数量逐年增

加。随着群众维权意识的增强、群众诉求的增加，可能会出现不理性维权的现象。这部分人群往往法律素质不高，情绪易激动，给案件办理带来极大的难度。

（2）上级交办的重大维稳案件、突发群体性事件、重大涉访案件。

上级交办的重大维稳案件、突发群体性事件、重大涉访案件往往涉及面广、涉及人数多、累计金额较大，且具有一定维稳压力，办案成本偏大，如果按照一般案件发放补贴，则无法调动案件承办人员的工作积极性。

（3）刑事案件。

由于我县无看守所，在刑事案件办理过程中，承办人员需要到眉山市看守所会见在押人员，交通成本由此增加。按照我县目前的刑事援助案件补贴方式，刑事案件从侦查阶段到审判阶段总计一个案件纳入补贴，且补贴标准非常低。加上我县法律服务队伍力量薄弱，能承担刑事援助义务的不到 10 人，这样极大削弱了法律服务的实效性。

◇◇ （二）案件当事人文化水平低下、法律意识薄弱

由于法律援助主要面对基层弱势群体提供法律服务，这部分人往往受教育程度低、法律意识薄弱，一方面对法律援助的要求标准过高、依赖性过强，认为法律援助中心把他的案件办理到底是理所当然的，一经法律援助程序就必须给受援人带来直接利益。有的案件当事人通过援助打赢了官司，但在执行过程中，不能及时执结，也要找法律援助中心，他们过高地要求法律援助中心实现他们的利益，稍有不满，便会到援助中心吵闹，向上级反映，甚至上访。还有一些不符合法律援助条件、不该援助的案件，因当事人不懂法律或受利益的驱动，想打赢官司又不想花钱，于是遇到案件后动辄就来法律援助中心，要求法律援助中心给他们提供无偿服务，作为法律援助中心的工作人员不但要不断地向他们讲解相关政策，还往往得不到理解，在耗费了大量精力的同时，也给工作带来了不应有的负担。

◇ （三）律师和法律工作者对法律援助工作的配合度不高

目前，青神县法律援助中心只有两名工作人员，其中只有一名具有法学学位，而法律援助的案件逐年增加，仅仅依靠援助中心的工作人员难以及时办理所有案件，这就必然要依靠律师和法律工作者的力量，虽然律师和法律工作者都在尽力配合，但是毕竟案件补贴有限，与他们平时代理的案件的收入差距巨大，无法提高其工作积极性。

法律援助工作是为社会弱势群体提供法律服务的一项有效手段，要不断完善法律援助工作，不能单靠调动法律工作人员的积极性，而必须建立长效机制。针对法律援助工作当前存在的问题，笔者提出如下建议：

1. 加强法律援助经费保障

目前我国法律援助经费是以政府拨款为主，这就需要县一级政府把法律援助活动经费列入当地政府的财政预算，由人大监督，设立独立账户，并实行年度审计制度，确保法律援助有稳定可靠的经费来源。同时，法律援助是为社会弱势群体提供法律服务，因此，可以动员社会力量为此项工作捐助资金并设立专项基金，从而增加法律援助可使用资金，使基金会募集的资金作为有效的、较为持久的法律援助资金来源。

2. 提高法律援助中心与法院、检察院、公安及相关部门的配合度

法院、检察院、公安等相关部门在法律援助案件上，积极为法律援助律师"开绿灯"，提高办案效率，让律师有充分的时间调查取证、掌握案情，更好地为当事人做好辩护，避免因时间紧、案情复杂而使辩护沦为走过场，提高法律服务质量，使弱势群体建立起对法律援助的信心。

3. 提高法律援助的宣传力度

在落实经费的同时，要加强宣传，争取社会最大程度的理解和支持。国务院颁布的《法律援助条例》是开展法律援助工作的重要依据，要继续加大对《法律援助条例》的宣传力度，提高公民的法律意识，让老百姓知道哪些案件该援助，哪些案件不该援助，以减少一些案件当事人到法律援助中心软缠硬磨

的行为，让法律援助中心的工作人员能够腾出更多精力投身法律援助工作。同时，通过宣传树立起法律援助中心的正面形象，让弱势群体在需要法律服务时能及时想到法律援助这一途径，通过合法的手段来维护利益。

四、总结

《中共中央关于全面推进依法治国若干重大问题的决定》中指出，"建设完备的法律服务体系。推进覆盖城乡居民的公共法律服务体系建设，加强民生领域法律服务。完善法律援助制度，扩大援助范围，健全司法救助体系，保证人民群众在遇到法律问题或者权利受到侵害时获得及时有效法律帮助"。由此可见，公共法律服务体系建设是一项民生工程，事关社会稳定，亦是全面完成小康社会建设的一项重要举措。

第六章
和谐劳动关系的构建

"天不生人类，万古长如夜"，人类作为万物之灵，通过实践活动将自然世界改造成为了人的世界，即社会。人在改变世界的时候，又不断地变革和创造着自己的社会关系，随着生产力的不断发展，时至近代劳动者赋予了自己一种全新的社会身份，劳方；赋予了雇佣方一个全新的社会身份，资方（现代语境下为单位），从而形成了一种全新的社会关系，劳动关系。① 市场经济条件下劳动关系的本质是对立统一的经济利益关系，具有斗争性和同一性，劳资双方的斗争性表现为相互对抗，同一性表现为相互依存，在劳资双方的博弈中，其中一方居于弱势则劳动关系处于不和谐状态，博弈达到平衡则劳动关系处于和谐状态。因此，要全面地把握和谐劳动关系，我们应当既要重视斗争的一面，也要善于促进妥协，正如张载所言"有象斯有对，对必反其为，有反斯有仇，仇必和而解"（《正蒙·太和篇》）。

照以上观点，劳动关系是生产关系适应生产力发展的产物，具有社会性和时代性，故必将随着生产力的发展而不断发展，内涵、外延也将不断丰富，当其内涵及外延在得到社会广泛认可后即成为社会意义上的权利义务关系，得到国家确认并上升为国家意志之时即成为劳动法律的权利义务、关系。因此，劳动关系是社会关系的一部分，劳动法律关系是上层建筑的一部分，故劳动关系的和谐问题既是劳资共治问题又是国家治理问题。

一、和谐劳动关系的学理性论述

◇（一）和谐劳动关系的特性

劳动关系既为社会关系的一部分，故劳动关系的特性应以社会视野做整体考量，而笔者认为社会视野尤以历史、法律、经济、思想视角为重。因此，本书以历史、法律、经济和思想四个维度对劳动关系的特性展开论述。

笔者认为经济发展决定社会变革，变革的力量推动着思想的走向，思想的流变引起人民诉求的变化，在诉求的合力下又推动着政府的变革，政府的变革势必影响经济的发展，故经济发展、社会变革、思想流变、人民诉求四者循环往复推动着社会的发展进步，而当四者成为主流时就主导了社会发展的方向。

---

① 王福津. 发挥工会协调主体作用 应对劳动关系变化 [J]. （工会论坛）山东省工会管理干部学院学报，2007（3）：13.

因此，所有社会问题始于经济又回归于经济，所以作为社会问题之一的劳动关系离不开经济这个基础，也离不开源自经济的其他关联性的社会问题。以上观点就是本书研究和谐劳动关系特性的主要路径。

照以上路径，劳动关系是生产关系的重要组成部分之一，故劳动关系源自于经济基础，由经济基础决定其性质，又由于经济发展的动态性和上层建筑的变革性影响了职工思想，导致了职工更高、更多的诉求，造成了劳动关系的复杂性和不确定性，从而产生劳动关系的不和谐问题。为证实这个观点，本书从我们国家劳动关系的发展历程为主线展开论述。笔者认为，从1956年起，我们国家的劳动关系发展大体经过了如下四个阶段。

第一阶段，1956—1987年我们国家建立的是计划体制内的招工审批制度，1987—1995年实行的是审批制度体制下的劳动合同制。以上两个时期的劳动关系最为单纯，审批了劳动关系就成立了，国家赋予了国家能够给予的一切，"靠国家"的思想成为主流，此时段的劳动关系是和谐稳定的。从四川省第一人口大县仁寿县（2000年从乐山市划归眉山市）劳动争议仲裁委员会1987—1995年的劳动争议受案数为零的事实足以证实上述观点。

第二阶段，1995年，国家颁布了《劳动法》，就此正式建立了法律框架内的劳动合同制度，成就了劳动法律关系，使劳动关系的调整开始步入法制化轨道，但由于国企在国民经济中的主导地位和旧体制下的计划招工问题的长期积淀，致使该法的推行未能一蹴而就，只能循序渐进地推行。因此，1995—1999年，劳动关系的调整就出现计划审批制与劳动法律制的双轨制，此期间既是劳动关系由计划向市场转型的过渡期，又是"国家工人"向"劳动力商品"转型期。此时，劳动关系的复杂性开始凸显，劳动关系的矛盾日益突出，"劳动力商品"攀比"国家工人"的稳定就业和高福利，而"国家工人"对《劳动法》置若罔闻。由于当时市场化程度不高、劳动法律不健全等因素，劳动者关注的焦点是直接利益，而对决定自身长远利益的法律及社会地位问题缺乏必要的考虑，虽然"靠自己"的思想在市场经济的土壤中开始萌芽，但"靠国家"的思想仍居主导地位，因此劳动关系虽存在一定的不和谐因素，但总体和谐稳定。仁寿县劳动争议仲裁委员会 1995—1999 年的劳动争议受案总量仅为 78 件的事实可以证实上述观点。

第三阶段，2000—2007 年，随着招工制度的废止，行政审批职能让位于劳动法律，此后劳动关系被劳动法律全面接管。就经济层面而言，此后市场经济体制主导了劳动法律走向，市场价值规律决定了"劳动力商品"的走向，市场的开放性决定了"劳动力商品"的流动性，生产的自主性导致的经营多样性必然导致"劳动力商品"的不确定性。就此，诸如非法用工等劳动关系问题相伴而生，如影相随。思想领域，"靠自己"的思想居于主导地位，"靠国家"的思想退居次要地位。此时期，劳资矛盾日益突出，劳动关系不再和谐稳定。眉山市各劳动争议仲裁委员会的立案总量从 2000 年的 89 件攀升至 2007 年的 272 件。

第四阶段，2008 年至今，随着我国社会主义市场经济体系的全面建成，用人单位发展的不确定性因素逐渐增多，从而造成"劳动力商品"的流动性加快，此后劳动关系缺乏稳定性，不稳定的劳动关系基础之上难以构建和谐劳动关系。随着劳动合同法、社会保险法等一系列劳动法律的颁布实施，国家对劳动者的保护力度进一步加大，对单位社会义务的要求进一步提高。思想领域，集体主义思想日渐淡化，利己主义思想在劳资领域居于统治地位，在讲"利"不讲"义"的氛围中难以孕育出和谐劳动关系。以上因素的叠加致使劳资矛盾日益突出，劳动关系不再和谐稳定，劳动争议出现了大爆发，如眉山市 2008 年受理的案件为 532 件，2016 年达 2 416 件，构建和谐稳定劳动关系面临着前所未有的挑战。

小结：

（1）历史角度，劳动关系的历史发展，告诉我们劳动关系是时代的产物，和谐劳动关系问题具有动态性和发展性，故劳动关系是时代的产物，和谐劳动关系问题具有动态性和发展性；

（2）思想角度，思想是劳资行动的先导，是劳资诉求的基础，思想的变化直接影响着和谐劳动关系的发展和变化；

（3）经济角度，经济基础决定劳动关系，经济的发展必然主导和谐劳动关系的走向，故"发展起来以后的问题不比不发展时少"（邓小平），劳动关系不和谐因素的出现是经济发展到一定阶段的必然产物；

（4）法律角度，法律对劳动关系进行有效调整并对劳资利益进行合理分配，故法律影响着和谐劳动关系的发展方向。

◇◇（二）和谐劳动关系在当代的内涵、外延

通过以上论述，本书认为劳动关系的对立性表现为：①相互索取。单位从职工劳动中赚取利润，职工在单位劳动中获得收入，在利益最大化的驱使下，双方转为矛盾关系。②相互隶属。单位为己方利益不断强化管理，职工为己方利益不断弱化管理，当强弱格局被打破时，双方转为对抗关系。由此，可以推断出和谐劳动关系的基本内涵是：单位和职工在思想上互为依靠，同舟共济；在利益上相互妥协，互利互惠；在观念上诚实信用，相互信任。在此基础上，职工按劳取酬，实现有尊严地劳动、体面地生活；单位规范管理，实现人力资本效益最大化、发展可持续化。

以上观点，结合《中共中央 国务院关于构建和谐劳动关系的意见》，笔者认为和谐劳动关系的外延应当为：①用人单位用工规范；②职工工资合理增长；③劳动条件不断改善；④职工安全健康得到切实保障；⑤社会保险全面覆盖；⑥人文关怀日益加强；⑦劳动关系矛盾有效缓解。

二、构建和谐劳动关系的基本要求

根据上述论述，笔者认为和谐劳动关系的实现要在法律的框架内通过劳资共治和党政主导来实现，基本要求如下：

①公正合理。诚实信用是公正合理的核心，离开诚实信用公正合理就是空谈，而诚实信用要靠法律的制约和社会的培育。实践中，用人单位应当按照国家法律法规的规定发放劳动报酬、缴纳社会保险、改善劳动条件。职工应当按照规章制度的要求完成任务，按劳取酬。政府部门、司法机关应当依法整治劳

资领域的违法违约行为，加强职工职业道德和单位社会责任教育，保障诚实信用落到实处。

②互利共赢。理解包容是实现互利共赢的基础，即劳资双方应当考虑对方的合理要求。如用人单位根据收入增长情况制订合理的工资增长机制，提供技能提升培训，提高职工福利。职工在承受范围内理解用人单位合理调整工资、福利、岗位的行为，并努力工作提高单位效益。政府部门在加强指导和引导的基础上，为企业发展提供政策支持，以促进劳资互利共赢。

③规范有序。劳动法律是规范有序的基本遵循，单位管理、职工维权是规范有序的两个方面，两个方面皆出于法，又皆归于法。因此，用人单位应当依法制订规章制度，用制度管理职工，用法律解决劳动争议。职工依法主张权益，按法律途径维护权利。党政部门依法化解劳资纠纷，司法机关及时处理劳动争议。

④民主协商。劳资共治是劳动关系和谐稳定的基础，推手在于民主协商机制的建立。因此，用人单位应当建立平等协商和集体合同制度，改变劳动关系事务的处理由用人单位一方独占的局面。职工应当积极参与民主管理，加强对用人单位意志的影响和制约，扭转弱势地位。政府建立劳动关系三方协商机制，共同推动民主协商制度的建立。

三、构建和谐劳动关系的基本设想

◇◇（一）基本理念

①党政主导是根本保障。劳动关系和谐问题一般源自发展，而解决发展问题的主要还在党委、政府；劳动关系和谐问题是系统工程，需要多部门的广泛参与，能够整合各部门的唯有党委政府。

②经济发展是主要出路。从政治经济学角度，经济基础决定上层建筑，而作为上层建筑之一的法律反作用于经济。笔者认为反作用的基本功用在于促进

经济发展。因此，构建和谐劳动关系应当以有利于经济可持续发展为主线。

③统筹兼顾是基本观念。统筹兼顾应立足于"三个结合"即"现实利益与预期利益的结合，当下利益与长远利益的结合，企业利益与职工利益的结合"，方能有效保障劳动关系的长期和谐稳定。

◇ （二）基本思路

1. 在认识上高度重视和谐劳动关系问题

体制改革、结构调整与社会转型时期，往往是利益关系调整导致劳动关系矛盾与社会问题的多发期，只有党委、政府高度重视并妥善处理好劳动关系问题，整合社会各方面的力量，才能为社会和谐奠定坚实的基础。

2. 在体制上营造有利于和谐劳动关系的社会环境

各级党委、政府要加强部门的协调配合，统筹做好发展和谐劳动关系各项工作，建立起顺畅、高效的发展和谐劳动关系调整机制，形成以政府为主导、市场为纽带、企业为主体、项目为载体的互利互惠机制。

3. 在思想上引导劳资双方共建和谐劳动关系

党政部门在大力弘扬企业家精神的同时，要引导企业通过各种激励手段来调动员工的积极性和创造性，促进劳动关系和谐稳定。全社会在注重培养职工"追求卓越、精益求精、用户至上"的"工匠精神"的同时，要进一步树立劳资双方为利益共同体的观念。

◇ （三）主要举措

1. 党政支持下，推动企业发展

①提供政策支持，降低用工成本。一是实施稳岗补贴政策，鼓励企业稳定就业岗位；二是实施技能提升补贴政策，支持职工提升技能水平；三是降低社会保险费率，有效减轻企业负担。

②提供人才支持，推动转型升级。一是"互联网+"助力人才。加快推进人才信息化服务系统建设，畅通人才流动渠道。二是因势利导激励人才。积极

完善知识产权保护制度和科研人员收入分配政策，鼓励和引导人才向企业聚集。三是以用为本汇聚人才。根据企业的需要"精准"引入高层次人才并努力推动科技与经济紧密结合。

③提供资金支持，助力企业发展。政府经济主管部门应当进一步出台资金扶持政策，鼓励企业加大投入，扩大生产，同时积极引导民间资本向企业集中。政府大力开展以合资、合作为主的招商引资工作，壮大优势企业，盘活"僵尸企业"。

2. 党政主导下，推进社会治理

①健全调解体系，推进系统治理。建立起市、县（区）、乡镇（街道）建立三级劳动争议行政调解组织、企业主管部门、企业调解组织、人民调解组织、司法调解组织一体化的调解体系，整体推进劳动争议的社会治理。

②建立预防机制，推进源头治理。各级人力资源和社会保障部应同总工会等相关部门建立自下而上的劳动争议防范机制，建立完善企业劳动争议信息员、地方劳动争议信息协调制度、信息搜集和分析评估机制等，及时发现争议苗头，迅速化解争议。

③深化多元调解，推进综合治理。建立以企业调解为基础，行政调解为主体，仲裁调解、司法调解为补充的互动机制，形成"步步为营"调解纠纷，"层层过滤"减少争议，"齐抓共管"化解矛盾的工作格局。

④加大执法力度，推进依法治理。用法治思维解决劳资领域的矛盾纠纷，对于严重违反劳动法律的行为应当加大处理力度，一是提高劳动监察的执法力度；二是提高人民法院的强制执行力度；三是提高企业主管部门的日常监管力度。

3. 在党政指导下，促进劳资共治

①下移重心，提升企业自我纠错能力。人社行政部门、仲裁、司法机构应积极引导劳资双方在企业调解组织中进行先行调解，确保大量劳动人事争议化解在企业，解决在萌芽状态。

②齐抓共管，提升劳资民主协商能力。人社行政部门、总工会和企业代表

组织应将工作平台前移至企业，依托协调劳动关系三方机制推动劳资工资增长机制、工资集体协商制度的有效施行。同时，应法制宣传与思想教育并举，不断提高劳资双方的守法意识和道德水平。

③加强引导，提升劳资沟通协调能力。一是督促企业建立健全工会、职代会及调解组织，指导劳资双方依法有序开展相关活动；二是以恳谈、座谈等形式，组织劳资对话，消除双方误解和分歧；三是通过培训及现场指导等方式提升劳资双方自我化解劳动争议的能力。

④强化指导，提升企业依法管理能力。由人社、工会、司法等部门抽调业务骨干担任企业劳资工作指导员，对企业的劳资工作进行常态化指导，促进企业依法管理。

第七章
社区矫正存在的问题与对策

在我国，社区矫正是指针对判处管制、缓刑、假释、暂予监外执行这四类犯罪行为对象所实施的非监禁性矫正刑罚。它作为刑法制度中新兴的一个分支，是监禁刑法的一种补充方式，承载着刑罚人道主义与行刑经济化等初衷，属创新性治理轻型罪犯。社区矫正在我国经过十多年的发展与探索，正在逐步走向成熟，但总体来说还处于探索和发展阶段。社区矫正从最初的个别试点到全国范围铺开，从 2012 年 3 月 1 日《社区矫正实施办法》的全面实施到 2016 年 12 月《中华人民共和国社区矫正法（征集意见稿）》的草拟，都标志着我国社区矫正制度正逐步走向完善。

一、《社区矫正实施办法》实践与可操作性问题的商榷

◇◇（一）对未成年人矫正的专业性阐述不足

《社区矫正实施办法》中第三十三条对未成年人社区矫正工作做出了八条规定，体现了国家对未成年人社区矫正工作的重视。之所以重视未成年人的社区矫正工作，主要在于：①未成年人犯罪，特别是较为轻微的犯罪，通过社区矫正的方式对其进行改造，既可以避免进监狱对其造成的标签效应，也不会使其脱离社会，更加体现修复性司法的理念。②未成年人的可塑性比成年人更强。由于社区矫正在我国发展时间较短，且未成年人在社区服刑人员中的比例较低，大部分地区的社区矫正的工作重心都放在成年人上，而针对未成年人的专业性帮扶工作较少，更加没有形成较为成熟的体系。《社区矫正实施办法》虽然特别对未成年人做了八条相关规定，但较为笼统和空洞，而且由于实践中人数较少，很多地方对其没有做到真正的区别对待，并且由于社区矫正工作者的人数不足，专业化程度不高，实际效果也并不理想。其实在社区矫正工作过程中，很多专家和学者都已经认识到，未成年人社区矫正工作存在的种种不足，并且提出了很多良好的建议作为参考，很多国外的先进理念也被引入到中国，只是在初步发展的中国社区矫正工作中还有一个实践和落实的过程。

◇◇（二）缺乏对社区服刑人员危险行为管控的条款

社区服刑人员在服刑期间有可能会发生再犯罪、脱管、自伤、自杀、精神失常等危险行为，也可能会遇到自然灾害、意外事故等突发状况。而社区服刑人员在服刑期间是属于相关部门管理的，因此出现各种紧急状况，相关部门不可能不闻不问，因为出现这些状况对社区服刑人员的周期报告、参加社区劳动、接受教育、接受点验等行为都有直接影响。在这种情况下，社区矫正的应急管理工作就显得非常重要，只有及时处理好这些意外状况，才能尽快恢复对

社区服刑人员的正常管理，使服刑管理工作不受影响。在这各种危险行为及突发状况中，最有可能造成严重后果的就是服刑期间再犯罪，特别是发生重大恶性伤人案件的影响最为恶劣。然而，在我国的各项社区矫正规章中都还没有针对社区服刑人员遇到各种突发状况的相关处理办法和协调制度。例如，我国某市曾发生过一起社区服刑人员恶性伤人的案件，造成1死3伤。这个案件提醒我们到了该重视构建社区服刑人员危险管理制度的时候。

◇◇ **（三）忽视对社区矫正工作者的人文关怀**

由于社区矫正工作在中国实施的时间较短，过程中会出现各种不同的问题，这些问题都需要一个时间和过程逐步改善，我国某市曾出现过一个社区服刑人员在社区矫正期间再次犯罪的恶性案件，在检察院的追责后，某司法所工作人员被解除公职。客观地说，没有社区矫正工作者会愿意发生这样的事情，而其工作流程和方法也不一定就没有按照规定来办。出现这种事情的根源可能隐藏在社区矫正工作的各个环节、各个细节中，比如判决此人社区矫正的合理性、现阶段管理手段的科学性、流程制度的规范性等。不是从整体的制度设计上找漏洞，仅把责任归咎到某个人的身上，显然过分夸大了个体的影响和作用。从判前评估到法院判决再到移交司法所管理，这是一个相互关联，密不可分的整体，特别是从法院判决的那天开始，就给了社区服刑人员自由，在自由意志下的行为不是某人可以控制，而这也正是社区矫正的争议所在。然而正是因为这个原因，我们要更加保护社区矫正工作的权益。况且与监狱完全封闭的管理环境相比，社区矫正工作者面对的是一个开放的社会环境，在这样的环境中实现对社区服刑人员的管理本来就更为困难。对于发展阶段的中国社区矫正工作来说，更加要注重保护社区矫正工作人员的积极性，才能推动工作向前发展。为此，需要在制度上完善，既保证服刑人员的权利，也保护相关工作人员的权利，真正体现双向人性化。

◇◇ **（四）对社会力量介入和社矫工作者专业程度的要求不清晰**

社会力量介入较弱、社矫工作者专业程度不高是我国社区矫正工作处于初级发展阶段存在的问题，而在社区矫正发展较成熟的欧美、日本等国社会力量介入却较为深入、社矫工作者专业化程度也更高。美国是世界上最早订立《社区矫正法》的国家，于 1973 年在明尼苏达州议会通过，发展到现今，参与社区矫正的社区群体数量可观，目前每年有大约 30 万~50 万名志愿者参加社区矫正，而且对志愿者要求甚高，要求学历在本科以上，并对其文化、心理、身体、个性进行测试，成为社区矫正工作者后还要接受技能训练，以保证他们能胜任工作。引入志愿者参与社区矫正工作可以充分体现行刑社会化和行刑经济化的理念，切实由社会来改造社区服刑人员，大大降低配备专业警察的成本。在中国大学年年扩招的背景下，潜在的高素质的志愿者数量已经可以达到社区矫正的要求，然而真正采取一种有效的机制，将这些高素质人才引进社区矫正的工作范围内，并对其进行培训、考核、分配到合适的岗位，却不是一朝一夕的事情，但这应当作为我国社区矫正发展的一种方向。在这一过程中还应当引入律师、心理学专家、社会学专家、行为学专家、犯罪学专家、退休教师等专家学者，作为承担矫正和教育社区服刑人员的群体，成效会更为显著。总之，我国在社区矫正发展理念上与运作方式上还有许多地方可以借鉴和学习国外的先进经验与方法。

◇◇ （五）对管制犯人的强制性惩罚措施不足

在《社区矫正实施办法》第二十七条中规定，人民法院裁定撤销缓刑、假释或者对暂予监外执行罪犯决定收监执行的，居住地县级司法行政机关应当及时将罪犯送交监狱或者看守所，公安机关予以协助。这个条款表明，可以撤销缓刑、假释及对暂予监外执行的罪犯予以收监，但是却没有表明管制犯人可以收监。在实际操作中，曾有地方司法所遇到过被判处管制的不服从管理，但是没有条款规定可以对其予以收监的案例。如果判处管制的犯人不能被收监，那就失去了震慑社区矫正犯人的最后一道防线，造成管制犯人有恃无恐。

二、增强《社区矫正实施办法》实践与可操作性的 优化路径

◇◇ （一）适当增加对未成年人社区矫正的专业性要求的条款

由于《社区矫正实施办法》是一个全国性的文件，对其中的条款不可能细化到流程或者某个环节，但是可以适当增加一些字眼提升对该项工作的指导性和方向性。比如增加一条："对未成年人的社区矫正工作应当更加全面、专业和细致。"作为总体方向上的指引，既保证对未成年人社区矫正工作的指导性，也不会束缚各省市根据自身特点制定具体实施细则。具体到实践中，可以通过以下方式来实现：①聘请心理学专家、教育专家、专业社工师（如初级社工师、中级社工师）等参与未成年人社区矫正的工作。对我国来说，让具有专业水准的专家全职供职于社区矫正工作不太现实，因为我国目前的经济发展水平所限，在基层工作一般工资较低，不太可能满足专业人才的薪资要求，而如果高薪聘请的话，则会增加工作成本，因此聘请兼职顾问，是一条比较可行的方案，通过与其签订协议或者合同，定期到司法所进行工作评估和指导。②在教育学习中，增加符合青少年特点的课程，如思想教育、权利保护知识、法律知识、人际沟通技巧、电脑知识、英语学习、就业指导等专业知识和技能。③加大对未成年人服刑人员困难的帮扶。未成年犯人身上会有比同年龄的孩子面对更多的困难，如父母关系不和、自身性格偏执、社交关系恶劣、学习能力不足、没有正确的世界观等，这些困难的存在会对其产生负面影响，如果可以积极帮助他们解决这些问题，对于防范其再犯罪可以达到更好的效果。④加大未成年服刑人员帮扶资金的比重。由于未成年人社区服刑人员的特殊性和可塑性，适当增加其改造成本，对于达到改造效果具有促进作用。⑤重视其心理健康水平。根据实际情况和条件，适当开设心理咨询室、心理宣泄室等，引导未成年社区服刑人员通过正常渠道解决心理困惑、释放负面情绪。⑥引导未成年人社区矫正工作项目化运作。现在政府比较提倡专业的事情交给专业的

人来做，可以适度引进社会组织，利用社会资本和社会资源来运作未成年人社区矫正工作，采用项目化运作，提升工作效率。

◇ （二）要求或指导构建社区矫正重新犯罪预防体系

社区矫正的重要理念是人道主义，让犯人不脱离社区，可以正常地工作和学习，接受社会的监督和矫正。但是，罪犯毕竟是罪犯，其特有的犯罪心理和既然有污点就自我放弃的心理，可能会导致其心理和行为的变异，使得他们的再犯罪率依然高于没有前科的普通人。当前我国社区矫正中广泛应用的是监督型模式，将社区服刑人员分为严管、普管、宽管三个级别进行监督管理。监督型管理适用于大部分的社区服刑人员，此类人员社会危害性较小，其核心内容为：不能犯罪；寻求工作机会；没有社区矫正官的许可不能迁居；根据社区矫正官的指示报告个人情况；没有许可不能离开所在区域等。然而真正具有犯罪潜力的危险分子却隐藏在较小的比例以内，对于这一部分人不能只采用常规的监督管理型办法来进行管理，需要建立和完善与监督型模式相对应的危险管理制度或者应急管理制度。这一制度应该包括：案前防控、事中控制、事后补救等措施和手段。在矫正过程中通过建立危险系数评估表、危险人格评估表、危险评估系统等对其中的重点潜在危险人员进项筛查和重点监管，最大程度的降低其自由活动期间对社会的危害程度；在意外状况发生的时候有相应的解决和处理手段，将伤害降到最低。建议在《社区矫正实施办法》中增加对社区矫正工作事前、事中、事后全面防控的应急管理机制，构建防止社矫人员重新犯罪防控体系。

◇ （三）体现对社区矫正工作者的人性关怀

在人类发展的历史长河中，监禁刑在防范犯罪、维护社会秩序方面发挥了重大作用，但随着刑法理论的不断发展和人权思想的逐步深入，人们逐渐认识到监禁矫正有其局限性，因此刑罚种类的轻缓化、处罚的轻刑化和开放化成为刑法发展进步的必然结果。自由刑作为与监禁刑相对的刑法便是在这一历史背景下出现的。社区矫正制度作为一种自由刑，体现了刑法制度的飞跃。社区矫正的理念正是与惩罚式的监禁服刑相对的修复性、社会性服刑理念。与穿制服、佩戴枪、佩警棍的狱警不同，目前中国承担社区矫正的司法所人员均是便装、没有枪、警棍等防身工具，也没有手铐、牢笼等辅助强制管理工具，扮演的是监督者和教育者的角色。监狱服刑以一种强制性的手段让犯人无法犯罪，而社区矫正则将犯人置于一种开放、自由的环境当中，其犯罪风险大于没有犯罪前科的普通人。因此，社区矫正工作者面临着比普通人更大的人身伤害风险。建议在《社区矫正实施办法》中增加对社区矫正工作者工作职责和免责条款的规定，将社区矫正工作者置于一个合理的位置，比如协调者、管理者等，使相关工作人员在合情、合理、合适的范围内发挥自身的能力和作用，体现自身的职责。

◇◇ （四）强化社会支持网络铺设，提高社区矫正工作者素质要求

在《社区矫正实施办法》中，涉及的主体有：人民法院、人民检察院、公安、监狱、司法局等，并对这些主体的相关工作做了较为细致的要求和规定。对于其他主体，《办法》中是这样说的："有关部门、村（居）民委员会、社区矫正人员所在单位、就读学校、家庭成员或者监护人、保证人等协助社区矫正机构进行社区矫正。"从这其中可以看出当前社矫工作的重心还是放在行政部门身上，这样既增加了这些部门的工作量，也不利于社区服刑人员的社会化改造。因此，需要逐步增加其他机构在社区矫正工作中的参与程度。与此同时，不断提升对社区矫正工作者的素质能力要求。具体到实践中，提出以下建议：①密切联系村（居）委会、网格中心、法律援助中心、心理援助中心等社会团体和机构，从多个维度加大对社区服刑人员的帮扶和支持力度。②大力引入志愿者，构建志愿服务机制。增加志愿者招聘、志愿者档案储备、提供志愿者服务岗位，对接社会志愿者和高校志愿者。③增加专家、学者担任顾问，对社区矫正工作的科学性和合理性提出建议。④在招聘司法所工作人员的时候侧重心理学专业、法律学专业、行为学专业、犯罪学专业等；在增加公益性岗

位工作人员的时候，提高对应聘人员的学历、专业、工作经历、工作能力等的要求。

◇（五）增加被判处管制的社区服刑人员司法惩治的条款

管制刑是我国特有的一种刑法，其存在符合刑法轻型化的趋势，对其进行废止的观点正在逐步失去支持，但是对于其存在的种种问题却必须正视并改进。管制刑在实际操作中，被判处的非常少，法律相关规定也不完善。为了避免被判处管制的服刑人员钻法律的漏洞，使他们在社区服刑期间良好的遵守社区矫正管理，建议尽快出台相关法律法规，对管制犯罪人员的管理做出详细的规定，特别是对其不服从管理做出警告、收监等决定做出相应的规定。通过这些规定，赋予人民法院或者司法局剥夺其自由的权利，增强对管制犯人的惩治力度。

结语

《社区矫正实施办法》从 2013 年 3 月 1 日正式实施，到各省出台细则落实，经过了 5 个年头。各地在实践中逐步摸索出了一套适合各自实际情况的方法，也从中吸取了很多经验教训，推动了我国社区矫正理论不断向前发展。随着我国社区矫正理论和工作逐步成熟，《社区矫正法》呼之欲出。2016 年 12 月《中华人民共和国社区矫正法（征集意见稿）》的草拟标志着我国社区矫正工作将最终上升到法律的层面，我们翘首期盼。

第四部分
法制宣传篇

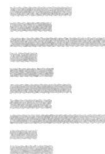

第一章
互联网+法制宣传

党的十八大以来，习近平总书记多次就法治建设发表重要论述，对法制宣传教育工作做出了重要指示，提出新的要求。十八届四中全会公报更是指出要推动全社会树立法治意识，深入开展法制宣传教育。我国普法教育法制宣传开展多年来，让大部分民众对法律知识和法治建设有了一些基本的了解。然而我国人口基数大，地域经济发展差异大，教育覆盖不均衡等现状，导致大部分人尤其是广大农村人口文化程度还不高，且对法律知识了解其少，法律意识较为淡薄。在实际中遇见矛盾和纠纷时，许多人不会将法律手段作为首选的解决方式，而往往作为最后救济途径。简言之，还是法治意识不强，缺乏运用法律武器维护自身合法权益的能力，因此不断加强法制宣传教育显得尤为重要。纵向对比，在法制宣传教育中，报刊、广播、电视等传统媒体作为党和政府的"喉舌"发挥着主流导向作用，是宣传教育的主战场和主阵地。近年来随着网络的高速发展，自媒体新媒体的快速崛起，人们获取信息的方式越来越多、越来越便捷，传统媒体传播速度慢、成本高、不便捷等弊端日渐显现，导致传统媒体的吸引力大大下降、受众流失较大，这给传统开展法治教育宣传工作造成了一定的影响。所以，如何适应时代发展，充分发挥互联网优势，促进"互联网+法制宣传"的有机融合，对进一步开展法制宣传教育，做大法律服务有着十分重要的意义。

一、"互联网+"的概念及特点

2015年3月5日十二届全国人大三次会议上，李克强总理在政府工作报告中首次提出"互联网+"行动计划。"互联网+"代表一种新的经济形态，即充分发挥互联网在生产要素配置中的优化和集成作用，将互联网的创新成果深度融合于经济社会各领域之中，提升实体经济的创新力和生产力，形成更广泛的以互联网为基础设施和实现工具的经济发展新形态。"互联网+"不是简单的加上，而是进行深度融合，实现行业的价值最大化。

这几年"互联网+"快速发展，呈现出七大特征。一是跨界融合。"+"就是跨界，就是变革，就是开放，就是重塑融合。敢于跨界，创新的基础就更坚实；融合协同，群体智能才会实现，从研发到产业化的路径才会更垂直。融合本身也指代身份的融合，客户消费转化为投资，伙伴参与创新，等等，不一而足。二是创新驱动。中国粗放的资源驱动型增长方式早就难以为继，必须转变到创新驱动发展这条正确的道路上来。这正是互联网的特质，用所谓的互联网思维来求变、自我革命，也更能发挥创新的力量。三是重塑结构。信息革命、全球化、互联网业已打破了原有的社会结构、经济结构、地缘结构、文化结构。权力、议事规则、话语权不断在发生变化。互联网+社会治理、虚拟社会治理会是很大的不同。四是尊重人性。人性的光辉是推动科技进步、经济增长、社会进步、文化繁荣的最根本的力量，互联网的力量之强大最根本地也来源于对人性的最大限度的尊重、对人体验的敬畏、对人的创造性发挥的重视。五是开放生态。关于"互联网+"，生态是非常重要的特征，而生态的本身就是开放的。我们推进"互联网+"，其中一个重要的方向就是要把过去制约创新的环节化解掉，把孤岛式创新连接起来，让研发由人性决定的市场驱动，让创业并努力者有机会实现价值。六是连接一切。连接是有层次的，可连接性是有差异的，连接的价值是相差很大的，但是连接一切是"互联网+"的目标。七是法制经济。"互联网+"是建立在市场经济为基础之上的法制经济，更加注重对创新的法律保护，增加了对于知识产权的保护范围，使全世界对于虚拟经济的法律保护更加趋向于共通。

二、法制宣传的传统表现形式及发展趋势

新中国成立以来，宣传工作多以广播、报刊、电视、书籍等载体作为主要的宣传阵地，党政机关的法制宣传更多以组织部门开展集中宣传、发放宣传画册、开设法治讲堂等形式，在一定时间范围内有较大的成效。但是随着改革开放四十年来，经济快速发展，人民生活水平及生活节奏的变化，加之互联网的快速发展，传统的宣传形式已经不能与人们快节奏及不规律的生活方式相匹配。据调查，我国公民的阅读率正在逐年下降，这对传统模式的宣传效果有着不可忽视的影响。目前，法制宣传也随着"互联网+"的概念，在探索一条新的发展路子，各地党政机关逐步开设门户网站、微博公众号、微信公众号，新闻媒体也在网络界面中设置法律宣传专栏等方式，都是法制宣传在新形势下做出的新调整。

三、"互联网+法制宣传"的概念及特点

互联网与法制宣传相融合，形成"互联网+法制宣传"的普法体系，是法律服务体系的重要组成部分，相对于报刊、广播、电视等传统媒体，网络媒体有着鲜明的时代性，更具快捷、丰富、灵活、可检索等诸多优点，将对完善法律服务体系，建设社会主义法治国家起到积极作用。当前，积极构建"互联网+法制宣传"的新体系是顺应形势要求，是坚持创新引领的体现，是实现社会治理法治化的有效手段，也是建设服务型司法行政机关的根本要求。综合来看，互联网的优势使得"互联网+法制宣传"具备如下三个主要特点：

一是"互联网+法制宣传"普及面具有广泛性。中国互联网信息中心在2017年8月发布的第40次《中国互联网发展状况统计报告》显示，截至2017年

7 月，中国网民规模达 7.51 亿，互联网普及率达 54.3%，手机网民规模达 7.24 亿，手机作为网民主要上网终端的趋势进一步突显，对社会生活的影响力不断增强，特别是微博、微信等新媒体平台以其信息传递快捷、交互功能强等特点，深受广大网民的青睐。据统计，我国 80% 以上的网民主要依靠互联网来获取新闻信息，相比而言，通过传统媒体获取信息的人口比例急剧下降。充分利用新媒体优势，第一时间快速便捷的将法律知识传播，引导公民正确认识法律方面的问题，对深入推进法治建设，增强全社会法治意识有重要意义。

二是"互联网+法制宣传"内容方式具有灵活性。在传统媒体中报刊受版面、发行期限制传播时效上有滞后性，电视广播受播出时间段限制，传播对象范围和效果有限。相比之下，网络媒体在传播时间上具有自由、快捷的特点，能够根据当天各类新闻进行实时发布，人们可以随时在各种互联网平台上获取海量的信息，并进行检索查阅，且不受时间限制。因此"互联网+法制宣传"方式更具有灵活性，更大程度上激发了整个社会传播的活力。内容上，网络版面设置新颖，可以将大量图片、视频、直播等作为内容，使宣传内容更丰富饱满，具有吸引力，且可以更大篇幅地展示有关普法的各种信息。因为"互联网+法制宣传"内容方式具有灵活性，所以更适应现代人们快节奏的生活，是形势所趋发展所需。

三是"互联网+法制宣传"的方式具有互动性。传统媒体的传播方式往往是单向的，例如对报刊、电视等信息的获取后，实际上不能通过实时提问和回答的方式进行双向交流。而网络新媒体凭借其强大的交互性可以摆脱这个困境，网民与传播主体之间，网民和网民之间都可以利用网络论坛和各种软件应用实现即时沟通和互动。通过互动方式更好的整合各种资源，创造轻松的互动交流环境，使法制宣传教育变得更加生动有趣，在这样探讨交流、思想碰撞中自然而然地结束教育，大大提高了法制宣传的实效性。

四、"互联网+法制宣传"的现状

近几年随着互联网新媒体的发展，互联网平台已经成为重要的普法阵地，在开展法制宣传教育中发挥着重要的作用。随着"互联网+"概念的兴起，诸多行政、商业机构纷纷尝试与互联网的跨界融合发展，形势总体较好，但是目前在全国范围内，对"互联网+法制宣传"新体系的建设仍处于起步阶段，大多数还处于简单"加上"的阶段，尚未实现实质上的融合。"互联网+法制宣传"的工作仍存在几方面的问题。

一是法制宣传缺乏针对性和有效性。社会主义法制宣传教育的本质在于帮助人们建立符合社会发展要求的法律观念、法律信仰，使人们形成遵法守法的思想品德的一种有目的、有计划、有组织的影响活动。宣传教育工作的目的不仅在于传播法律法规的有关知识，更在于传播知法守法的社会主义法治观念，为中国特色社会主义建设事业营造法治环境，为经济发展和社会进步提供更好的法律服务。所以增强普法工作的针对性和有效性是一切普法工作点的落脚点。当前利用互联网做宣传工作形式上由传统模式转变到现代模式，可是宣传的内容并没有快速的转变和提升，往往局限在法律条文、政策法规及新闻动态上。既然载体已经改变，内容上也该随着相应的调整而调整，图片案例收集、庭审现场公开、免费的法律互动服务、专业讲座等交互性强的内容都还偏少。在宣传上过多的注重形式上的宣传，而弱化法治的教育作用，宣传大多数浮于面上，没有深入到教育层面。目前"媒介机构（思想政治教育主体）""受众（思想政治教育对象）""传播文本（思想政治教育内容）""传播环境（思想政治教育环体）"等多个方面都还存在较大的问题，宣传主体不明确，教育对象受局限，教育内容条款化，平台环境不流畅等都导致整个宣传教育缺乏针对性和有效性。

二是缺乏长期有效的维护和管理。网站的维护是指网络营销体系中一切与网站后期运作有关的维护工作。与其他媒体一样，网站也是一个媒体，需要经常性地更新维护才会达到既定的效果。然而很多网站在投资建成后，缺乏长期有效的维护，这就降低了网站的价值。主要表现在软硬件更新不及时、网站页面刷新慢、后台运行时间长；内容更新不及时、结构设置不合理；网站内容分类排版不合理，对于需要经常更新的内容和相对稳定的内容没有明确细致的划分，导致内容看起杂乱等。网站的维护和管理需要大量的人力和资金，从管理制度上保证信息渠道的畅通和信息发布流程的合理性，将前期网站建设，中期网站运行，后期网站维护和管理有机结合才能达到预期效果。

三是网络媒体的应用手段单一。目前，虽然较多的普法机构能将普法阵地转移到互联网平台，但宣传工作手段单一、载体较少，处于"单兵作战"的状态，普法网站、官方微博、公众微信号等阵地存在各自为政的现象，缺乏有组织和管理。网络宣传往往内容形式上较为单调，缺乏吸引力，报道深度不够，适用性不强，仅注重文字和图片的简单堆砌，没有更多的思考人民需要什么、常用什么、缺乏什么，各地、各媒体网站内容重复，网站的自身特色不够鲜明，类似于简单的应付宣传任务，而没有从本质上思考如何达到宣传的效果。所以这就需要将这大众媒体进行有机的整合，形成合力，实现法律服务的最终目的。

五、国外法制宣传的经验

法制宣传是各国开展法治教育的重要途径，各国有着自身的明显特色，相比国外的法制宣传内容、形式、方法等，我国还有许多地方需要加以完善和改进。

在德国，法制宣传在运作机制，管理方式及分工上有特色，德国联邦司法部主要负责国会颁布的基本法律、政府有关重要政策及相关事务的宣传工作；而州司法部主要负责州政府制定的法规、政策和相关事务的宣传；部门法律法规由各部门负责宣传，合理配置各级司法行政法制宣传的工作职能。同时注重法律新闻协会的业务拓展，增强服务功能，这对推动法治新闻事业的繁荣和发展发挥了积极和重要的作用。

在美国，法制宣传内容和形式更立足于根本，从固本的方式巩固整个社会的法治基础。法治教育——美国法治秩序的知识基础。在塑造国民的法治文化方面，美国的教育起到了基础性的作用。由法官、律师、法律学校校长、社会教育工作者等人参与，它教育学生认识自己的公民身份和权利义务，引导他们在日常生活、冲突的解决和社会问题的解决中实际地运用法律，甚至在幼儿教育中都有法治教育的内容。法治教育的目标是培养学生在一个以法治为基础的多元社会中所应具有的知识、技能和价值观，包括：遵从立宪民主；尊重人的基本尊严和权利；广泛、积极、负责地参与公民生活；为社会公正做贡献；赞成合法解决社会冲突和差异。美国人在学校就逐步积累起对法律、制度的普遍信赖和尊崇。

在英国，法制宣传教育工作采用政府大力支持、社会广泛参与模式，更具有广泛的社会性。从宣传主体上看，中央有上下两院、皇家大法官部、都市警察部等部门，主要从各自职能出发从事宣传教育工作。从地方上看，各地方政府支持的公民咨询局主要通过资讯的方式宣传法律。从宣传教育看，首先体现在立法过程的公开化上，立法的过程就是向公民宣传法律的过程，宣传内容贯穿于立法的整个阶段，宣传教育的重点是青少年，通过不同年龄段的教育，使青年人了解社会，认识权利义务，了解法律运用方式，正确对待社会处理问题。从宣传形式上看，有培训、咨询、出版及形象化宣传、模拟法庭宣传等多样化的形式。在英国的法制宣传中，法律行动组织的影响较大，任何一个法律组织和机构，均有免费提供有关法律知识和案例宣传的小册子和小折子。

六、我国"互联网+法制宣传"的发展趋势及前景

"互联网+法制宣传"在我国起步较晚，但发展势头很好，利用互联网开展法制宣传教育具有的信息容量大、受众广、传播速度快、开放度高、交互性强等优势，对于扩大法制宣传教育的覆盖面，提高影响力，丰富形式和载体，方便广大人民群众，具有十分重要的意义，也是未来一段时间内的发展趋势。尽管这些年"互联网+法制宣传"教育在探索和发展的过程中取得了一定成绩，积累了一些经验，但总的来说，互联网法制宣传教育的现状与我国互联网的发展水平不相适应，与公民对法律知识日益增长的需求不相适应，也存在着

网上内容不丰富、特色不鲜明、缺乏原创性、表现形式过于单一，网络的交互性与信息媒体的多样性体现不够、网络媒体及有关部门各自为战，网络法制宣传教育投入少、规模小、影响低力等问题。因此，必须高度重视，采取有效措施，切实加强互联网法制宣传教育工作。

◇◇ （一）注重培养，打造专业的互联网人才队伍

十八届四中全会公报指出，要着力建设一支忠于党、忠于国家、忠于人民、忠于法律的社会主义法治工作队伍。"互联网+法制宣传"离不开互联网人才，因此，必须着力加强互联网人才队伍建设。一是从源头上吸收法律专业人才及互联网人才，"互联网+法制宣传"，形式是互联网，内容是法制宣传，形式和内容不可分割，这就要求党政机关、网站平台、App运营商等在吸收人才的时候要兼顾技术和法律专业素养。从源头上把好人才关，在后期宣传和维护工作上将达到事半功倍的效果。二是壮大队伍，除了在编制内的专业人才外，还可以采取外包、购买服务的方式，壮大人才队伍，据了解，现今出现的平台搭建后没有定时更新维护等现象很大原因在于人手不足，特别是政府官方网站，后台管理人员更是少之又少，一人多岗是普遍现象，在有限的时间与有限的精力中难免不能做到面面俱到，所以要壮大队伍，吸收人才。有了人力保障，才能优化法律服务，才能及时发现问题、处理问题，在不断的探索与思考，实践与整改中推进整个"互联网+法制宣传"工作，加快法治建设进程。三是加强培训，学习先进和典型，定期开展培养，不断为队伍注入新鲜血液激发活力，同时要抓队伍建设，加强与各级通讯员联系。探索建立征稿激励机制，提高普法稿件报送的积极性，规范审稿程序，提高稿件质量，重视安全维护，将法制宣传安全责任落实到个人，实现网络媒体平台安全规范运行。四是聚各方合力，宣传主体除政府部门还可以增加律师团队，法律服务机构等非官方组织机构。可以开展律师网上法律服务，提供在线法律咨询等，一方面增加宣传的互动性、实效性，另一方面也为律师、法律服务者提供一个平台赢得更多机会，满足群众多样化的需求，提高法制宣传的质量，实现双赢。除此之

外，还可以尝试协调司法行政与公、检、法部门开展合作，开通平台对接关口，实现公、检、法、司资源优化组合、信息共享。通过多部门联动，为大众打造无缝网络链接，实现司法程序上的一条龙服务推送，从司法行政部门微端口进入，也能找到公、检、法等司法部门的相关服务功能、信息资讯。

◇（二）注重教育，树立牢固的法治理念根基

笔者认为，宣传教育的根本目的在于增强法治理念，推进整个法治建设进程。上文中有关乎国外法制宣传的一些经验比较，不难发现，在国外，宣传是后发，教育才是先发。注重法制宣传的教育，是从根本出发，从青少年出发，从身边小事出发，从生活经验出发，从而贯穿于人们认知的全过程，教育是发展的关键。一是将线下开展送法下乡、普法进校园、进社区等活动常态化，将法治教育作为义务教育中的一部分，通过开设课程，课间游戏、竞赛、角色扮演等设计，拓展趣味性普法，教育抓早抓小，使青年人了解社会，认识权利义务，了解法律运用方式，培养健全的人格。二是普法宣传教育方式应多样化，充分考虑公众信息接收方式和习惯，诸如设计普法吉祥物，推出普法主题漫画、主题画册等，使法律知识更加"接地气"，让学法懂法更轻松。创作法治文艺节目，如相声、小品、话剧、歌舞等，拍摄普法动画短片，用诙谐的小故事、可爱的动画人物宣传法律知识，注入普法新活力，增强普法宣传实效。三是开展互动式普法。除了通过单向的宣传教育方式进行外，更该注重双向具有互动性的宣传。据调查，对于青少年这个群体相比传统的单方教育，具有趣味性的、针对性的、开放性的互动方式更容易让他们在潜移默化中接纳内容，增长知识。加之现在网络新媒体快速发展中，可以通过微博、微信在线问答、征集普法标语等，让普法模式由传统的"单向灌输式"向"双向互动式"转变，使得宣传教育更具实效。

◇（三）注重发展，健全相应的宣传保障机制

前文有关目前"互联网+法制宣传"存在的问题分析，在这个网络快速发

展的时代，人们已经认识到利用网络的重要性，所以，希望通过网络平台建设实现宣传的目的。然而事实上平台建设只是"互联网+法制宣传"的一个基础，后期的规范管理维护与创新也很重要。除此之外，党政机关领导的组织保障作用也需要进一步强化。只有加强规范管理，不断的创新发展，才不会失去活力。对此笔者认为应从以下三个方面建立健全法制宣传保障机制。一是健全普法领导体制和工作机制。把法制宣传教育纳入党委政府综合目标考核体系，纳入精神文明创建内容，建立法制宣传教育考核评估指标体系，落实"谁执法谁普法"的普法责任制。探索建立国家机关普法责任落实督促机制，明确责任部门和责任人。二是建立定期更新维护制度。广泛吸纳擅长新媒体操作的人才，定期对开设的微信公众号、微博号等进行后台更新维护，对普法网站等网络平台的漏洞要及时修复，维持平台的稳定性；内容上及时更新，突出实用性和贴近性的特点，保持阅读群体数量增长，保持法制宣传网络媒体的生命力。对新媒体管理和服务人员建立考评机制，深入调查，搭建数据库，通过大数据分析，科学评判普法工作现状，发现存在的问题和困难，研究应对措施和办法，建立完善奖惩机制，提升普法工作人员的工作积极性。三是健全物质保障机制。保证资金、资源、场地、平台、设施等的投入，把宣传经费纳入财政预算，并按照实际情况动态调整对互联网平台、服务器等硬件设施的投入，保证人力、物力、财力按时到位。

"互联网+"的概念已兴起，笔者认为，在这个发展转型的关键时期，更该把握好机会，摒弃陈旧的不符合目前实际情况的做法，认真研究和思考当前存在的问题，总结前期经验和教训，提出更具操作性、可行性、实效性的建议，真正将互联网和法制宣传结合起来，从而形成强大的合力。以准确的站位和定位、认真的总结与提炼、积极的创新和发展，来适应新时代的变化，以应对新问题带来的新挑战，将法制宣传做大做强深入人心，充分发挥法制宣传在社会发展中的助推作用。

第二章
东坡法治文化建设

2016 年，中共中央国务院转发了《中央宣传部、司法部关于在公民中开展法制宣传教育的第七个五年规划（2016—2020 年）》，其中明确指出，要"弘扬社会主义法治精神，建设社会主义法治文化"。为贯彻落实好"七五"普法规划，推动眉山法治文化建设再上新台阶。

一、东坡法治文化的建设意义

要建设好东坡法治文化，首先应弄清法治文化、东坡法治文化的内涵和外延，充分认识建设东坡法治文化的历史意义和现实意义。只有这样，东坡法治文化的建设与发展才会有的放矢，事半功倍。

◇（一）法治文化的意义

法治文化是指熔铸在人们心底和行为方式中的法治意识、法治原则、法治精神及其价值追求。随着社会生活的多元化，科学技术的迅速发展，公民整体素质的不断提高，人们接受事物的方式、关注信息的渠道，以及对法律服务的需求，都出现了新的变化，过去单向灌输式的法制宣传教育在新时期已无法取得理想的效果。因此，法制宣传教育也要因势而变，与文化发展相结合，使无形的法治精神与有形的文化形式有机融合，通过文化的多元性与渗透性来提升法制宣传教育的普及性与实效性。

（二）东坡法治文化的意义

东坡法治文化是由东坡法治思想、法治理念、法治言论汇集而成，内容涉及立法、治吏、刑法等诸多方面。苏轼在《三法求民情赋》中提出"施法公正求民情"；在《张世矩再任镇戎军》中写道"惟威与信并行，德与法相济。则种落内附，民安其生"；在《刑赏忠厚之至论》中载明"《春秋》之义，立法贵严，而责人贵宽。因其褒贬之义以制赏罚，亦忠厚之至也"。东坡法治文化中"以人为本、公平公正、德法结合、宽严相济"等核心观点，仍对当代法治文化建设具有借鉴意义。

（三）建设东坡法治文化的意义

东坡法治文化有着广泛的群众基础，苏东坡在《远景楼记》里记载："其民尊吏而畏法，家藏律令，往往通邻念而不以为非，虽薄刑小罪，终身有不敢犯者"，可见古眉州人学法守法的良好风尚。秉承东坡法治精神，建设东坡法治文化，将促进眉山公民法律素质的整体提升，推动眉山"依法执政、法治政府、法治环境、全民学法、基层自治、依法经营、监督网络、舆论宣传"八大体系的全面形成，为决胜"两个率先"，实现"五个先行"，建设"天府新区增长极、大都市区新高地"提供坚强有力的法治保障。

二、东坡法治文化的建设短板

（一）发展不够平衡

眉山拥有一千五百年的历史，素有"东坡故里，诗书古城"的美誉，但政府对东坡法治文化缺乏深度提炼和有效展示，没有进行全面的规划和系统的部署，区县与区县之间发展不平衡。个别领导干部认识不足、重视不够，认为东坡法治文化建设是做"虚功"，没有在传承中保护、在保护中利用的意识，与工作推进不同步。部分基层单位法治文化基础薄弱，法治文化设施很少，法治文化发展缺乏人力、物力、财力支持。部分基层干部没有认识到自己是法治文化建设的主体，对法治文化建设缺乏责任心和主动性，没有积极组织调动群众参与法治文化活动，不能满足人民群众日益增长的物质文化需求。

◇◇（二）素能不够强大

通过问卷调查统计发现，全市法治文化队伍的类别、数量不多，缺乏专业性、复合型人才。除东坡区"心连心"艺术团由宣传部门负责管理外，其余艺术团体人员不足、规模较小、管理松散，各方面素质和能力难以适应工作的需要。市、区县虽然成立了普法宣讲团、法律服务小分队等法治文化宣传队伍，但队伍参差不齐，有时出现人员名单齐全，但实际开展工作较少的情况，作用发挥不充分。基层法治文化队伍大多由文艺爱好者、志愿者、网格管理员、村（社区）工作人员组成，人员年龄偏大，文化水平不高，法律知识不多，创作编排的法治节目形式单一、提炼不够、感染力不强、演出效果不理想。

◇◇（三）特色不够突出

近年来，我们着力打造了"调解一次纠纷，上好一堂法治课""法律跟着矛盾走""心连心"艺术团普法等普法品牌，在全市、全省颇具知名度和影响力，但东坡法治文化品牌的特色和影响还不够突出。特别是在阵地建设上不上档次，新建设的一批以三苏相关文化命名的广场、公园、堂馆中，东坡文化元素突出，但法治元素较少，市上没有一个大型法治文化主题公园，缺少一张东坡法治文化的"靓丽名片"。在"一地一法治文化品牌"的建设方面，有的区县投入的财力较多，已经形成了自己的特色，有的投入经费偏低，资源整合不够；有的起步较晚，还在找寻方向，法治文化阵地的覆盖面有待提高。

三、东坡法治文化的建设路径

全国、全省、全市的"七五"普法规划对眉山市法治文化建设提出了新的目标，新一届市委就如何弘扬东坡精神，提出了新的要求。我们将采取有力举措，不断拓展东坡法治文化发展路径，不断做强东坡法治文化品牌，不断提升东坡法治文化建设水平。

◇◇ （一）提升东坡法治文化品牌效应

一要提升法治文化精神效应。依托中国苏轼研究学会、市三苏文化研究院、东坡书画院、市法学会等力量，定期组织研究东坡文化的专家学者，进一步挖掘东坡法治思想、法律文化和法治精神，提炼出与时俱进、富有现代法治精神的思想精髓，形成东坡法治文化的研究成果。主动扛起弘扬东坡法治文化的大旗，注重培养传承人，不仅要在东坡小学师生中传唱《我爱苏东坡》的校歌，还要进一步推广这一做法，在全市各中小学校，传唱东坡歌曲，吟诵东坡诗词，观看东坡影视作品，让东坡法治文化精神"润物细无声"地扎根于世世代代眉山人的思想里。要以"读好书做好人"为主题，推广《苏轼全传》《走进东坡》《苏东坡的千年人生智慧》等研究苏东坡的好书，在广大干部群众中掀起学习热潮，力求做到东坡文化家喻户晓、深入人心。

二要提升法治文化阵地效应。眉山正在打造东坡文化核心区，要积极争取领导重视，学习成都、宜宾、泸州等地做法，筹建一个市级大型法治文化主题公园。各区县要将法治文化阵地建设列入项目化管理，逐年增加建设经费，将法治文化阵地从城区拓展到乡村，依托党群服务中心、新农村综合体，实现乡村、社区阵地全覆盖。要集中打造一条精品法治文化旅游线路，不仅要在三苏祠、黑龙滩、彭祖山、柳江古镇、瓦屋山、七里坪等景区植入古今中外法治史、法律条文、法律故事、东坡法治名言等法治元素，提升法律进景区品位，而且要将各个法治文化公园、法治街道、法治家园连成一线，编制一幅眉山法治旅游地图。要发挥好青少年法治教育基地、廉政文化教育基地、爱国主义教育基地、禁毒教育基地作用，让法治文化阵地多角度呈现、多元化发展。

三要提升法治文化艺术效应。在推动"文化立市"战略，建设"中国历史文化名城"的大好背景下，以东坡文化节为统揽，将法治文化与三苏文化、长寿文化、大雅文化、蚕虫文化等有机结合，寻找恰当的切入点，分区域、分主题、分类别展现东坡法治文化成果，力求做到有声有色、有形有效。要依托眉山文创企业，繁荣法治文化作品创作推广，通过开展法治文艺作品创作大赛、法治文艺会演等形式，推出一批法治小品、法治微电影、法治舞台剧等陶冶民众情操的法治文艺精品，让法治文化焕发强大的生命力。要培育孵化小微文化企业，充分利用三苏书画、青神竹编、仁寿彩陶等特色文化旅游产品，开发一系列具有东坡法治元素的法治产品，提升法治文化的知名度和影响力，将东坡法治文化元素拓展到全省、全国舞台。

◇◇（二）整合东坡法治文化全员力量

一要整合法治文化社会力量。进一步加强党委、政府对法治文化建设的领导，构筑起全社会"积极参与、优势互补、资源共享、有序运行"的工作联动机制。发挥青少年宫、老年大学、民间文艺团体、机关企事业单位文艺团体作用，培养一批具有一定法律知识和较高文艺素质的法治文化创作、表演队伍。采取"政府资助一点、社会捐助一点、自身筹集一点"解决好法治文艺团体的人员培养、发展经费问题。大力宣传一批为弘扬东坡文化捐款捐物的苏氏后人、社会贤达熊秀平等，培养一批像东坡区"心连心"艺术团团长卫能翔、丹棱县"作平文艺队"王作平一样热爱文艺的带头人，创作乡土气息浓厚、雅俗共赏的法治文艺作品。适时策划开展"眉山市十大法治文化队伍"命名活动，激发法制宣传队伍参与法制宣传的积极性、主动性和创造性。

二要整合法治文化系统力量。政法系统具有法律人才资源优势，要结合各自的职能特点，建设各具特色的法官文化、检察官文化、警官文化和司法行政干警文化，并进行总结、提炼和推广，使之成为全体政法干警普遍认同并自觉遵守的职业准则和信念。按照"谁执法谁普法"原则，整合好环保、交通、国土、工商、城管、质监、药监等执法部门力量，锻造一支文明执法、依法执法的高素质执法队伍，在执法活动中展示良好的法治形象。宣传部门、新闻工作者充分发挥舆论造势作用，推进法治文化平台建设，推出一批有影响力的年度法治事件和人物，提升法制宣传广度、深度和力度。发挥人民团体、法学会等在法治文化建设中的基础性作用，引导妇女、青少年、职工、法学研究者等积极参与基层法治建设，形成活力迸发的发展局面。

三要整合法治文化专业力量。律师队伍和基层法律服务工作者队伍是社会主义法治建设的重要队伍，不仅具有精湛专业的法律知识，又是联系国家法律与当事人的桥梁和纽带，理应成为法治文化的参与者、宣传者和推动者。要加强律师事务所、法律服务所规范化建设，在办公场所营造"诚信执业、护法为民、公道正派"等法治文化氛围，指导形成各具特色的执业文化，引导律师、基层法律服务工作者在执业过程中宣扬法治精神，促进司法公正、维护社会正义。要以党建为引领，将律师队伍和基层法律服务工作者队伍建设成讲政治、顾大局、守纪律的高素质队伍，大力宣传推广四川达宽律师事务所、法派律师事务所做法，鼓励更多律师和基层法律服务工作者积极参与到公益性的法治讲座、法制宣传和法律服务活动中，努力践行和促进社会主义法治。

◇（三）丰富东坡法治文化专项活动

一要丰富法治文化传承活动。《苏门三父子情操昭千秋》电视专题片的播放，三苏"读书正业、孝慈仁爱、非义不取、为政清廉"的家风精髓，深深地影响着一代又一代的眉山人。要持续开展弘扬三苏好家风"五个一"活动，"五个一"活动即参观一次三苏祠廉政教育基地、观看一部三苏家训家风专题影片、办好一堂"清廉东坡"家训家风讲座、阅读一本三苏廉政文化读本、进行一次三苏好家风文艺巡演，大力弘扬三苏文化。要在全市公民中开展东坡法治文化传承活动，主动顺应"互联网+"时代趋势，在传统媒体普法宣传的基础上，充分利用"眉山普法""法治眉山"等新媒体普法平台，通过诵东坡法治诗词、讲东坡法治故事等形式，召唤全市公民更好地传承历史法治文化，筑牢法治文化的根基。

二要丰富法治文化群体活动。按照省司法厅"十大主题活动"要求，充分利用"三月法制宣传月""九月学校法制宣传周""12·4国家宪法日"以及重大纪念日、传统节日，针对不同人群特点，通过举办法治文化报告会、"法治文艺进万家"巡回演出、播放法治电影等形式，寓教于乐地开展以"法律七进·七彩眉山"为主题的系列法治文化活动，在丰富群众文化生活的同时，普及法律知识。各区县要结合梨花节、桃花节、枇杷节、"不知火"桔橙节等旅游文化节，在人流密集的地方设置法治文化宣传展台，接受群众法律咨询，提供法律服务。组织部门在牵头开展的农民夜校培训中，增加法治课内容，聘请法律顾问或专业法治课教师通过"以案释法"形式，为群众上一堂法治课，用身边案讲身边法教育身边人，不断丰富乡村文化活动。

三要丰富法治文化评选活动。要定期开展东坡法治文化征文、微视频、摄影作品评选活动，将评选出的优秀作品在眉山日报、眉山电视台、新媒体上刊载、展播，将东坡法治文化精神渗透到全市公民的精神世界。要评选一批法治机关（单位）、法治乡村（社区）、法治校园、法治企业，不断夯实基层法治细胞。要在全市机关干部中开展"十大法治人物""十佳政法干警""百名普法才子"等评选活动，以先进为榜样，激励更多的人争做法治标兵，进一步营造尊法学法守法用法的良好氛围。要将法治文化与传统文化、道德建设相结合，在广大市民中开展"十佳道德模范""百名遵纪守法公民""千户五星家庭"等评选活动，倡导市民传承东坡精神，弘扬"崇法尚德"新风尚，争做新时代"最美东坡人"。

第三章
县域法制宣传教育研究

十八届四中全会提出，全面推进依法治国，总目标是建设中国特色社会主义法治体系，建设社会主义法治国家。十八大以来，为坚持和发展中国特色社会主义，实现国家治理体系和治理能力现代化，全面推进依法治国，习近平总书记先后多次就为什么要依法治国、要走什么样的法治之路以及怎样建设法治中国等重大问题做了系统阐述。

一、法制宣传教育的意义

法制宣传教育是促进社会和谐、推进依法治县重要的基础性工作，法治文化建设是一个地区法治进程、地方文化、人民素质的综合体现。法治是治国理政的基本方式。"深入开展法制宣传教育，弘扬社会主义法治精神，树立社会主义法治理念，增强全社会学法尊法守法用法意识。"是贯彻落实党的十八大的法治精神。法制宣传教育是依法治县的重要组成部分，是建设美丽新青神的重要内容，有助于人们树立法治思维、运用法律方式、寻找法律依据来解决生活中各种问题和困难，有利于促进社会和谐稳定发展。努力提高居民法律素质和全县法治化管理水平，为经济发展、社会和谐、科技创新营造良好的法治环境。

二、法制宣传教育的现状

◇◇ （一）法制宣传教育工作取得的成就

（1）坚持以《宪法》为核心、以群众切身利益为出发点进行法律法规普及宣传，使群众学法用法积极性大大提高，法律知识不断丰富，法治意识不断增强。当人们遇到子女入学、医疗保障、工资拖欠、征地赔偿等相关问题时，开始寻求正确的法律途径维权，不再是一味地"一哭二闹三上吊"，依法治县出现良好端倪，为法治青神建设打下良好基础。

（2）县级各部门依法行政、依法执政，在"两法"衔接大背景下，信息公开透明，规范行政执法行为，督促群众依法办事。县级各部门编制了权力清单和责任清单，实行行政许可和行政处罚"双公示"制度。落实"先照后证""谁执法谁负责""谁执法谁普法"工作制度，群众积极响应"多证合一"等政策，遇事多询问，遵守办事规则。为法治精神建设营造良好氛围。

（3）"法律七进"和依法治理工作持续推进。法律进机关、进乡村、进社区、进学校、进企业、进单位、进寺院活动常态化开展，结合"四下乡""三月法制宣传月""六月禁毒宣传月""九月法制宣传周""12·4国家宪法日"等节点在全县范围开展法制宣传教育活动。在全县积极开展法治创建工作，依法治校示范校、法治单位、诚信守法企业等创建成果显著，发挥了良好的带头示范作用。

◇◇ （二）法制宣传教育工作存在的问题

虽然经过32年的普法教育，基层居民的法治观念有了整体的提高和进步，其中大多数人对法律知识不再那么无知。但由于城乡差距、个体差异等因素，法制宣传教育要全面和深入地进行还存在困难。

1. 部分领导对普法重要性认识不到位，多存在"走过场"的现象

一些部门、单位、乡镇、企业等虽然成立了普法或者依法治理的相关机构，但主要是为了应付政府或相关部门安排的任务，宣传只是形式，到了特定的时间节点，挂一些标语，LED 播放一些口号，在广场街道发一些宣传单，拍几张照片，活动总结就出炉了。集中组织学法流于表面，没有深层次解读法律的内涵，自学法律就是手抄法律，许多人抄完即忘完。这些不良因素，使普法工作处于松散状态。

2. 普法工作开展各异，群众接受程度不一

基层各部门、单位、企业都在开展法制宣传教育，但由于单位性质的不同，各自具体工作措施也有所不同。有的部门活动丰富多彩，员工学习效果好，对外宣传力度大，而有的部门埋头开展本部门业务工作，法制宣传教育工作进程慢、效果差。举个极端的例子，有些人法治意识强，法律知悉率高，运用法律能力强，能独立解决任何生活中的法律问题；有些人甚至是根本没有法律意识的"法盲"，比如偏远农村的农民，受到文化水平限制，他们不容易接受陌生事物，遇到这样的普法对象也是鸡同鸭讲，在他们的思维里没有法律和法治；或者有些人知道法律是很威严的，但却不懂法律是什么，有什么用；甚至有人认为胡搅蛮缠就可以胜过法律。这就给法治青神的建设增加了不少难度。

3. 缺乏专业队伍，经费难落实

普法小分队，如"四下乡""12·4 国家宪法日"、法律援助活动中的普法人员，大多都是临时决定的，也并非具有法律专业知识的工作人员。另外，法制宣传教育经费难落实。开展各项法制宣传教育活动，都是各部门"自掏腰包"，不管是印材料、制横幅，还是出差费用、劳务费等，都自行解决，一些部门不愿意开支这笔费用，导致法治工作一切从简。

4. 部门联动性较差，工作存在"各干各"现象

法治工作是法治政府建设的重要内容，政府各职能部门承担不同的具体职责，公安局负责打击违法犯罪行为、教体局负责全县教育系统内的法制宣传教

育、法院负责用法律准绳坚持法律的公正与威严、司法局负责实施法律援助及全县范围的普法工作等，在绝大部分时候，各部门都是开展本部门法治工作，只是偶尔在一些重要时间节点，学校会邀请公安干警到校开展法治讲座，政府会组织各部门集中进行法制宣传。虽然许多部门聘请了常年法律顾问，但法律顾问参与部门法治工作率低，不参加部门重大决策、法律问题现象也存在。全县法治工作并未形成系统的、规模的、完善的工作圈，信息共享不完全，部门之间工作内容缺乏沟通，在共同推进法治社会建设方面尚有不足。

三、法制宣传教育的对策

◇◇（一）提高思想意识，切实加强组织领导

各部门领导要摒弃法治工作是"软指标"的工作思想，要充分认识法治工作在建设现代化城市中的重要性，把依法治理工作作为年度考核工作目标之一，落实各项指标，层层监督，确保工作落到实处，把法制宣传教育扩大到全县范围。

◇◇（二）积极开展活动，制定特色工作方案

把城乡差距、个体差异等因素作为主要参考因素，根据不同人群的不同特点，分别制定适合不同群体的法制宣传教育工作方案，以"因材施教"的观点来开展普法工作。比如，面对法治意识较高的群体，就应该与其进行深层次的法律研讨，组织其开展法律学习讨论会，鼓励其对法律问题提出质疑等；面对法律知识缺乏的群体，不要单一使用发传单、打标语的形式，而应该一对一为其解答疑惑，教给他们基本的法律知识。

◇◇（三）组建专业队伍，加大法治经费保障

从县域各系统中选拔优秀的法治人才或法律爱好者、志愿者，组建一支固

定的、专业的、系统的法制宣传教育工作队伍，定期针对不同群体开展特色活动，普法宣传、以案说法、法律援助等，由政府或向上级部门申请工作经费，确保专业队伍顺利开展工作；通过政府财政、公益资金等形式积极申请工作经费维持全县各部门法治工作开展。

◇◇ （四）整合社会资源，加强部门联动效率

县教体局、县公安局、县法院、县检察院、县司法局等各部门应加强工作交流力度，相互配合，共享资源。一线法律工作者如民警、检察官等要定期到学校开展意义深刻、内涵丰富的法治专题讲座，以案释法，情景再现；在校师生、社区居民、村民要走进法庭、走进法治体验馆，了解公、检、法等执法部门的职责，认识法治相关部门的工作程序；各部门要积极沟通交流新政策、新方针，掌握实时动态信息，积极相互配合工作。

第四章
法制宣传教育与法治文化建设

1997 年"十五大"报告首次明确提出"建设社会主义法治国家"，于 1999 年写入宪法，"十八大"首次提出"依法治国"专题讨论，中国一直在为建设法治国家奋斗。法治国家的建设是一个复杂、综合、艰巨的任务，法制宣传教育和法治文化建设这两大巨头是法治国家建设的基础，二者既是独立、又是互促的，本书从法制宣传教育和法治文化建设的关系、法制宣传教育的现状、原因以及对策等方面思考。

一、法制宣传教育和法治文化建设的关系

笔者认为法制宣传教育是法治文化建设的基础、途径、形式之一，对法治文化建设具有促进的作用，只有将法制宣传教育工作做实，才能促进法治文化的建设。

◇◇ （一）法制宣传教育

法治是指法的统治，强调法律作为一种生活治理工具在社会生活中的至上地位，以民主、人权、自由等价值为目标。法制宣传教育则要将法治的思想、理念深入人心，在日常工作、生活中领导干部运用法治思维和法治方式做好县委政府的中心工作，公民运用法治思维处理相关的事务，不是简单地将中国法律体系的内容向公民宣传教育，而是将法治的精神和精髓向公民宣传教育，做到"民为国之民、法为民之法、民为根本、法为民理"，提高全民素质，促进法治文化建设，推进依法治国的建设。

◇◇ （二）法治文化建设

法治文化是法律现象本身的一种文化，是以文化为载体，以法律规范为内容，具有宣传、教育、引导的作用，体现的是人们对法律观念、法律思想、法律意识、法律价值取向等方面的提升、深入，而法治文化的建设是将这种文化风气传承下去，并加快、加强深入公民的内心，使公民从内心对这种法治文化认可。

综上所述，法制宣传教育和法治文化建设具有内在的联系。前者能够使公民加强对法律的认识、深入法治理念，加强内心对法治的认同感，充分运用法律维护自己的合法权益，从而形成一种法治氛围，推动法治文化的传播和建设。因此，法制宣传教育是法治文化建设的前提、基础、途径，对进一步加快、加强法治文化建设具有推进作用。

二、法制宣传教育的现状及原因

从"一五普法"到"七五普法"，从"法律四进"到"法律八进"，国家不断加强法制宣传教育的力度，扩大法制宣传教育的点和面，并取得了一定的成效。公民的法治观念和维权意识得到了提升，尤其是农民工在遇到工资被拖欠的情况时，大多会选择向社会保障局、法律援助中心等司法行政部门申请帮助；领导干部也提高了运用法治思维和法治方式办事的能力，在城市建设、规划，引进外来企业，建设工业园区，旅游开发等方面，政府采用"政府购买法律服务"的方式解决其中的法律问题，并严格依法行政，减少和避免了违法乱纪的行政行为。虽然取得了一定的成绩，但法制宣传教育的效果不明显，分析其原因，笔者认为有如下几点。

◇◇ （一）形式化严重、落实效果差

前面已经说了法制宣传教育的目的是让公民具有法治意识、法治思想、法治理念等，从而认同法律，相信法律，改变"人治""法制"观念，实现"法治"。从法制宣传教育的实践来看，方式过于单一化，在小县城、乡镇区域主要采用的是发放宣传单、宣传册子、横幅、标语、在公告栏粘贴法律知识、举办讲座（主要在学校、工业园区、景区管委会等）等方式，这使得宣传面减少，宣传重点不突出；再加上偏远区的年轻人外出打工，只有年迈的老年人留在家乡，这部分人群识字不多，文化水平有限，难以了解法律宣传的内容。

◇◇ （二）传统法制思想对法制宣传教育的冲击

从中国法治实践来看，古代君主一直是最高的立法主体，法律形式是"诸法合体""民刑不分"，程序法与实体法不分，没有一个具有逻辑而又完整的法律体系，导致了法律流于形式，形为"法制"，实为"人治"，以至于裁判者在审理案件的时候不能依照法律的规定来判案，自由裁量权不受限制。一

方面中国古代的冤假错案、乱判、错判等案件层出不穷，另一方面从中国的法治发展史来看，法制宣传教育工作的时间不长、经验不足、方式单一、效果不显著。

◇ （三）司法行政系统机制不健全

法律的实施者，案件的裁判者都是司法工作人员，法律是否能够很好地实施取决于司法工作人员的素质，以及司法行政系统的健全。实践表明：一是部分执法人员的工作作风导致公民抵触法律。因为部分执法人员不按法定程序处理行政工作，乱作为、不作为、失职渎职、违法作为等导致不公平事件的发生，比如不合规定、违法的强拆，单位私吞国有资产，领导干部的贪污腐败，这些负面的事件使民众难以真正地相信法律。二是执法人员的工作能力不强。由于对法律的理解不够深刻，运用不够灵活，在为民办事时不能做到相对的公平正义，比如很多法律条纹的规定具有兜底性，法官判案具有自由裁量权，但有的法官自己对法律出台的背景和运用理解不够深入，在判案不能做到"自由心论"，案件判决结果显失公平，虽然法官是在自由裁量权的范围内的裁判的，但容易被当事人误解成法官造法；又如聂树斌、陈满等一系列的冤假错案，这导致法治缺乏权威，司法缺乏公信力，加剧了民众对法律的不信任，宁愿相信信访、闹访、缠访能解决问题，也不相信法律会公平解决问题。

◇ （四）法治发展与社会发展脱节

法律属于上层建筑范畴，由经济基础决定；法律是人类社会发展过程的产物，维护社会关系和社会秩序，随着社会关系和社会秩序的变动而又废除旧法，制定新的法律，但法律始终具有滞后性。一方面是社会的发展迅速，并且错综复杂，只有在出现社会矛盾和关系之后才会制定相应的法律，比如规范民事行为的《民法通则》到《物权法》《合同法》《侵权责任法》等的出台，再到即将问世的《民法典》，这体现了法律在不断地跟进社会发展，"陈宇案"就是一个实例——一方面社会在提倡乐于助人、尊老爱幼，但另一方又出现了敲诈勒索，以致有了"扶不起"的现状，再到广东佛山"小月月事件"的惨案发生，因此在《民法典》中有了新规定，有了"扶不起"到"扶得起"的转变；另一方面是中国是发展中国家，在许多经济发展领域是探索性的，会有新的社会矛盾出现，比如互联网的发展，起初给民众带来了便利，但便利也有风险，接着网络暴力、网络诈骗、网络色情等具有违法性、犯罪性活动出现，但并没有相应的法律制裁。因此在相应的法律出台之前社会矛盾严重和社会秩序混乱，民众本身对法律就不了解，认识不清，误解法律规范，就更加容易对法律的意义产生误解，认为法律不仅不能解决长久的社会矛盾，而且也不能解决新的社会矛盾，这给法制宣传教育设了一道坎，阻碍了法治文化的推进和建设。

三、加强法制宣传教育的对策，推进法治文化的建设

◇ （一）健全机制，推进法制宣传

　　法制宣传教育是一项任重而道远的工作，是推进法治文化建设的基础，是实现法治国家的途径，因此需要建立长效机制。首先要建立工作机制，无论是在偏远地区的农村，还是在一、二、三线城市，都应当整合该地区相应的资源，与其他相关部门联合部署工作，齐力搞好法制宣传；其次是要有人才队伍，"打铁还需自身硬"，法制宣传工作需要精通法律知识、具有法制宣传经验的法宣工作者参与进来，除了法官、检察官、人民调解员，还可以整合法学界的学术研究者和知名律师或者是地区成立的"律师服务团"，扩大法制宣传队伍，从整体上提高队伍的素质；最后还要有保障机制，一个是落实工作保障机制，要落实宣传设施，比如法治课堂，法制培训室，做到"调解一次纠纷，上一次法制课"；二是完善监督、监管保障机制，法制宣传工作可以由相关部门监管，也可以由民众监督，促使工作能够长效的推动下去。

（二）结合实际，突出宣传重点

不同地区，法制宣传教育的现状不同，要因地制宜地确定宣传内容，突出重点才能起到宣传的效果。在偏远地区，经济不发达，交通不便、网络不通、生活水平低，人们的主要矛盾是邻里纠纷、赡养纠纷、劳动纠纷、婚姻家庭纠纷、家庭财产纠纷、失地农民问题等，所以在宣传时要重点宣传这些法律知识，加强社区矫正工作，根据"五必送、五必访"文件要求对弱势群体必访、务工返乡者必访、邻里乡亲必访、重点人员必访（负面情绪、刑满释放、吸毒人员、社区服刑人员、突发事件涉及人员、信访维稳对象等）重点宣传，并结合实例进行案例分析，充分宣传。目前偏远地区"扶贫"政策、"供给侧改革"的实施，农村土地流转问题、养殖基地建立以及产品出售问题、"公司+合作社+农户"经营模式问题、农产品+电子商务问题等是村民关注的重点，在宣传时要着重宣传，各个击破密切联系民众切身利益的问题，做到"想民众之所想、急民众之所急"。一、二、三线城市的问题与偏远地区不同，大多是经济合同纠纷、房产变动纠纷、知识产权侵权、网络诈骗等，因此要对症下药，解决当前最棘手的问题，才能体现法律的权威，让民众相信法律，增强宣传的效果，推动法治文化的建设。

（三）创新方式，从点到面宣传

单一的宣传方式会导致宣传面狭窄，盲目宣传，因此要创新宣传方式，针对不同的主体采用不同的方式。对于学生大多时候在学校，并且接受法律知识的能力较强的特点，可以采取在学校每月开展一次法制讲座，由服刑人员在讲座现场以身说法，起到以儆效尤的作用；也可以每月组织观看法制宣传教育片，要求学生写观后感（主要针对小学到高中）；对于成年人可以推出"法治微信公众号"，比如"中国法制""中国法律评论"等密切关注法律动态，关注焦点事件的进展，进一步的了解、学习法律；对于偏远地区的民众可以设立法制宣传站点，根据近期地区发展情况和法律需求，针对性地定时、定期开展法律宣传，也可采用法律讲座的方式解读法律，并现场解答民众的问题，也可以采用政府购买法律服务，提供一村一顾问的方式，解决民众当前的问题。

◇ （四）加强监管，严格依法行政

政府各执法部门必须要严格按照法定程序依法执政、依法行政，同时要提高执法人员的素质，提高政府的公信力，从而树立法治的威严，增强民众对法治的认同度，提高民众的法治意识，促进法治文化的建设。一是要设立专门部门对各执法部门进行监督，制定相应的惩罚机制，针对不违法、不犯法，但不合理的行政行为，民众可以向专门监督部门举报，督促执法人员依法办事；二是要提高执法人员的法律素质，加强业务知识培训，组织执法人员学习法律出台的背景以及新出台的法律的意义，使其深刻理解法律，保障执法中依法办事，确保民众的合法权益。

参考文献

[1] 周国强. 国外社区矫正的理论基础及其发展评估 [J]. 江苏大学学报（社会科学版），2015（3）：47-53.

[2] 吴何奇. 兴起、修正、进阶：社区矫正的发展逻辑 [J]. 濮阳职业技术学院学报，2017（5）：54.

[3] 彭琨. 论恢复性司法对未成年人犯罪的矫正实效 [C]. 183-187.

[4] 郭玮. 我国社区矫正裁决前调查制度的完善建言 [J]. 渭南师范学院学报，2017，32（3）：41-47.

[5] 吴宗宪. 社区矫正应急管理规范化探讨 [J]. 上海政法学院学报（法治论丛），法治论丛，2017，32（2）：11-21.

[6] 翟中东. 我国社区矫正法制定中需要解决的四个问题 [J]. 上海政法学院院报（法治论丛），2017，32（2）：33-41.

[7] 史亚杰. 社区矫正理论基础分析 [J]. 辽宁公安司法管理干部学院学报，2006（4）：116-117.

[8] 刘静申. 社会组织参与社区矫正的实证研究 [J]. 福建广播电视大学学报，2017（1）：24.

[9] 张军，姜伟，田文昌. 新控辩审三人谈 [M]. 北京：北京大学出版社，2014.

[10] 张军，陈卫东. 新刑事诉讼法实务见解 [M]. 北京：人民法院出版社，2012.

[11] 张树壮，罗娜，林昇. 证人出庭作证问题实证探析——以S省刑事案件证人出庭作证实践为蓝本 [J]. 人民检察，2017（18）：35.

[12] 王永杰. 从讯问到询问：关键证人出庭作证制度研究 [M]. 北京：法律出版社，2013.

[13] 宿迟，张华. 诉讼调解心理学 [M]. 北京：中国法制出版社，2015.

[14] 卢超. "社会稳定风险评估"的程序功能与司法判断——以国有土地征收实践为例 [J]. 浙江学刊，2017（1）：175-183.

[15] 张玉磊，贾振芬. 基于利益相关者理论的重大决策社会稳定风险评估多元化主体模式研究 [J]. 北京交通大学学报（社会科学版），2017 (3)：16.

[16] 唐杰英. "司法强拆" 可否走出征收困局 [J]. 法学，2012 (4)：66-75.

[17] 蒋俊杰. 我国重大事项社会稳定风险评估机制：现状、难点与对策 [J]. 上海行政学院学报，2014 (2)：15.

[18] 徐亚文，伍德志. 论社会稳定风险评估机制的局限性及其建构 [J]. 政治与法律，2012 (1)：71-79.

[19] 高志刚. 法院重大敏感案件风险评估机制探析 [J]. 法学，2014 (5)：10-18.

[20] 马明亮. 法院 "人财物" 问题研究——以法院审判权的独立行使为视角 [J]. 北方法学，2012 (6)：136-142.

[21] 徐琼. "风险评估" 的 "风险"——司法强拆 "风险评估" 司法审查权的主动性旁落与重拾 [J]. 特区法坛，2015 (10)：50-56.

[22] 王锡锌. 拆迁变法：变迁、变法与社会参与 [J]. 行政管理改革，2010 (9)：41-43.

[23] 尼古拉斯·卢曼. 信任：一个社会复杂性的简化机制 [M]. 瞿铁鹏，李强，译. 上海：上海人民出版社，2005：120.

[24] 张新宇. 国有土地上房屋征收与补偿社会稳定风险评估体系研究——以 JLA 项目为例 [D]. 长春：吉林大学，2016.

[25] 朱正威，白鹭，黄杰. 重大项目社会稳定风险评估的主体、权力与责任——基于文本分析与个案研究的初步证据 [J]. 甘肃行政学院学报，2015 (4)：72-83.

[26] 张玉磊. 重大事项社会稳定风险评估中的第三方参与：意义、困境与对策 [J]. 内蒙古社会科学（汉文版），2014 (1)：35.

[27] 刘泽照，朱正威. 掣肘与矫正：中国社会稳定风险评估制度十年发展省思 [J]. 政治学研究，2015 (4)：118-128.

后记

　　"法者，治之端也。"法治是治国理政的基本方式，是政治文明走向成熟的重要标志。法治建设，根在基层。只有人民群众在全面依法治国中的获得感不断增强，才能让法治社会的根基不断夯实。

　　在平安中国建设背景下，基层法治建设成为和谐乡村建设的基础，同时基层也是司法体制改革的"桥头堡"。但是基层法治无论是体制建设还是法治构建，都无法同其他基层系统建设工程相匹配，以司法体制改革为契机的基层法治建设创新势在必行。特别是新时期以来基层法治建设中"知权难""维权难"等难题，都是平安中国建设背景下基层法治创新的突破口。总之，基层法治的创新就是要攻克基层法治与治理难题，使法治成为基层社会生活的常态。

　　依托各种资源，注重普法工作的创新。群众知法是基层法治的基础，只有使法治知识在群众中普及，才能推动法治建设的跨越式发展。新时期普法工作的创新，首先要依托基层联村联户的扶贫机制，实现公检法及律师等专业人才走进基层、服务基层，实现定期法律诊所权威性的面授服务。其次，要注重以案释法下基层，实现理论法的实际扎根，使普法同基层群众的生活密切关联。再次，基层司法机关巧妙利用流动法庭等形式，发挥基层普法的震慑作用，体现普法的实效。最后，基层普法还可以结合网络媒介资源和青年志愿者服务，实现义务普法的定期化常态化开展。

　　扎根基层治理，注重基层服务的创新。平安中国建设为基层社会治理奠定了基本格局，实现基层法治服务的创新是核心。一方面，法治是全面建成小康社会的工作准则，实现基层法治服务的创新，也是推动基层法治建设的重要环节，要注重基层司法机关工作方式的创新，转变基层工作模式，倡导司法机关服务型工作方式的转变，使法治成为基层治理的标杆；另一方面，基层服务要处理好"法、理、情"三者的关系，防止僵硬式法治造成群体性冲突扩大化，影响基层社会的稳定。特别是在基层治理过程中，要注重礼法乡约的社会治理功能，实现法治的灵活构建，使其在成为基层社会建设准绳的同时，成为群众内心的依托。

规范基层乡约，强化群众守法的创新。在平安中国建设背景下，基层法治创新的灵魂在于基层乡约的整合。基层乡约作为引导基层群众参与社会治理的规范总和，具有两面性：一方面，基层乡约作为基层法治的外延，在处理习俗道德事件中能够发挥出超越法律的优越性；另一方面，基层乡约作为基层礼法的范畴，在社会法治洗礼中容易触底反弹，导致群众性守法建设步履维艰。群众是基层法治的主体，群众守法始终是法治深入基层的重心。强化群众守法不仅要坚持以人为本，健全社区监督与自我提升相结合的守法培养机制，还要强化基层社区的法治导航义务，使守法成为群众共同的心声。

依托司法改革，加强基层法治的建设。在平安中国建设框架下，国家司法体制改革在基层的辐射作用显得尤为突出。基层法治的创新，本质上在于基层法治系统性的工程建设。司法改革在基层表现为三个方面：一是基层机构改革。一方面，基层司法机构的改革，有利于内部权责的明确，能够有效地提升基层司法效率；另一方面，基层机构改革有助于健全机构，为基层乡土法治创新提供必要的基础，使基层法治建设成为必然趋势。二是基层法治人才的专业化。实现基层法治建设根基的突破，使专业化法治人才的参与成为基层法治创新的亮点。三是基层法治的创新型建设。基层法治的创新型建设，就是要与时俱进，在依托国家政策的同时，始终聚焦美丽基层的建设，使基层法治建设的创新成为常态。